新能源汽车系列教材·微课版

新能源汽车底盘电控系统原理与检修

主　编　赵振宁　王慧怡

资源总码

北京理工大学出版社
BEIJING INSTITUTE OF TECHNOLOGY PRESS

内 容 简 介

新能源汽车《汽车底盘电控系统原理与检修》教材的特点：将新能源汽车和传统内燃机汽车相同的底盘原理、诊断与检修部分保留，并做技术更新，特地增加纯电动汽车和混合动力汽车底盘电控系统原理、诊断与检修内容，以适应新能源汽车底盘电控系统的诊断与维修。

本书共分九章，第一章汽车电控转向系统；第二章汽车电控制动系统，为混合动力汽车和电动汽车的制动做了知识铺垫；第三章电动汽车线控制动系统；第四章汽车电控悬架系统，以最新的奥迪 Q5 电控悬架做原理和诊断介绍；第五章 AMT 式自动变速器，除了双离合（DSG）外，增加了单离合（SSG），目前大多数底盘电控未提及此系统；第六章液力自动变速器；第七章无级变速器技术；第八章纯电动汽车及混合动力汽车变速器；第九章智能汽车电控技术，主要讲解无人驾驶技术。

本书可作为高等学校"新能源汽车技术""汽车检测与维修""汽车电子技术""汽车试验技术"等汽车专业教材，也可供从事本专业工作的工程技术人员作入门参考书。

版权专有　侵权必究

图书在版编目（CIP）数据

新能源汽车底盘电控系统原理与检修/赵振宁，王慧怡主编. —北京：北京理工大学出版社，2019.11（2019.12 重印）

ISBN 978 – 7 – 5682 – 7913 – 0

Ⅰ．①新… Ⅱ．①赵… ②王… Ⅲ．①新能源 – 底盘 – 电气控制系统 – 理论②新能源 – 底盘 – 电气控制系统 – 车辆检修　Ⅳ．①U469.703

中国版本图书馆 CIP 数据核字（2019）第 251236 号

出版发行 / 北京理工大学出版社有限责任公司

社　　址 / 北京市海淀区中关村南大街 5 号

邮　　编 / 100081

电　　话 /（010）68914775（总编室）

　　　　　（010）82562903（教材售后服务热线）

　　　　　（010）68948351（其他图书服务热线）

网　　址 / http://www.bitpress.com.cn

经　　销 / 全国各地新华书店

印　　刷 / 三河市天利华印刷装订有限公司

开　　本 / 787 毫米 × 1092 毫米　1/16

印　　张 / 19.75　　　　　　　　　　　　　　责任编辑 / 多海鹏

字　　数 / 464 千字　　　　　　　　　　　　　文案编辑 / 多海鹏

版　　次 / 2019 年 11 月第 1 版　2019 年 12 月第 2 次印刷　　责任校对 / 周瑞红

总 定 价 / 49.80 元　　　　　　　　　　　　　责任印制 / 李志强

图书出现印装质量问题，请拨打售后服务热线，本社负责调换

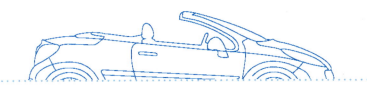 

前 言
PREFACE

如果说汽车发动机电控化是汽车的第二次技术革命，那电动汽车（纯电动汽车、混合动力汽车、燃料电池汽车）技术将是汽车的第三次技术革命，这场革命必将引起汽车产业结构的调整，具体在汽车研发、汽车生产和汽车售后服务三方面会发生很大的变化。

为了使现代职业教育内容跟上汽车生产和售后服务的步伐，我们基于传统燃油汽车 + 新能源汽车开发了这本适应新形势的教材。同时，本书配有高清二维码教学资源，方便学生和教师自学。最后，针对理论和实践进行任务驱动教学时需要任务驱动工单，本套书提供配套工单供学生完成，这样既有利于学生做好理论巩固，也可对实训项目有针对性的训练。

《新能源汽车底盘电控系统原理与检修》教材的特点：将新能源汽车和传统内燃机汽车相同的底盘原理、诊断与检修部分保留，并做技术更新，特地增加纯电动汽车和混合动力汽车底盘电控系统原理、诊断与检修内容，以适应新能源汽车底盘电控系统的诊断与维修。

本书共分九章，第一章汽车电控转向系统；第二章汽车电控制动系统，为混合动力汽车和电动汽车的制动做了知识铺垫；第三章电动汽车线控制动系统；第四章汽车电控悬架系统，以最新的奥迪 Q5 电控悬架做原理和诊断介绍；第五章 AMT 式自动变速器，除了双离合（DSG）外，增加了单离合（SSG），目前大多数底盘电控未提及此系统；第六章液力自动变速器；第七章无级变速器；第八章纯电动汽车及混合动力汽车电控型变速器；第九章智能汽车电控技术，主要讲解无人驾驶技术。

本书由长春汽车工业高等专科学校赵振宁、王慧怡任主编，其中王慧怡编写了第一~四章（共 12 万字），第五~九章由赵振宁编写。基于传统燃油汽车 + 新能源汽车开发《新能源汽车底盘电控系统原理与检修》在全国是第一本打样书，书中难免有瑕疵，希望读者批评指正，以利将本教材开发得更好。

本教材由"白慕大汽车：bmdcar.com"提供作者的全套讲解视频和后台制作的资源。

赵振宁

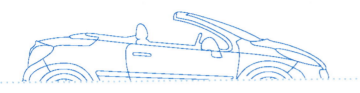

目录

第一章 汽车电控转向系统 ··· 001

第一节 电控随速式液压助力转向系统 ··· 001
一、随速转向控制系统 ··· 001
二、带路感感应的随速转向控制系统 ··· 002

第二节 电控电机液压助力转向系统（EHPS） ··· 002
一、EHPS 简介 ··· 002
二、工作原理 ··· 003

第三节 电动助力转向系统（EPS） ··· 004
一、EPS 简介 ··· 004
二、电动助力转向系统的优点 ··· 004

第四节 齿条助力转向系统 ··· 005
一、齿条助力转向系统简介 ··· 005
二、转向装置的部件 ··· 006
三、结构特点 ··· 006
四、电控系统 ··· 007
五、特性曲线族和特性曲线 ··· 008
六、转向过程的工作原理 ··· 009
七、转向装置的机械和电控部分 ··· 011
八、转向装置的电气部分 ··· 012
九、售后服务 ··· 016

第五节 主动转向系统 ··· 017
一、主动转向系统的概念 ··· 017
二、主动转向系统的功能 ··· 017
三、主动转向系统分类 ··· 019

四、ECO 阀液压随速助力转向系统 ……………………………… 019
五、宝马"双行星齿轮机构"传动比可变系统 ……………………… 020
六、奥迪"谐波齿轮式"传动比可变系统 ………………………… 022
七、线控转向系统（选修） ……………………………………… 027
八、四轮转向系统（选修） ……………………………………… 029

第二章　汽车电控制动系统 …………………………………… 030

第一节　电控制动系统基础 ……………………………… 031
一、电子制动与安全系统 ………………………………………… 031
二、电控制动系统的缩写和功能 ………………………………… 031
三、电控制动系统的其他功能扩展 ……………………………… 032

第二节　制动系统基础知识 ……………………………… 033
一、凯姆摩擦圆 …………………………………………………… 033
二、制动滑稳率 …………………………………………………… 034
三、横、纵向附着力 ……………………………………………… 035

第三节　制动系统的主要传感器 ………………………… 036
一、车轮转速传感器 ……………………………………………… 036
二、转向盘转角传感器 …………………………………………… 037
三、偏移率传感器 ………………………………………………… 037
四、横、纵向加速度测量 ………………………………………… 037

第四节　丰田皇冠轿车电控制动系统 ABS/VSC ………… 038
一、制动系统的主组件 …………………………………………… 038
二、EBD 控制 …………………………………………………… 039
三、制动助力系统 BAS …………………………………………… 039
四、TRC 系统 …………………………………………………… 040
五、VSC 系统 …………………………………………………… 041
六、HAC 系统 …………………………………………………… 043
七、主组件位置图 ………………………………………………… 043
八、制动执行器 …………………………………………………… 045
九、系统操作 ……………………………………………………… 045
十、制动防滑控制 ECU …………………………………………… 053
十一、自诊断 ……………………………………………………… 053
十二、安全保护 …………………………………………………… 054

第五节　大众汽车电控制动系统 ………………………… 054
一、大众 ABS 泵总成 ……………………………………………… 054
二、大众 ABS 系统组成 …………………………………………… 055

三、大众 8 阀 ABS 电路工作原理 ⋯⋯⋯⋯⋯⋯⋯⋯⋯⋯⋯⋯⋯⋯⋯⋯⋯ 056
四、大众 ABS 的单通道 ⋯⋯⋯⋯⋯⋯⋯⋯⋯⋯⋯⋯⋯⋯⋯⋯⋯⋯⋯⋯⋯ 057

第六节 制动辅助系统（BAS） ⋯⋯⋯⋯⋯⋯⋯⋯⋯⋯⋯⋯⋯⋯⋯⋯⋯⋯⋯⋯ 059
一、辅助系统（BAS）的功能 ⋯⋯⋯⋯⋯⋯⋯⋯⋯⋯⋯⋯⋯⋯⋯⋯⋯⋯ 059
二、辅助系统（BAS）的工作原理 ⋯⋯⋯⋯⋯⋯⋯⋯⋯⋯⋯⋯⋯⋯⋯⋯ 059

第七节 真空泵控制技术 ⋯⋯⋯⋯⋯⋯⋯⋯⋯⋯⋯⋯⋯⋯⋯⋯⋯⋯⋯⋯⋯⋯⋯ 062
一、电动真空泵的作用 ⋯⋯⋯⋯⋯⋯⋯⋯⋯⋯⋯⋯⋯⋯⋯⋯⋯⋯⋯⋯⋯ 062
二、电动真空泵的分类 ⋯⋯⋯⋯⋯⋯⋯⋯⋯⋯⋯⋯⋯⋯⋯⋯⋯⋯⋯⋯⋯ 063
三、电动真空泵的工作原理 ⋯⋯⋯⋯⋯⋯⋯⋯⋯⋯⋯⋯⋯⋯⋯⋯⋯⋯⋯ 063
四、电动真空泵的检修 ⋯⋯⋯⋯⋯⋯⋯⋯⋯⋯⋯⋯⋯⋯⋯⋯⋯⋯⋯⋯⋯ 064

第八节 电子驻车控制技术 ⋯⋯⋯⋯⋯⋯⋯⋯⋯⋯⋯⋯⋯⋯⋯⋯⋯⋯⋯⋯⋯⋯ 064
一、电子驻车制动系统的简介 ⋯⋯⋯⋯⋯⋯⋯⋯⋯⋯⋯⋯⋯⋯⋯⋯⋯⋯ 064
二、电子驻车制动系统的分类 ⋯⋯⋯⋯⋯⋯⋯⋯⋯⋯⋯⋯⋯⋯⋯⋯⋯⋯ 065
三、电子驻车制动系统的功能 ⋯⋯⋯⋯⋯⋯⋯⋯⋯⋯⋯⋯⋯⋯⋯⋯⋯⋯ 065
四、大众迈腾 EPB 系统 ⋯⋯⋯⋯⋯⋯⋯⋯⋯⋯⋯⋯⋯⋯⋯⋯⋯⋯⋯⋯⋯ 065
五、电子驻车系统检修 ⋯⋯⋯⋯⋯⋯⋯⋯⋯⋯⋯⋯⋯⋯⋯⋯⋯⋯⋯⋯⋯ 070

第三章 电动汽车线控制动系统 ⋯⋯⋯⋯⋯⋯⋯⋯⋯⋯⋯⋯⋯⋯⋯⋯⋯⋯⋯⋯⋯⋯ 072

第一节 电动汽车制动系统 ⋯⋯⋯⋯⋯⋯⋯⋯⋯⋯⋯⋯⋯⋯⋯⋯⋯⋯⋯⋯⋯⋯ 072
一、再生能量制动 ⋯⋯⋯⋯⋯⋯⋯⋯⋯⋯⋯⋯⋯⋯⋯⋯⋯⋯⋯⋯⋯⋯⋯ 073
二、减速度法能量回收 ⋯⋯⋯⋯⋯⋯⋯⋯⋯⋯⋯⋯⋯⋯⋯⋯⋯⋯⋯⋯⋯ 074
三、线控制动系统 ⋯⋯⋯⋯⋯⋯⋯⋯⋯⋯⋯⋯⋯⋯⋯⋯⋯⋯⋯⋯⋯⋯⋯ 074

第二节 带有真空助力器的制动系统 ⋯⋯⋯⋯⋯⋯⋯⋯⋯⋯⋯⋯⋯⋯⋯⋯⋯ 076
一、真空度 ⋯⋯⋯⋯⋯⋯⋯⋯⋯⋯⋯⋯⋯⋯⋯⋯⋯⋯⋯⋯⋯⋯⋯⋯⋯⋯ 076
二、真空源 ⋯⋯⋯⋯⋯⋯⋯⋯⋯⋯⋯⋯⋯⋯⋯⋯⋯⋯⋯⋯⋯⋯⋯⋯⋯⋯ 077
三、压力延时开关 ⋯⋯⋯⋯⋯⋯⋯⋯⋯⋯⋯⋯⋯⋯⋯⋯⋯⋯⋯⋯⋯⋯⋯ 077
四、压力传感器 ⋯⋯⋯⋯⋯⋯⋯⋯⋯⋯⋯⋯⋯⋯⋯⋯⋯⋯⋯⋯⋯⋯⋯⋯ 078

第三节 丰田 PRIUS 线控制动系统组成及作用 ⋯⋯⋯⋯⋯⋯⋯⋯⋯⋯⋯⋯⋯ 078
一、混合制动简介 ⋯⋯⋯⋯⋯⋯⋯⋯⋯⋯⋯⋯⋯⋯⋯⋯⋯⋯⋯⋯⋯⋯⋯ 078
二、混合动力 ECB 的功能 ⋯⋯⋯⋯⋯⋯⋯⋯⋯⋯⋯⋯⋯⋯⋯⋯⋯⋯⋯⋯ 078
三、混合制动系统组成 ⋯⋯⋯⋯⋯⋯⋯⋯⋯⋯⋯⋯⋯⋯⋯⋯⋯⋯⋯⋯⋯ 079
四、PRIUS 主组件功能 ⋯⋯⋯⋯⋯⋯⋯⋯⋯⋯⋯⋯⋯⋯⋯⋯⋯⋯⋯⋯⋯ 081
五、电动机再生制动 ⋯⋯⋯⋯⋯⋯⋯⋯⋯⋯⋯⋯⋯⋯⋯⋯⋯⋯⋯⋯⋯⋯ 084

第四节 普锐斯线控制动系统的工作原理 ⋯⋯⋯⋯⋯⋯⋯⋯⋯⋯⋯⋯⋯⋯⋯ 084
一、电动汽车电子制动力分配（EBD） ⋯⋯⋯⋯⋯⋯⋯⋯⋯⋯⋯⋯⋯⋯ 084
二、线控液压 ABS 制动 ⋯⋯⋯⋯⋯⋯⋯⋯⋯⋯⋯⋯⋯⋯⋯⋯⋯⋯⋯⋯⋯ 086

三、制动助力操作 ········· 088

第四章 汽车电控悬架系统 ········· 090

第一节 电控悬架的优点和类型 ········· 090
一、电控悬架系统的优点 ········· 090
二、电控悬架的类型 ········· 091
三、空气悬架系统的减震器类型 ········· 091

第二节 汽车悬架运动基础 ········· 093
一、什么是六自由度 ········· 093
二、什么是悬挂质量 ········· 094
三、振动学知识 ········· 095

第三节 带阻尼调节的双筒充气型减震器 ········· 097
一、带阻尼调节的双筒充气型减震器结构 ········· 097
二、工作原理 ········· 097

第四节 空气压缩机总成 ········· 099
一、空气压缩机总成的结构 ········· 099
二、空气压缩机总成的工作原理 ········· 099
三、空气压缩机总成的工作监控 ········· 101

第五节 车身水平位置传感器 ········· 102
一、奥迪前轮驱动汽车车身水平位置传感器 ········· 102
二、奥迪四轮驱动汽车车身水平位置传感器 ········· 103

第六节 前轮驱动悬架气动系统 ········· 105
一、前轮驱动悬架气动系统简介 ········· 105
二、系统电路图 ········· 106
三、模式调节 ········· 106
四、空气弹簧车辆举升 ········· 107

第七节 奥迪四轮驱动电控悬架系统 ········· 108
一、奥迪四轮驱动电控悬架系统简介 ········· 108
二、模式切换和取消模式 ········· 109
三、系统电路图 ········· 114
四、网络信息共享 ········· 115

第五章 电控机械式自动变速器 ········· 117

第一节 AMT概述 ········· 117
一、AMT简介 ········· 117
二、AMT分类 ········· 118

三、半自动机械式变速器（SAMT） …………………………………… 118
　　四、全自动 AMT …………………………………………………………… 119
　　五、单离合器 AMT 变速器优、缺点 …………………………………… 120
第二节　双离合器式自动变速器 DCT（DSG） …………………………… 121
　　一、双离合式（DCT）AMT 变速器简介 ……………………………… 121
　　二、双离合式（DCT）AMT 变速器的优缺点 ………………………… 121
　　三、双离合式（DCT）变速器分类 ……………………………………… 121
　　四、大众 DSG 双离合器的结构 ………………………………………… 121
　　五、大众 DSG 双离合器的工作原理 …………………………………… 121
　　六、大众 DSG 双离合器的重叠控制 …………………………………… 124
　　七、大众 DCT 双离合器控制 …………………………………………… 125
　　八、大众七速干式 DSG 简介 …………………………………………… 127

第六章　液力自动变速器　129

第一节　自动变速器的控制面板和分类 …………………………………… 130
　　一、自动变速器操纵手柄的使用 ………………………………………… 130
　　二、自动变速器控制开关的使用 ………………………………………… 132
　　三、不同工况下自动变速器的使用 ……………………………………… 134
　　四、自动变速器使用注意事项 …………………………………………… 137
　　五、液力自动变速器分类 ………………………………………………… 138
第二节　变扭器结构与检修 ………………………………………………… 140
　　一、液力偶合器结构与工作原理 ………………………………………… 140
　　二、液力变扭器结构与工作原理 ………………………………………… 142
　　三、综合式液力变扭器结构与工作原理 ………………………………… 144
　　四、带锁止离合器的综合式液力变扭器 ………………………………… 145
　　五、液力变矩器故障的判断与更换 ……………………………………… 147
　　六、变扭器液压油的供给与冷却 ………………………………………… 153
第三节　油泵结构与检修 …………………………………………………… 154
　　一、内啮合齿轮泵结构与工作原理 ……………………………………… 154
　　二、摆线转子泵结构与工作原理 ………………………………………… 155
　　三、变量泵结构与工作原理 ……………………………………………… 155
　　四、油内啮合泵的检修 …………………………………………………… 157
第四节　齿轮变速器结构与检修 …………………………………………… 159
　　一、行星齿轮机构结构与变速原理 ……………………………………… 160
　　二、换挡执行机构结构与工作原理 ……………………………………… 169
　　三、单向超越离合器结构与工作原理 …………………………………… 175

四、典型行星齿轮变速器结构与工作原理 …………………………… 178

五、大众拉维娜尔赫式自动变速器 …………………………………… 189

第七章　无级变速器技术 …………………………………………………… 194

第一节　无级变速器简介 ……………………………………………… 194

一、钢链式传动带 ………………………………………………………… 196

二、加副变速器的 CVT ………………………………………………… 197

第二节　奥迪 01J 变速器结构原理与检修 …………………………… 198

一、采用双活塞原理 ……………………………………………………… 198

二、带半月牙板的两隙自调式内啮合泵 ………………………………… 198

三、01J 变速器控制元件组成 …………………………………………… 200

第八章　纯电动汽车及混合动力汽车变速器 …………………………… 203

第一节　纯电动汽车变速器 P 档控制电控化 ………………………… 203

一、纯电动汽车变速器组成 ……………………………………………… 203

二、P 挡控制电控化 ……………………………………………………… 203

第二节　宝马 X6 混动变速器 ………………………………………… 204

一、宝马 X6 简介 ………………………………………………………… 204

二、行驶情况 ……………………………………………………………… 205

三、分布式功能 …………………………………………………………… 206

四、自适应变速器控制功能 ……………………………………………… 206

五、变速器工作过程 ……………………………………………………… 207

第三节　双行星排混联汽车电力无级变速驱动桥 …………………… 209

一、主要特征 ……………………………………………………………… 209

二、P410 混合动力车辆驱动桥 ………………………………………… 210

三、典型的车辆行驶状态 ………………………………………………… 210

四、如何理解列线图 ……………………………………………………… 211

五、行驶状态 ……………………………………………………………… 212

六、第三代丰田普锐斯变速箱分解 ……………………………………… 214

第九章　智能汽车电控技术 ………………………………………………… 217

第一节　智能汽车与智能交通 ………………………………………… 217

一、汽车发展史 …………………………………………………………… 217

二、ITS 构成 ……………………………………………………………… 218

三、基于 ITS 的智能汽车系统分类 ……………………………………… 218

四、智能汽车关键技术 …………………………………………………… 218

第二节　智能汽车发展现状 …………………………………………… 219

一、日本 ITS 智能汽车 …………………………………………… 219
　　二、美国 ITS 智能汽车 …………………………………………… 220
　　三、欧洲 ITS 智能汽车 …………………………………………… 222
　　四、中国 ITS 智能汽车 …………………………………………… 222
　第三节　无人驾驶技术 ………………………………………………… 224
　　一、无人驾驶技术分级 …………………………………………… 224
　　二、无人驾驶技术 SAE 定义 ……………………………………… 225
　　三、无人驾驶技术功能 …………………………………………… 225
　　四、ADAS 技术分布情况 ………………………………………… 229
　　五、无人驾驶技术传感器 ………………………………………… 230
　　六、激光雷达 ……………………………………………………… 231
　　七、无人驾驶技术与汽车诊断修理 ……………………………… 232

理论＋实训一体工单 ……………………………………………………… 233

第一章

汽车电控转向系统

一辆配有电动机直接助力的转向系统的大众轿车在左前轮被撞后,左前车轮轮辋稍有些损伤,车身其他部分并没有损伤,轮胎也没有漏气。不过,车辆行驶时转向盘出现了无法控制车辆转向的故障,表现为向一侧转向正常,只是费力些,另一侧转向则有时正常、有时不正常。

如果你是接车的修理技术人员,应如何检查,最可能是哪里被损坏了,如果是那里被损坏了,修理方案应如何制定。

能说出随速式液压助力转向系统传感器和执行器的功能,并说出在更换电控元件后是否要进行更换元件与 ECU 的互认工作。

能说出电动机驱动液压泵助力转向系统传感器和执行器的功能,并说出在更换电控元件后是否要进行更换元件与 ECU 的互认工作。

能说出电动机直接助力转向系统传感器和执行器的功能,并说出在更换电控元件后是否要进行更换元件与 ECU 的互认工作。

能说出可变传动比转向系统传感器和执行器的功能,并说出在更换电控元件后是否要进行更换元件与 ECU 的互认工作。

能说出转向系统为实现车辆稳定控制功能的实现方式有哪些。

能够更换转向系统总成到车上,并进行四轮定位的前束调节,道路测试时不应转动转向盘,即不会出现行驶跑偏现象。

能够在更换转向盘转角传感器后进行传感器和 ECU 的互认工作。

第一节 电控随速式液压助力转向系统

一、电控随速式液压助力转向控制系统的结构和工作原理

之所以称随速转向控制系统是因为传感器只有车速传感器,车速作为一个参数决定了助力的大小。这种转向系统主要在日本车辆系统中使用，在大众车辆系统中不使用。

电控随速式液压助力转向系统的结构组成如图 1-1 所示，位于变速器上的车速传感器把车速信号传递至电控随速式液压转向系统控制单元 ECU，ECU 通过控制流经随速电磁阀的电流来调节旁通回流的液压油数量，电磁阀不通电流时，旁通油路关闭，液压油经过转阀换向后，所有液压油加到液压助力转向器进行助力，此时助力最大。当电磁阀通较大电流时，旁通油路打开，液压油经过转阀换向后，只有一部分液压油加到液压助力转向器进行助力，此时助力较小。

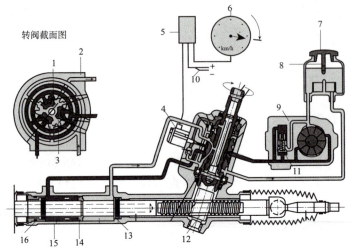

图 1-1　随速式液压助力转向系统的结构组成

1—从动阀；2—转阀壳体；3—主动阀；4—随速控制电磁阀；5—随速控制单元；6—车速信号；7—储液罐；8—油位刻度尺；9—叶片泵；10—电源；11—安全阀；12—齿轮齿条转向机构；13—密封件；14—活塞；15—液压缸体；16—密封件

【完成任务】如图 1-1 所示，随速控制转向系统是在转阀式液力转向系统中增加了随速控制电磁阀，看图想一想这个阀安装在了哪两个油道之间：＿＿＿＿＿＿。电磁阀断电后助力会增加还是会减少：＿＿＿＿＿＿。

二、带路感感应的随速转向控制系统

在 20 世纪 80—90 年代，LS400 采用了带路感感应的随速转向控制系统，不过现在已没有这种结构，其工作原理此处不作介绍。

第二节　电控电机液压助力转向系统（EHPS）

一、EHPS 简介

EHPS 是 Electronic Hydraulic Power Steering 的缩写，译为电控电机液压助力转向系统，如图 1-2 所示，在高档内燃机轿车、电动汽车等上采用。

由于依靠发动机动力来驱动油泵，能耗比较高，所以车辆的行驶动力无形中就被消耗了一部分；液压系统的管路结构非常复杂，各种控制油液的阀

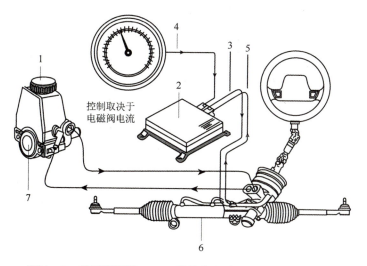

图 1-2　美国通用的 EHPS 电控电机液压助力转向系统

1—储蓄液；2—EHPS 系统控制 ECU；3—电磁阀电流；4—取自变速器的车速信号；
5—扭矩传感器信号；6—动力缸和齿轮齿条式向器；7—电动液压泵

门数量繁多，后期的保养维护需要成本；整套油路经常保持高压状态，使用寿命也会受到影响，这些都是机械液压助力转向系统的缺点所在。电控电机液压助力转向系统能被广泛使用自然也是有其优势的：转向盘与转向轮之间全部是机械部件连接，操控精准，路感直接，信息反馈丰富；液压泵由发动机驱动，转向动力充沛，大小车辆都适用；技术成熟，可靠性高，平均制造成本低。

【完成任务】随速式液压助力转向系统由车速信号来决定助力的大小，那么引入什么传感器可以解决驾驶员转向用力的意图：_____。在如图 1-2 所示美国通用的 EHPS 电控电机液压助力转向系统中，车速越高，电磁阀的电流是大了还是小了：_____；为什么要这样设计：_____。

二、工作原理

EHPS 系统除了要通过能够读取速度传感器信息的电子控制单元来控制机械阀上的电磁阀机构外，电动液压泵还要采用电动机驱动。通过电流控制电磁阀开度，可以改变助力油液的流量，使得油液推动助力活塞的力被改变，即实现了助力力度的调节。控制单元根据车速传感器的信号对电磁阀开度进行控制，便实现了助力力度随速可变的功能。而这种系统的转向执行机构、液压泵等部件都是我们所熟悉的。

大多数 EHPS 系统不具备"紧急避险模式"，这种模式是当驾驶员以很快的速度转动转向盘时，控制单元会根据收到的角传感器信息瞬间提高电子泵转速至 5 000 r/min，转向助力会瞬间提升，这种设计的本意是帮助驾驶员能够在遇到突发情况时尽快改变方向避险，但是实际上，这套系统并未像理论上那般发挥其作用，原因在于很多消费者在购车后根本就不知道自己的爱车具备这样的功能，在遇到突发状况时他们仍然会以正常的转向力度转动转向盘，而此时转向盘却比他们想象的要轻得多，导致转向盘转动角度大大高于实际所需的角度，车辆会出现过度转向，在驾驶者意识到这种情况反打方向盘时又很容易造成纠正方向过度的情况，反而增加了发生事故的风险。如果您一直都没有想明白为什么自己的车子突然像个疯子般不听使唤，那么，这个"紧急避险模式"就是您一直在找的答案。

第三节 电动助力转向系统（EPS）

一、EPS 简介

电动助力转向系统（Electric Power Steering System，EPS）采用直流电动机带动减速机构进行助力，控制 ECU 引入了转矩传感器和车速传感器。控制 ECU 根据转向盘的转矩传感器信号进行助力控制，转矩越大，助力越强；同时根据车速信号进行控制，车速越高，助力越弱，以增加路感。

二、电动助力转向系统的优点

电动助力转向系统是一项采用现代控制方法的高新技术，与传统液压动力转向相比，它具有下述优点：

1）电动机和减速机构安装在转向柱或转向系统内，所占空间小，零部件结构简单、安装方便，维护费用低；

2）以电动机为动力，不需要转向油泵、油管及控制阀等液压元件，也不会耗用发动机的功率及发生液压油泄漏和损耗，电动机只在需要时才起动，耗用电能较少，提高了汽车经济性；

3）低速停车入库时转向助力器对转向力的降低非常显著；

4）能更好地吸收道路上的任何颠簸并能灵敏反映路面信息，改善汽车的转向特性，灵敏度高。

电动助力根据电动机的助力位置分为转向柱助力（见图 1-3）和小齿轮齿条助力（见图 1-4 和图 1-5）两种。电动转向助力是按需消耗能量，省略了液压系统，保养项目减少，环境友好，对低温适应性强。

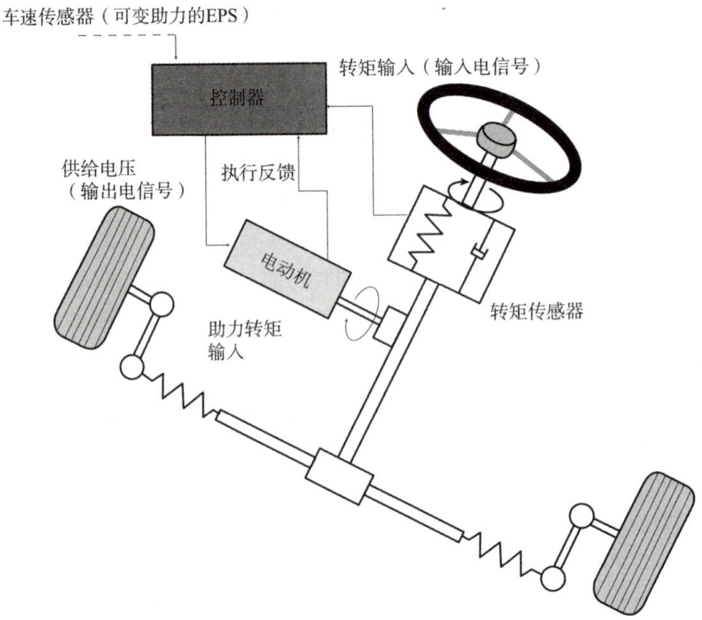

图 1-3 转向柱助力型

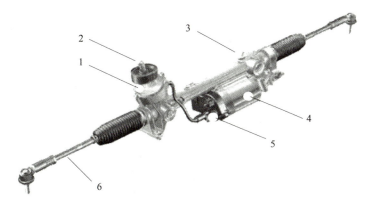

图1-4 大众双小齿轮式齿条助力型

1—机械转向器；2—转向轴连接端；3—转向动力缸；4—助力电动机；5—ECU；6—转向横拉杆

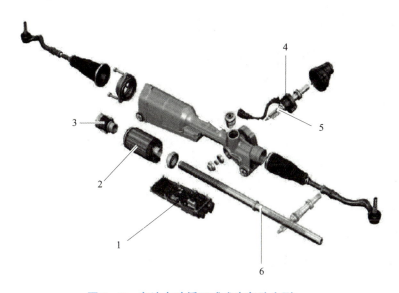

图1-5 奥迪电动循环球式齿条助力型

1—转向助力控制单元J500；2—电动机械式助力转向装置电动机V187（带有转子位置传感器）；3—滚珠丝杠；4—转向力矩传感器G269；5—转向机主动齿轮；6—齿条

【完成任务】根据图1-5，写出下列元件的名称。

J500：_____；G269：_____；V187：_____。

第四节 电动机械式助力转向系统

一、电动机械式助力转向系统简介

图1-6所示为奥迪双小齿轮的电动机械式助力转向系统。与液压式转向装置相比，电动机械式助力转向装置有很多优点：它可帮助驾驶员减轻体力和精神上的劳累程度，这是通过"按需"方式来实现的，也就是说，只有当驾驶员需要转向助力时，助力装置才会工作。转向助力取决于车速、转向力矩以及转向角。

图 1-6 奥迪双小齿轮的电动机械式助力转向系统

1—转向机；2—电动机械式助力转向装置电动机 V187；3—转向柱；4—转向盘；5—方向轴；
6—转向力矩传感器 J269；7—助力转向控制单元 J500

二、转向装置的部件

转向装置的部件有转向盘、转向柱开关（带有转角传感器 G85）、转向柱、转向力矩传感器 J269、转向机、电动机械式助力转向装置电动机 V187、助力转向控制单元 J500。

三、结构特点

奥迪双小齿轮电动机械式助力转向系统元件如图 1-7 所示。电动机械式助力转向装置采用双小齿轮结构，其特点是使用两个小齿轮（转向小齿轮和驱动小齿轮），所需要的转向力借助于这两个小齿轮传到齿条上。转向助力是通过"按需要"调节电动机来实现的。该系统根据行驶条件来为驾驶员提供转向助力（Servotronic）。转向盘回到中间位置是通过"主动返回"功能来实现的，这个回位是由电动机械式助力转向装置来帮助执行的。这样就使得驾驶员有明显的对中感，且在各种行驶状况下都能保持非常准确的直线行驶能力。在有侧向风力持续作用或者路面倾斜的情况下，直线行驶校正功能可以产生一个辅助扭矩，这个扭矩可帮助驾驶员将车转至直线行驶状态。

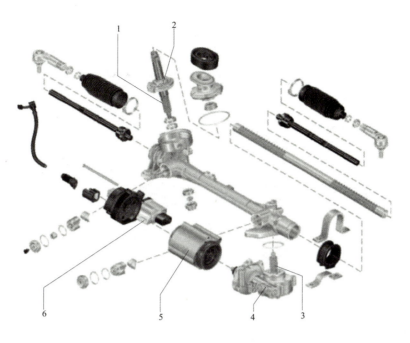

图1-7 奥迪双小齿轮电动机械式助力转向系统元件

1—转向主动小齿轮；2—转向力矩传感器；3—传动小齿轮；4—蜗轮蜗杆机构；5—电动机械式助力转向装置电动机 V187；6—助力转向控制单元 J500

【完成任务】根据图1-7，找出下列元件的位置，找出后在线上打"√"。

转向主动小齿轮：_____；转向力矩传感器J269：_____；助力转向控制单元J500：_____；电动机械式助力转向装置电动机V187：_____；蜗轮蜗杆机构：_____；传动小齿轮：_____。

四、电控系统

奥迪双小齿轮电动机械式助力转向系统的电控系统组成及电路分别如图1-8和图1-9所示。

【完成任务】根据图1-8，写出下列元件的名称。

G28：_____；J248：_____；J527：_____；G85：_____；
J500：_____；G269：_____；V187：_____；K161：_____；
J285：_____；J533：_____；J104：_____；G44～G47：_____。

【完成任务】根据图1-9，写出下列元件的名称。

A：_____；B：_____；G269：_____；J500：_____；
S：_____；V187：_____。

电动机V187和J500间的三条线是什么线：_____。

电动机V187和J500间的四条线是什么传感器：_____；分别是什么形式的传感器：_____。

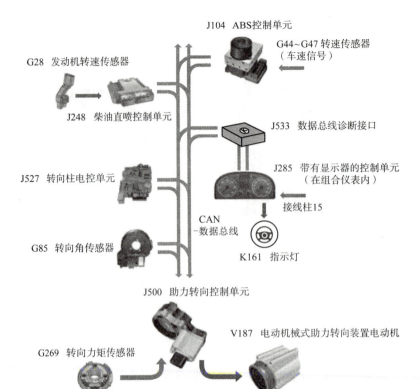

图1-8 奥迪双小齿轮电动机械式助力转向系统的电控系统组成

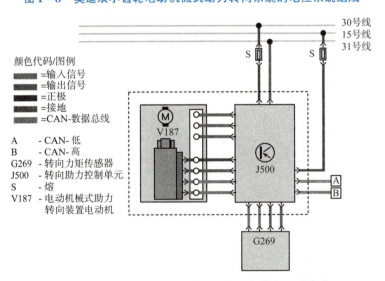

图1-9 奥迪双小齿轮电动机械式助力转向系统电路

五、特性曲线族和特性曲线

转向助力的控制是通过控制单元内永久式程序存储器中的一个特定曲线簇（见图1-10）来完成的。该存储器中存有多达16种不同的特性曲线簇，例如在Golf 2004汽车上，就要使用其中的8种特性曲线簇来工作。

根据要求（例如车重），在出厂时需要激活相应的特性曲线簇，但是在售后服务中也可以使用 VAS 5051 通过"自适应"功能在"通道 1"中激活特性曲线簇，例如在更换了控制单元或者更换了转向装置时，就需要进行这样的工作了。

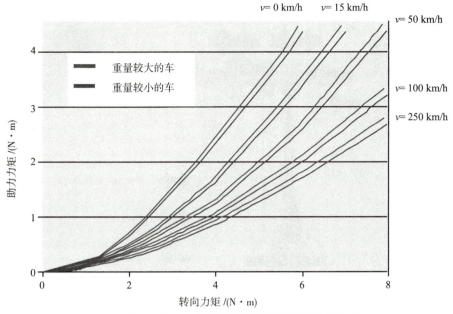

图 1-10　永久式程序存储器中的特定曲线簇

如图 1-10 所示，作为示例，我们从 Golf 2004 车型所使用的 8 种特性曲线簇中选出一种用于重量较大的车的特性曲线簇，再选出一种用于重量较小的车的特性曲线簇。一种特性曲线簇包括 5 条不同的特性曲线，它们用于不同的车速（例如 0 km/h、15 km/h、50 km/h、100 km/h 和 250 km/h），特性曲线表示在这个车速时，电动机在多大的转向力矩时需提供多大的转向助力力矩。

六、转向过程的工作原理

图 1-11 所示为转向过程的工作原理。

1）驾驶员转动转向盘时，转向助力过程就开始了。

2）转向盘上作用的转动力矩使得转向机中的扭力杆发生扭转，转向力矩传感器 G269 侦测到这个扭转量，并将这个力矩信号传送给助力转向控制单元 J500。

3）转角传感器 G85 送来实际转向角信息，转子转速传感器送来实际转向速度信息。

4）控制单元根据下列因素来确定出所需要的助力力矩并操纵电动机来工作：转向力矩、车速、发动机转速、转向角、转向速度以及控制单元内存储的特性曲线。

5）转向助力是由第二个小齿轮来完成的，该小齿轮按平行于齿条转向传力，它由一个电动机来驱动。该电动机通过蜗轮蜗杆机构和一个传动小齿轮咬合在齿条上，并传递转向所需要的辅助力。

6）转向盘上的转向力矩和助力力矩的和就是转向机上用于驱动齿条的力矩。

1. 泊车时的转向过程

1）在泊车时，驾驶员用力转动转向盘。

2）扭力杆发生扭转，转向力矩传感器 G269 侦测到这个扭转量，并将这个信息通知助力

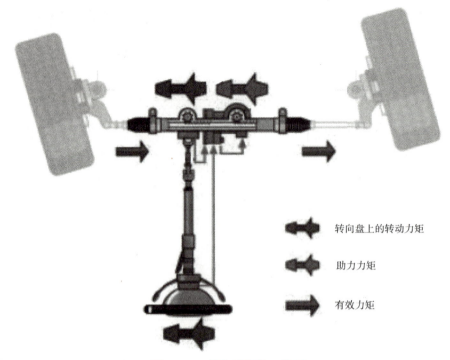

图 1-11 转向过程的工作原理

转向控制单元 J500（现在有一个很大的转向力矩作用在转向盘上）。

3) 转角传感器 G85 送来较大的转向角信息，转子转速传感器送来实际转向速度信息。

4) 助力转向控制单元根据下列因素来确定出所需要的助力力矩并操纵电动机来工作：较大的转向力矩、车速（为 0 km/h）、发动机转速、较大转向角、转向速度以及控制单元内存储的用于车速为 0 km/h 的特性曲线。

5) 在泊车时，第二个小齿轮按平行于齿条方向传递最大的辅助力。

6) 转向盘上的转向力矩和这个最大的助力力矩的和就是泊车时转向机上用于驱动齿条的力矩。

2. 城市循环行驶时的转向过程

1) 在城市行驶中遇弯道时驾驶员转动转向盘。

2) 扭力杆发生扭转，转向力矩传感器 G269 侦测到这个扭转量后将这个信息通知控制单元 J500（现在有一个中等的转向力矩作用在转向盘上）。

3) 转角传感器 G85 送来中等的转向角信息，转子转速传感器送来实际转向速度信息。

4) 控制单元根据下列因素来确定出所需要的中等的助力力矩并操纵电动机来工作：中等的转向力矩、车速（为 50 km/h）、发动机转速、中等转向角、转向速度以及控制单元内存储的用于车速为 50 km/h 的特性曲线。

5) 在转弯时，第二个小齿轮按平行于齿条方向传递中等的辅助力。

6) 转向盘上的转向力矩和这个中等的助力力矩的和就是城市循环转弯时转向机上用于驱动齿条的力矩。

3. 高速公路行驶时的转向过程

1）在变道时驾驶员轻轻转动转向盘。

2）扭力杆发生扭转，转向力矩传感器 G269 侦测到这个扭转量，将这个信息通知助力转向控制单元 J500（现在有一个很小的转向力矩作用在转向盘上）。

3）转角传感器 G85 送来很小的转向角信息，转子转速传感器送来实际转向速度信息。

4）助力转向控制单元根据下列因素来确定出所需要的很小的助力力矩或者根本不需要助力力矩并操纵电动机来工作：很小的转向力矩、车速（为 100 km/h）、发动机转速、很小的转向角、转向速度以及控制单元内存储的用于车速为 100 km/h 的特性曲线。

5）在高速公路上行驶时，第二个小齿轮按平行于齿条方向传递很小的辅助力，或者根本不传递辅助力。

6）转向盘上的转向力矩和这个很小的助力力矩的和就是高速公路变道时转向机上用于驱动齿条的力矩。

4. 主动回位功能

1）在转弯时驾驶员减小了转向力矩，扭力杆也就跟着松弛下来了。

2）根据转向力矩（也包括转向角和转向速度）的降低，即可计算出一个回位速度规定值。该值同转向角速度进行对比，从而计算出回位力矩。

3）由车轮定位参数，在转向车轮上就产生一个回位力。由于转向系统和车桥内部的摩擦，这个回位力一般是非常小的，不足以将车轮转到直线行驶位置。

4）通过对转向力矩、车速、发动机转速、转向角、转向速度和控制单元内存储的特性曲线的分析，控制单元即可计算出回位所需要的力矩（由电动机产生）。

5）起动电动机，车轮回到直线行驶位置。

5. 直线行驶校正功能

直线校正行驶功能是通过主动回位功能来实现的，这时产生一个辅助力矩，它将车辆带回到无力矩作用的直线行驶状态。其补偿与校正主要包括短时和长时两种算法，长时算法的任务是对长时间偏离直线行驶的情况进行补偿（比如在将夏季轮胎换成旧的冬季轮胎时所出现的情况）；短时算法的任务是对短时的偏离直线行驶的情况进行校正。

短时算法可以减轻驾驶员的负担，比如在有持续的侧向风作用时，就需要持续地"对抗转向"。当持续的侧向力（比如侧向风）作用到车上时驾驶员会转动转向盘，以便使车保持在直线行驶状态。通过对转向力矩、车速、发动机转速、转向角、转向速度和控制单元内存储的特性曲线的分析，控制单元即可计算出直线行驶校正所需要的力矩（由电动机产生）。起动电动机，车辆回到直线行驶位置，驾驶员就不再需要进行"对抗转向"了。

七、转向装置的机械和电控部分

图 1-12 所示为大众双小齿轮式转向系统的机械部分，在带有双小齿轮的电动机械式助力转向装置上，所需要的转向力是由转向小齿轮和传动小齿轮传递到齿条上的。转向小齿轮传递驾驶员的转向力矩，传动小齿轮通过蜗轮蜗杆来传递电动机械式助力转向装置电动机所提供的助力力矩。转向机由转向力矩传感器、扭力杆、转向小齿轮/传动小齿轮、蜗轮蜗杆机构以及带有控制单元的电动机组成。电动机械式助力转向装置的核心部件是一个齿条，该齿条的两个齿与转向机啮合。这个带有控制单元和转向助力传感器的电动机布置在第二个小

齿轮上。这种结构意味着转向盘和齿条之间是机械连接的,即在这个伺服电动机出现故障时,仍可通过机械方式使车转向。

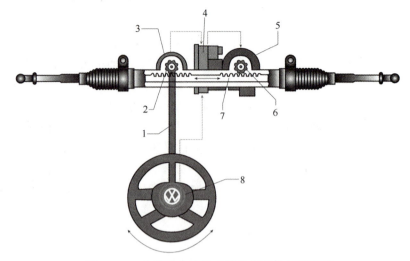

图 1-12　大众双小齿轮式转向系统的机械部分

1—转向柱;2,6—转向小齿轮;3—转向力矩传感器;4—控制单元;5—电动机;7—齿条;8—转角传感器

八、转向装置的电气部分

1. 转角传感器 G85

转角传感器 G85 位于安全气囊回位环(带有滑环)的后面(见图 1-13),在转向柱开关和转向盘之间的转向柱上。该传感器通过 CAN 数据总线将用于计算转向角的信号传送给转向柱电控单元 J527,在 J527 单元内有用于分析这个信号的电子装置。

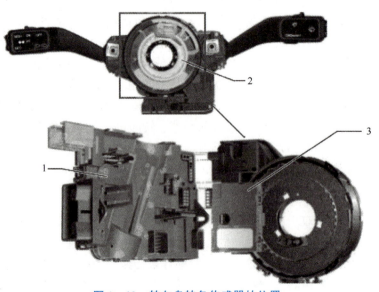

图 1-13　转向盘转角传感器的位置

1—转向柱电控单元;2—安全气囊的螺旋弹簧;3—转角传感器

信号中断的影响：如果这个传感器出现故障的话，就会启动一个应急程序，用一个替代值来取代这个信号，转向助力功能仍保持完全正常状态。指示灯 K161 亮起表示发生了这个故障。

如图 1-14 所示，转角传感器的基本部件包括带有两个编码环的编码盘和光耦元件（各有一个光源和一个光电传感器）。编码盘由两个环组成，外面的是绝对环，里面的是增量环。增量环划分成 5 个扇区，每个扇区为 72°，光电装置对会读取增量环的信息。环的扇区内部穿有孔，在一个扇区内孔距是相等的，但是不同扇区的孔距是不相等的，这就构成了扇区编码。绝对环用于确定角度，角度由 6 个光电装置对来读出。转角传感器能识别1 044°的转向角。转角传感器可将角度累加起来，当超过了 360°标记时，它就能识别出转向盘已经转了整整一圈了。转向机的结构可使转向盘转动 2.76 圈。

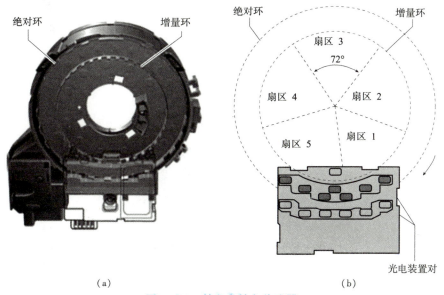

图 1-14　转向盘转角传感器

如图 1-15 所示的角度的测量采用的是光栅原理。为了简单起见，我们只考虑增量环。在扇环的一侧放一个光源，另一侧放一个光电传感器，如果光通过缝隙照到传感器上，那么就会产生一个电压信号；如果光源被遮挡了，那么电压就中断了。如果转动增量环的话，就会产生一系列信号电压，与此完全相同，在绝对环上的各光电装置对也产生一系列信号电压，所有的这些信号电压都由转向柱电控单元来进行处理，系统通过比较这些信号即可计算出环已经转动了多少，也就确定了绝对环的起始点。

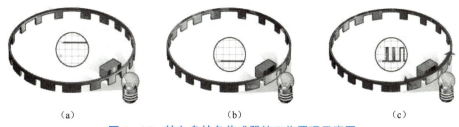

图 1-15　转向盘转角传感器的工作原理示意图

2. 转向力矩传感器 G269

图 1-16 所示为磁阻效应式力矩传感器 G269，转向盘上作用的力矩是由转向力矩传感器 G269 直接在转向小齿轮上测得的。这个传感器是根据磁阻效应来工作的，其采用双体（超静定）结构，以最大限度地保证其可靠性；转向柱和转向机在力矩传感器处通过一个扭力杆连在一起；与转向柱相连接的部件上有一个磁电极感应转子，其周围有 24 个不同的磁极区在交替转换，每次用两个极来估算力矩；对应件是一个磁阻传感元件，它固定在转向机的连接件上，如果转动了转向盘，那么这两个连接件就会按照作用的力矩相对运动。因为磁电极感应转子也会相对于传感元件发生扭转，于是就测量到了转向力矩，并将该信号发送给控制单元。

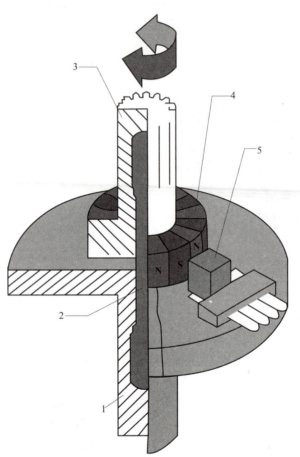

图 1-16　磁阻效应式力矩传感器 G269
1—转向机连接件；2—扭力杆；3—转向柱连接件；4—磁电极感应转子；5—磁阻感应元件

信号中断的影响：如果转向力矩传感器出现故障的话，则必须更换转向机。当识别处有故障时，转向助力功能就被关闭了，这个关闭过程不是突然的，而是"柔和的"。为了实现"柔和"关闭，控制单元使用电动机的转向角和转子角计算出了一个转向力矩的替代信号。当指示灯 K161 呈红色亮起时就表示有这个故障。

3. 转子转速传感器

转子转速传感器是电动机械式助力转向装置电动机 V187 的一个组件，从外面是看不见的。

信号作用：转子转速传感器是根据磁阻效应来工作的，其结构与转向力矩传感器 G269 是一样的，该传感器传送的是电动机械式助力转向装置电动机 V187 转子的转速，该转速信号是精确控制该电动机所必需的。

信号中断的影响：该传感器出现故障时，就使用转向角速度来作为替代信号。当转向助力功能被安全关闭时，可防止转向助力功能在这个传感器失灵时突然关闭。当指示灯 K161 呈红色亮起时就表示有这个故障。

4. 车速

车速信号由 ABS 控制单元来提供。

信号中断的影响：车速信号出现故障时会启动一个应急程序，这时驾驶员仍可使用转向助力功能，但随速助力转向（Servotronic）功能便无法使用了。当指示灯 K161 呈黄色亮起时就表示有这个故障。

5. 发动机转速传感器 G28

如图 1-17 所示，发动机转速传感器是一个霍尔传感器，它拧在曲轴密封法兰的壳体上。

信号应用：发动机控制单元根据发动机转速传感器的信号来获知发动机的转速和曲轴的位置信息。

信号中断的影响：如果发动机转速传感器出现故障，则转向系统通过 15 号接线柱来工作。该故障不用指示灯 K161 来显示，如图 1-18 所示。

图 1-17 发动机转速传感器位置

图 1-18 仪表动力转向故障灯 K161 符号

6. 电动机械式助力转向装置电动机 V187

V187 是一个无炭刷式异步电动机，它可以产生最大 4.1 N·m 的力矩用于转向助力。异步电动机无永久磁场或电励磁。异步电动机输入电压的频率与电动机转动频率是不同的，这就是"异步"这个名称的由来。

异步电动机结构简单（无炭刷），所以工作非常可靠；反应快，因此符合快速转向反应的要求。该电动机装在一个铝制壳体内，通过一个蜗轮蜗杆机构和一个传动小齿轮与齿条啮合，从而传递用于转向助力的力矩。在轴的控制端有一个磁铁，控制单元使用这个磁铁来获知转子的转速，并使用这个信号来确定转向速度。

信号中断的影响：异步电动机的一个优点是，在不通电的情况下，转向机仍可使电动机转动。这就是说，即使该电动机出现故障（也就是无转向助力了），那么只需稍微再多用点力仍可转动转向装置，即使短路，该电动机也不会锁止。当指示灯 K161 呈红色亮起时就表示电动机有故障。

7. 助力转向控制单元 J500

助力转向控制单元 J500 直接固定在电动机上,这就可省去助力转向装置复杂的管路布置。控制单元根据相应的输入信号——转角传感器 G85 传来的转向角信号、发动机转速传感器 G28 传来的发动机转速信号、转向力矩和转子转速以及车速信号和点火钥匙识别信号(来自组合仪表内的控制单元 J285)就可以确定出需要多大的转向助力,并计算出励磁电流的强度,以起动电动机 V187 来工作。

信号中断的影响:该控制单元内集成了一个温度传感器,该温度传感器用于确定转向系统的温度。如果这个温度超过了 100℃,那么助力转向功能就逐渐减弱。如果转向助力低于 60% 了,那么指示灯 K161 就呈黄色亮起,故障存储器内也会记录下一个故障。如果控制单元 J500 出现故障,则必须整体更换,然后使用 VAS5051 来激活控制单元永久存储器内相应的特性曲线簇。

8. 指示灯 K161

该指示灯位于组合仪表的显示屏上,用于指示电动机械式助力转向装置的故障。在出现故障时,该指示灯会以两种颜色亮起。如果该灯呈黄色亮起,则表示一个不严重的警告;如果该灯呈红色亮起,则必须立即去服务站检查,且当该灯呈红色亮起时还会响起三声锣音。

在接通点火开关后,该灯呈红色亮起,因为此时电动机械式助力转向装置要进行自检。当助力转向控制单元确定系统工作正常时,该指示灯就熄灭了。这个自检过程持续大约 2s,在发动机起动后该指示灯会立即熄灭。

牵引:如果牵引车辆,在车速大于 7 km/h 且点火开关接通时转向助力也会起作用。转向系统会识别出电压过低并对此做出反应。但如果蓄电池电压低于 9V,那么转向助力就会减至关闭状态,且指示灯呈红色亮起;如果电压只是短时降到 9V 以下,那么指示灯呈黄色亮起。

九、售后服务

1. 诊断

电动机械式助力转向装置的元件具有自诊断能力。

2. 转向止点(挡块)的自适应

为了避免接触转向机构的机械硬止点,则需要通过软件来对转向角进行限制。这个"软件止点"(也就是缓冲)在机械硬止点前 5°转向角时被激活,转向助力力矩即根据转向角和转向力矩来减小。

在"基本设定"中必须使用 VAS5051 来清除止点的角位置,这个自适应不需要检测仪即可进行,为此需要用到最新的维修手册和"故障导航"中的详细信息。

【完成任务】请在图 1-19 中写出双小齿轮电动转向系统部件的名称。

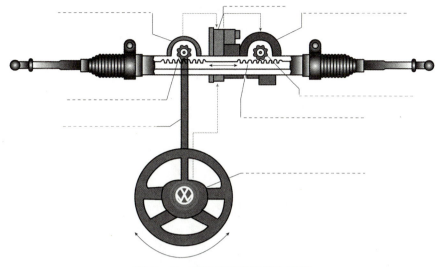

图1-19 双小齿轮电动转向系统

第五节 主动转向系统

一、主动转向系统的概念

主动转向系统是指在转向盘和转向机下部的小齿轮之间增加传动比可变的传动系统。在液压转向系统中，传动比控制的目的是实现累加一个附加转向角（也称并行角）。若系统采用液压转向，可变传动比结构的具体位置可在转向柱上，也可在转向机转阀下部、小齿轮的上部。电动转向也可采用此系统。如图1-20所示。

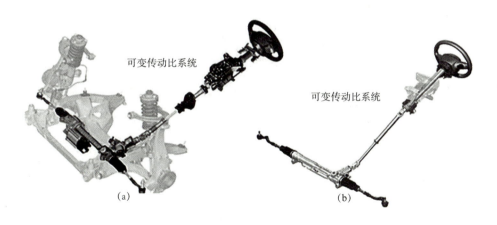

图1-20 电动助力和液压助力转向机
（a）电动助力转向机；（b）液压助力转向机

二、主动转向系统的功能

1. 速度控制传动比功能

图1-21和图1-22所示分别为高车速和低车速时主动转向控制示意图及可变传动比控

制模式，驻车和低速时控制传动比小，输出转速高于输入转速。因此只需要较小的转向盘旋转角度就可以使车轮有较大的转向角度，转向盘从一侧极限位置到另一侧极限位置只需要转动两圈（传统的要转动三圈左右）。当车速度较高时，转向传动比会越来越大，直至达到常规转向系统的水平，甚至比其传动比更大。同时传动比模式（传动比 = 固定传动比 × 可变传动比）可在 MMI 中设置。

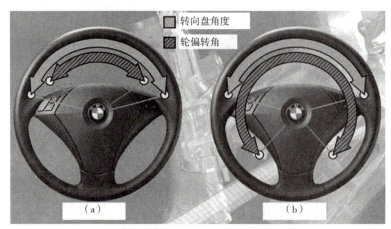

图 1-21　高车速和低车速时主动转向控制示意图
(a) 高车速；(b) 低车速

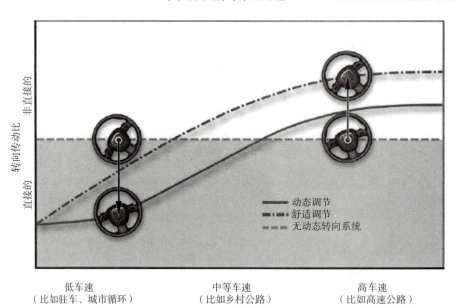

图 1-22　可变传动比控制模式

2. 抗行驶跑偏功能

提高转向力矩可防止出现不希望的转向移动，比如侧向风较大时，此功能可使驾驶员感觉车辆比较稳定。

3. 限制超过稳定边界功能

当车速很高（比如大于 100 km/h）出现过度转向时，为了让车辆沿着所需要的轨迹行驶，驾驶员不必反向修正转向，这时主动转向系统即可对不希望的车辆移动进行反向转向补偿。此项功能是与动态稳定控制（DSC/ESP/VSC）共同作用来阻止驾驶员因转向过度造成车身超过稳定性边界的，是一种限制超过稳定边界的功能。当主动式转向系统自身不足以让车辆维持稳定的前进路线时，动态稳定控制系统将及时介入，降低发动机的功率输出或对个别车轮施以制动。

三、主动转向系统分类

如图1-23所示，主动转向系统根据附加转角叠加方式的不同，可分为机械式和电子式。机械式中比较典型的一种是德国宝马公司和ZF公司联合开发的行星齿轮式前轮主动转向系统（Active Front Steering，AFS），装备于部分宝马3系列和5系列轿车上；另一种是奥迪的谐波齿轮式主动转向系统（奥迪称其为动态转向系统），其中主动是指主动安全系统。而电子式应用技术的典型代表是线控转向技术。

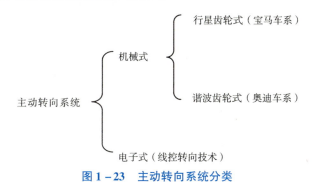

图1-23 主动转向系统分类

主动转向系统的电控系统也称动态稳定控制系统（DSC），系统通过测量转向角度可以掌握驾驶员的意图。系统有两只内置横向加速度传感器的偏航率传感器，两传感器采用冗余控制思想。动态稳定控制系统依据车轮转动的圈数可以计算出车速，而偏航率传感器则可随时监控车辆垂直轴（-Z轴）的稳定性。动态稳定控制系统（DSC）有极高的运算速度，可提供最实时、最理想的转向传动比，并在毫秒之内相应地调整转向角度。

配备主动转向系统的汽车，即使系统发生故障，仍能进行转向动作，只不过其转向角度无法增加或减少，其传动比为转向机的固定传动比。对于因软件故障而造成严重转向失误的情况是绝对不允许发生的，因为重要传感器采用冗余控制，同时所有的信息分别在主、从微控制器中以不同方式进行分析处理，只有主、从微控制器的结果相同时指令才被接受，主控制器才会发出控制指令。如果主、从控制器结果出现矛盾，那么主控制系统就会自行关闭。

四、ECO阀液压随速助力转向系统

带传动比控制的宝马和奥迪动力转向系统为液压随速助力转向系统，只是传动比的机械实现方式不同。奥迪电控过程是由控制单元J792通过给ECO阀通以PWM信号（脉冲宽度调制信号）来实现的，PWM信号根据转向速度和车速来实施。奥迪带ECO阀的电控液压转向系统示意图如图1-24所示。

如图1-25（a）所示，ECO阀通入电流越大，开口截面积越小，输油油压越小，则调节阀活塞的上端就会形成很小的压强。当上部压强到达某一值时，从泵的输出侧到吸油侧的

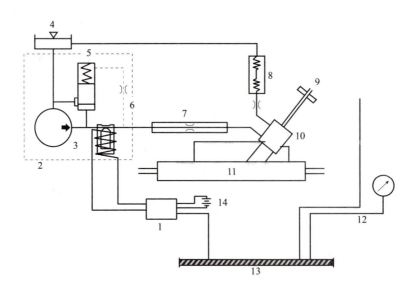

图 1-24 奥迪带 ECO 阀的电控液压转向系统示意图

1—控制单元 J792；2—转向泵；3—ECO 阀；4—液压油罐；5—调节阀；6—控制油道；7—膨胀软管；8—冷却器；9—转角传感器；10—转向阀；11—转向器；12—车速信号；13—CAN 总线；14—电池

调节活塞打开泄压，泵的输油压力减小。

如图 1-25（b）所示，当转向速度很快而车速却很低时，ECO 阀通入电流越小，开口截面积越大，调节阀活塞上部将从控制油道获得很大的向下压力，压力调节阀的活塞向下移动，关闭调节阀泄油油道，从而使泵输油压力升高。

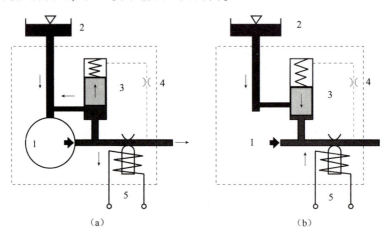

图 1-25 ECO 阀在电磁阀电流大和电流小时的开口控制

（a）电磁阀电流大时为小节流孔；（b）电磁阀电流小时为大节流孔

1—助力泵；2—储液罐；3—调节阀活塞；4—控制油道；5—ECO 阀

【完成任务】 控制 ECO 阀的两个主要信号是什么：_____ 和 _____。
ECO 阀在断电时，开口面积是最大还是最小：_____。

五、宝马"双行星齿轮机构"传动比可变系统

如图 1-26 所示，宝马的传动比可变的转向系统的结构特点是：在转向盘柱和齿轮齿条

式转向机之间安装了两套行星齿轮机构,两套行星齿轮机构采用行星架共用的结构,其上部行星齿轮的太阳轮接上部转向柱,下部行星齿轮的太阳轮接小齿轮,这样传动比为1,不变速;内齿圈转速由电动机通过减速机构进行调节,致使太阳轮和行星架之间的转速比发生变化。其优点是低速使转向更加直接、快速,高速时车身稳定性强。此系统除像其他系统解决了助力大小问题外,同时增加了危险边界,可根据汽车车辆横摆时重心的角加速度和侧向加速度情况确定是否有危险,以主动增大转向传动比。

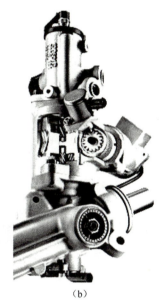

(a)   (b)

图 1-26 宝马双行星齿轮式主动转向系统

该系统能够实现独立于驾驶员的转向干预,从而达到主动改变前轮转向角的目的。前轮主动转向技术的核心在于,通过对前轮施加不依赖驾驶员转向盘输入的附加转向角来提高车辆的操纵性、稳定性和轨迹保持性能。该系统除传统的转向机械构件外,主要包括两大核心部件:一是一套双行星齿轮机构,通过叠加转向实现变传动比功能;二是 Servotronic 液力伺服转向系统,用于实现转向助力功能。

驾驶员的输入包括力矩输入和角输入两部分,共同传递给扭杆,其中的力矩输入由液力伺服机构根据车速和转向角度进行助力控制,而角输入则通过由伺服电动机驱动的双行星齿轮机构进行转向角叠加,经过叠加后的总转向角才是传递给齿轮齿条转向机构的最终转向角。宝马主动转向系统与常规转向系统的显著差别在于,宝马主动转向系统不仅能够对转向力矩进行调节,而且还可以对转向角度进行调整,使其与当前的车速达到完美匹配。由于保留了原来从转向盘到转向轮的机械连接,故在电动机发生故障时仍能保证转向的安全性。与传统的转向系统相比,双行星齿轮机构与原有齿轮齿条转向器的摩擦及刚度条件不变,对驾驶员来说有利于保持原有的操纵感觉;由双行星齿轮机构产生的作用反力矩可通过改变原有的助力控制进行补偿。双行星齿轮机构运行于低速条件,有利于减少噪声。双行星齿轮机构与转向管柱、转向小齿轮集成在一起,使结构更加紧凑。

自诊断:为了保证系统实时安全可靠,首先对传感器信号(如车轮转速)进行滤波处理,然后根据一定的预估算法计算出某一状态变量的参考值(如横摆角速度、小齿轮转角),接着将由传感器直接测得的状态变量实际值与参考值进行比较,得到一偏差。当偏差在设定的限值范围内时,认为传感器工作良好,可以采用该信号;当偏差过大时,则必有某一传感器信号为错误信号,需结合其他信号进行故障诊断。

失效保护:在蜗杆端部有一圆锥齿轮,而电磁锁止装置中装有预紧弹簧,在正常状态下AFS的ECU给电磁锁止装置供电,以保证圆锥齿轮和电磁锁止装置分离良好;当伺服电动机发生故障时,ECU停止供电,预紧弹簧将把电磁锁止装置的端部压入圆锥齿轮的某两齿间,使得电动机不再转动,相当于行星排中的内齿圈被固定,此时整个转向系统是在上部将转向信号由太阳轮传给行星架减速,在下部由行星架传给太阳轮增速,传动比为1。

六、奥迪"谐波齿轮式"传动比可变系统

1. 谐波齿轮减速原理

谐波齿轮减速依靠柔性齿轮产生的可控变形波引起齿间的相对错齿来传递力和运动。其工作原理如下:

如图1-27所示,谐波齿轮的传动机构由波发生器、柔轮和刚轮组成。柔轮是一个薄壁外齿圈,刚轮有内齿圈,刚轮比柔轮多2~4个齿(这又因波发生器上触轮的多少而异,双波发生器的为2)。双波发生器的椭圆形滚子将柔轮撑成椭圆形,当波发生器为主动轮时,柔轮和刚轮为从动轮,柔轮上的外轮齿与刚轮上的内轮齿在椭圆形柔轮的长轴方向完全啮合,在柔轮的短轴方向完全脱开,而中间区域为过渡状态。当波发生器顺时针旋转一周时,柔轮相对固定的刚轮逆时针旋转两个齿,这样就把波发生器的快速转动变为刚轮的慢速转动。

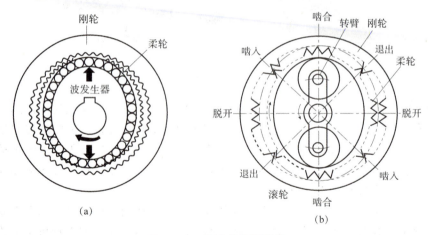

图1-27 谐波发生器结构
(a) 椭圆形双波发生器式谐波齿轮;(b) 双行星轮型双波发生器式谐波齿轮

谐波齿轮传动的柔轮和刚轮的齿距相同,但齿数不等,通常采用刚轮与柔轮的齿数差等于波数 n,即

$$z_2 - z_1 = n$$

式中,z_2、z_1——刚轮与柔轮的齿数。

当刚轮固定、发生器主动、柔轮从动时,谐波齿轮传动的传动比为 $i = -z_1/(z_2 - z_1)$。在双波传动中,$z_2 - z_1 = 2$,在很多柔轮齿数式中,负号表示柔轮的转向与波发生器的转向相反。刚轮固定的情况也可以用摆线转子泵的啮合原理解释,我们先假设柔轮外齿和钢轮内齿都是102个齿,柔轮第1个齿指向钢轮第1个齿,柔轮小,钢轮大,柔轮和钢轮啮合一圈,柔轮没有自转,这个好理解,因为无论转多少圈,柔轮第1个齿永远指向钢轮第1个齿。下

面做一下变化，柔轮只有100个齿，开始时柔轮第1个齿指向钢轮第1个齿，柔轮第1个齿和钢轮第1个齿啮合，刚轮转动7.2°；柔轮第2个齿和钢轮第2个齿啮合，刚轮再转动7.2°；……；柔轮第100个齿和钢轮第100个齿啮合，波发生器转50圈，柔轮转1周。但在奥迪可变传动比系统中，输入是柔轮转速，输出是刚轮转速，调节轮是双波发生器的转速，这与上面情况并不一致，所以仍要继续说明。

输入为双波发生器顺时针转一周（固定刚轮），输出为柔轮逆时针转两齿。

固定刚轮，输入为双波发生器，输出为柔轮的反向减速传动，三者有以下关系：

$$n_1 - k_2 n_2 = k_3 n_3$$

式中，n_1——输入的双波发生器转速；

n_2——柔轮转速；

n_3——刚轮转速。

上面举的例子是$n_3 = 0$，$k_2 = 50$时的情况，现在让n_1变速为输入，显然n_2/n_3是无级变化的，且n_1转速高时，$n_1 \geqslant k_2 n_2$，n_3为正，为同向运动；n_1转速低时，$n_1 \leqslant k_2 n_2$，n_3为负，为反向运动。

谐波齿轮具有结构简单、传动比大、可实现几十至几千倍降速、传动精度高、回程误差小、噪声低、传动平稳、承载能力强、效率高等特点。谐波齿轮减速器没有得到广泛应用的根本原因是柔轮不好做，那是一个需要反复变形的零件，目前的许多材料在抗疲劳方面达不到要求，从而大大降低了谐波齿轮减速器的使用寿命。

2. 奥迪主动转向系统工作原理

奥迪主动转向系统组成如图1-28所示，其谐波减速机构系统构造如图1-29和图1-30所示，失效锁止电磁阀工作原理如图1-31所示。

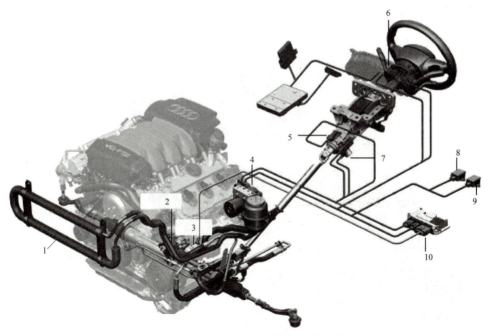

图1-28 奥迪主动转向系统组成

1—散热器；2—液压泵；3—ECO阀；4—ABS/ESP系统控制单元；5—柔轮与刚轮转速和位置传感器；6—转向盘转角传感器；7—失效锁止电磁阀；8—ESP系统G419；9—ESP系统G536；10—控制单元J792

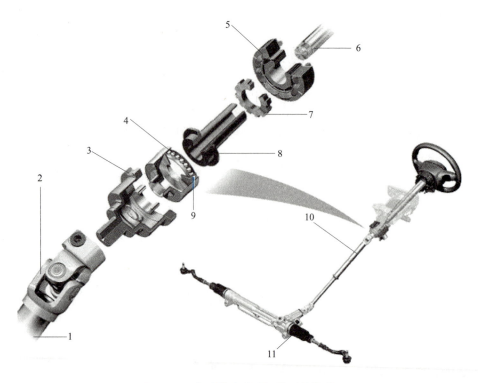

图 1-29 奥迪谐波减速机构系统构造 1

1—转向柱下部；2—万向节；3—刚性轮（内周为齿槽）；4—柔性轮（外周为齿槽）；5—永磁直流无刷电动机；6—转向柱上部；7—双向棘轮；8—端部为椭圆的空心筒；9—柔性壁球轴承；10—传动比变化执行机构；11—带 ECO 阀的液压转向系统

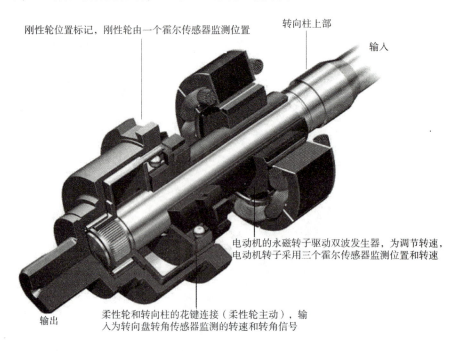

图 1-30 奥迪谐波减速机构系统构造 2

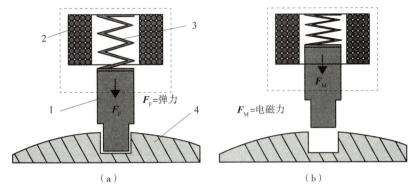

图 1-31 失效锁止电磁阀工作原理

(a) 失效锁止电磁阀断电；(b) 失效锁止电磁阀通电
1—推杆；2—电磁线圈；3—压力弹簧；4—锁圈

【完成任务】在图 1-31 中失效锁止电磁阀断电后，推杆从线圈内是伸出还是缩回：_____。

失效后推杆控制哪个元件不动：_____。

3. 电控系统工作原理

如图 1-32 所示，液压系统控制单元 J792 利用车速信号控制液压转向系统的 ECO 阀，实现随速动力转向功能。同时 J792 接收来自 ABS/ESP 系统的偏移率传感器信号、车速信号、转向盘转角信号以确定三相永磁同步电动机的控制转速；J792 给电动机通电，在电动

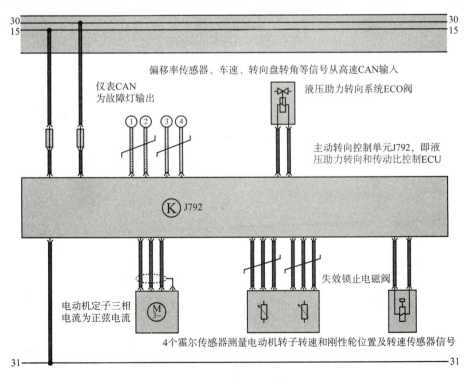

图 1-32 J792 随速液压动力转向控制 + 主动转向控制原理

机上的三个霍尔传感器测量电动机转子的位置/转速，以进行电动机控制的反馈控制；转向盘转角/转速传感器（光耦）输入转向盘转角/转速；一个霍尔传感器测量输出刚性轮的位置/转速，确定实际传动比。

【完成任务】根据图1-32，写出在进行主动转向控制时的输入和输出信号。

J792 输出数据：_____；

J104 输出数据：_____；

G85 输出数据：_____；

J285 输入数据：_____；

G419/G536 输出数据：_____；

J519 输出数据：_____；

J220 输出数据：_____；

J533 输出数据：_____；

J393 输出数据：_____。

图1-33所示为CAN-数据总线交换内容。

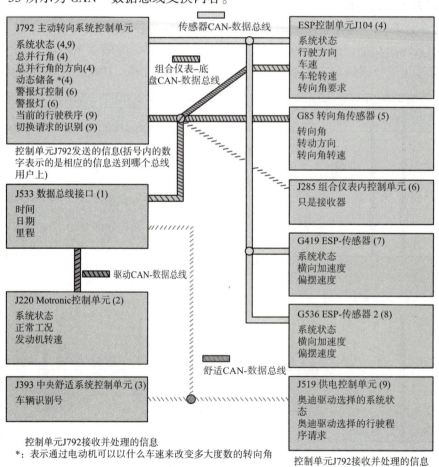

图1-33　CAN-数据总线交换内容

七、线控转向系统（选修）

线控技术（X-by-Wire）源于飞机控制系统（Fly-by-Wire System），它将飞机驾驶员的操纵命令转换成电信号，利用计算机控制飞机飞行。这种控制方式引入到汽车驾驶上，就是将驾驶员的操作动作经过传感器转变成电信号，然后通过电信号网络传输到功率放大器，再推动执行机构。典型的汽车线控系统有线控加速系统（Throttle-by-Wire System）、线控转向系统（Steer-by-Wire System）和线控制动系统（Brake-by-Wire System）等。

线控转向系统（Steer-by-Wire System，SBW）是最新一代的转向系统，其最大的特点是取消了转向盘和转向轮之间的连接，转向盘采用具有较短转向柱的转向盘总成，转向盘总成上安有转向盘转角传感器和路感电动机等，路感电动机向驾驶员反馈路感，转向盘转角传感器向控制 ECU 提供转向意图，控制 ECU 产生目标前轮转向角。前轮转向总成包括齿条位移传感器和转向电动机，电动机驱动车轮，位移传感器跟踪目标前轮转角。

图 1-34 所示为轮毂电动机、线控车轮转向和线控制动钳一体的车轮结构。

前轮线控转向可采用一个或两个（左、右车轮各一个）电动机，对于四轮转向则采用 4 个电动机。

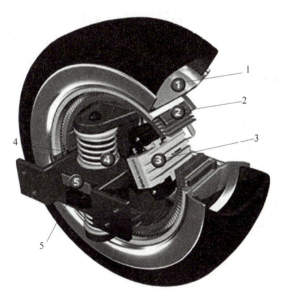

图 1-34 轮毂电动机、线控车轮转向和线控制动钳一体的车轮结构
1—轮胎；2—电动机；3—制动器；4—悬架；5—转向电动机

【完成任务】在图 1-34 中，车轮的质量会大大增加，是增加了悬架的簧上质量还是簧下质量：_____；降低了汽车的什么性能：_____；未来如何避免这种情况：_____。

在纯粹的线控转向系统中，转向由电子信号控制，转向盘与车轮之间并没有直接的机械结构相连，一旦失效，将无法转向，所以制动系统要及时制动。目前关于将线控技术应用在转向系统中仍有争议，毕竟电控系统不如机械系统可靠。

线控转向系统消除了对转向盘的冲击，减轻了驾驶员的疲劳，不必设计转向柱馈缩吸能装置；转向盘布置灵活，增加了驾驶员腿部空间，使驾驶员出入方便。其缺点是电控系统出现故障时将无法转向，且成本较高，目前很难在家用轿车中普及。

线控系统的关键技术主要是容错控制技术、通信网络技术和动力电源技术。

1. 容错控制技术

为了提高汽车的可靠性和安全性，汽车线控系统必须采取容错控制，即当有些部件出现故障或失效时，它们在系统中的功能可以用系统中的其他部件完全或部分代替，使系统能继续保持规定的性能或不丧失最基本的功能，或进一步实现故障系统的性能最优。

2. 通信网络技术

实时性好、可靠性高、时间特性好（通信事件发生时间是确定的）且具有冗余特性。

线控系统网络协议主要选择 TTCAN、TTP/C（Time Triggered Protocol，SAE Class C）、FlexRay。

TTP 协议是满足 SAE C 级网络的时间触发协议，目前有 VOLKSWAGEN、AUDI、HONEYWELL 和 DELPHI 等选用这个协议作为线控网络的协议标准。TTP 协议原先应用于航空产品，安全性设计非常严格，基于严格的时序安排，具有非常可靠和容错的特性。系统中包含的每一个节点都和其他节点由 2 个重复的通道连接。这些节点可以被复制，并分组成为容错单元（FTU）来弥补通信错误。由于重复信息同时在 2 个不同的通道上发送，所以传输信息的时间和量值都被复制。该协议的节点成本比其他协议的成本更高。

FlexRay 协议是一种既支持时间触发，又支持事件触发访问方式的协议。FlexRay 的主要使用者包括宝马、大众、通用，目前包括丰田、日产、本田等一些亚洲汽车厂商也加入了 FlexRay 标准组织，使之有可能成为事实标准。

FlexRay 协议的主要特点：

1）可靠性：FlexRay 采用冗余备份的办法，分别由 2 条总线和 2 个网络控制器构成一个完整网络，每个 ECU 分别和 2 条总线相连，正常情况下可以利用双通道进行数据传递，当其中一个网络发生故障时也可以由另一个备份网络承担通信任务。

2）速度：发动机及制动和转向等控制有很强的实时特性，必须有很高的数据传输速率才能满足。

3. 动力电源技术

随着线控技术在汽车中的应用，汽车上的电子元件也变得越来越多，对电量的需求也越来越大，传统的 14 V 电源已经不能满足将来的需要，甚至阻碍了线控技术的发展。这就需要对汽车现有的电源技术进行革新。

众所周知，电压值的提高可使系统电流减小，而小的电流可使导线上的损耗减少，从而可使用更细、更小的线束。此外，提高电压值也可以减少电器装置本身的体积、质量和损耗，有利于控制装置的小型化，提高集成度。目前提出的新系统标准为 42 V。实验证明，电压越高，电流越小，在传输过程中损失的能量越小，电源系统越有效。但为什么止于 42 V 呢？因为对于直流电，60 V 是一个安全极限，超过 60 V 就要考虑到系统的安全性，需要使用更加先进的材料，这无疑增加了汽车的生产成本。而对于 42 V 来说，工作峰值电压 58 V 在安全极限之内既满足了增加电压的要求，也不会增加太多的生产成本。

线控技术对汽车电源技术提出了新的要求，汽车 42 V 电源技术的发展为线控技术提供了可靠的能量保证。汽车线控技术作为汽车发展的一个重要方向，将对全球汽车制造业产生重大影响。汽车线控技术给汽车设计提供了新的思路，对汽车电子技术、控制技术、网络技术等方面提出了新的课题，为汽车整体结构带来了新的变革。

【完成任务】 为什么电动转向采用高电压更好：_____。

八、四轮转向系统（选修）

四轮转向系统（4WS）是指转向时，后轮参与对汽车质心侧偏角和侧向运动的控制，这样可减小运动的滞后性及独立控制车辆的运动轨迹与姿态，使车辆方向角和行驶方向重合，并可有效提高车辆的侧向稳定性和操纵灵活性。低速时在后轮附加一个与前轮相反的转向角，进行逆向位转向，以减小转弯半径；高速时后轮与前轮采用同相位转向，减小车辆横摆和侧向产生的加速度，以提高操纵性。

四轮转向系统车辆转向时，后轮的旋转方向与前轮相反，以使转弯半径尽可能小并改善操纵特性，中速到高速客车的四轮转向系统发展历史较短，该技术的应用主要是改进操纵稳定性和转向响应性能。

轿车的四轮转向系统具有以下两个功能：

1）高速行驶时，以与前轮相同的方向转动后轮，减小整车的摇摆运动，从而改进转向稳定性；

2）中、低速行驶时，以与前轮相反的方向转动后轮，使低速行驶时转弯半径减小、中速行驶时转向响应性能得以改进。

第二章

汽车电控制动系统

捷达轿车出现 ABS 故障灯点亮且无法熄灭现象，用诊断仪读取故障码显示左后轮速传感器输出信号存在不可靠。

如果你是接车的修理技术人员，应如何检查，最可能是哪里被损坏了，如果是那里损坏了，修理方案应如何制定。

能在制动过程开始的一瞬间说出前轴车轮和后轴车轮哪个轴先制动、为什么这样设计。

能在制动过程开始的一瞬间说出前轴车轮和后轴车轮哪个轴的制动液压缸的压力更大、为什么这样设计。

能说出 EBD 功能是如何实现的。

能说出 ABS 系统传感器和执行器的功能。

能说出 ABS 系统在制动优化滑移率下限、上限时分别对车轮进行什么控制。

能说出 ABS 系统在制动优化滑移率下限和上限之间时对车轮进行什么控制。

能说出为增加车辆行驶的稳定性，需要在 ABS 系统的基础上增加什么传感器，以及这些传感器在发生故障时会不会点亮 ABS 故障灯。

能说出在更换 ABS 液压控制单元后，ABS 液压控制单元内部结构是如何实现放气工作的，并能说明与更换制动主缸和制动轮缸的放气过程有何区别。

能够在 ABS 故障灯点亮后用诊断仪读取 ABS – ECU 控制器自诊断出的故障内容。

能够检查磁感应车速传感器的好坏。

能够检查电流型磁阻车速传感器的好坏。

能够在 VSC（ESP 或 DSC）故障灯点亮后用诊断仪读取 VSC – ECU 控制器自诊断出的故障内容。

能够在更换 ABS 液压控制单元后进行 ABS 液压控制单元内部结构的放气工作。

第一节 电控制动系统基础

一、电子制动与安全系统

Electronic Brake & Safety Systems，即电子制动与安全系统，它包括人为施加制动触发的 EBD 和 ABS 功能，以及系统自动触发的 ESP、TCS（ASR）、EDL（德 EDS）、BAS 等功能。这些电控制动技术不一定要点亮制动灯，只有在车速真实下降时，为警示后车才有必要点亮制动灯。例如：当人为对汽车施加制动或自适应巡航系统（ACC）请示制动时，制动灯才有必要点亮。

二、电控制动系统的缩写和功能

1. 防抱死制动系统（ABS）

ABS 是 Anti-lock Braking System 的缩写，简称防抱死制动系统。

没有安装 ABS 的汽车，在行驶中如果用力踩下制动踏板，车轮转速会急速降低，当制动力超过车轮与地面的摩擦力时，车轮就会被抱死，完全抱死的车轮会使轮胎与地面的附着系数下降、摩擦力下降。如果前轮被抱死，驾驶员将无法控制车辆的行驶方向；如果后轮被抱死，则极易出现侧滑现象。

装有 ABS 的汽车具有稳定的附着系数，因此具有转向功能，能绕过障碍物，避免碰撞，同时具有相对较短的制动距离和较好的制动稳定性（不侧滑不甩尾）。

为什么是相对较短的制动距离呢？因为配有 ABS 的车辆在遇到较厚的积雪路面或软沙地的情况下制动距离反而会有所增加。车轮抱死会形成制动楔形物，而配有 ABS 的汽车在车轮前部则不会形成楔形物。液压 ABS 在轿车中已经十分普及，客车和货车中采用气动 ABS 结构的比例也在逐步增加。

应当注意的是，在遇到紧急情况进行制动时，装有 ABS 的汽车会有一些震感，有时还会有声音，这时不能松开制动踏板，因为这表明 ABS 已经开始起作用了。

2. 电子制动力分配（EBD）

EBD 是 Electronic Brake Force Distribution 的缩写，简称电子制动力分配，其作用相当于传统制动系统的感载比例阀。EBD 是 ABS 的有效补充，当发生紧急制动时，EBD 动作发生在 ABS 起作用之前，可依据车身的重量和路面条件，自动以前轮为基准去比较后轮轮胎的滑动率，如发觉此差异程度有必要被调整，则制动系统将会调整传至后轮的油压，以得到更平衡且更接近理想化的制动力分布。汽车在制动时，即使四只轮胎所附着的地面条件相同，其与地面的摩擦力也不同，由于惯性质量前移，后轮附着力降低，制动时稍转弯或地面稍有横向外力，后轮就易打滑而产生车身倾斜而不受驾驶员控制，冰雪路面制动严重时甚至会发生甩尾掉头。为了有效地避免这种现象，电子制动力分配装置应运而生，它的作用就是在汽车制动的瞬间，通过对车轮的减速度计算得出不同的路面附着系数数值，使四只轮胎的制动装置根据不同的情况用不同的方式和力量制动，并在运动中不断高速调整，从而保证车辆的平稳和安全。

3. 驱动防滑系统（TCS/ASR）

TCS 是 Traction Control System 的缩写，即牵引力控制系统，ASR 是 Acceleration Slip Regulation 的缩写，即驱动防滑系统，两者是不同车型和不同年代的称呼，这一系统的本质是防止驱动力大于地面附着力。比如，没有经验的驾驶员驾驶车辆在低附着系数路面起步时，若用低挡重踩加速踏板使车辆快速起步，则会造成驱动轮打滑，行驶中也存在这种情况，在这种情况下不仅驱动困难，而且维持车辆起步行驶方向的稳定性也困难。

当制动 ECU 收到驱动车轮打滑的状态时，TCS/ASR 首先会通过发动机 ECU 减小发动机点火提前角；再通过关闭电子节气门降低发动机进气量，从而在不改变发动机空燃比的条件下降低扭力输出，这样有利于排放（柴油汽车采用减少喷油量的方法），这是从源头降低牵引力；最后是对输出动力的打滑轮施加制动，当车轮的驱动力降低到地面附着力以下（但大于阻力）时，驱动轮开始抓地行驶。有些在控制上也可使变速箱维持较高的挡位，降低驱动力，从而进行中游控制。

4. 电子差速锁（EDL）

EDL 是 Electronic Differential System 的缩写，即电子差速锁，德文为 EDS。其功能是如果一侧的车轮打滑或者悬空，差速器差速不差扭的特性会造成另一侧车轮完全没动力，轮速传感器在检测时就会通过电控制动系统对打滑一侧的车轮进行制动，从而使驱动力有效地作用到非打滑侧的车轮，保证汽车平稳起步。EDL 只有在车速低于 40km/h 时才会起动，主要是防止起步和低速时打滑，目前还只在一些高档车上才装置有 EDL。

EDL 只针对汽车的加速打滑进行控制，不对发动机管理系统进行干预。

5. 发动机制动控制（EBC）

EBC 是 Engine Brake Control 的缩写，简称发动机制动控制，德文为 MSR。其作用是在加速踏板突然松开或者带着挡位施加制动时，为防止发动机产生制动效果而导致驱动轮抱死，控制发动机电子节气门适当增大，以增加发动机动力，或通过变速器升挡的方法来降低发动机的制动效果。

6. 电子稳定程序（ESP）

ESP 是 Electronic Stability Program 的缩写，简称电子稳定程序。其功能是在高车速转弯，车身出现不足转向和过度转向时，通过对四个车轮中的部分车轮制动来实现车身稳定。丰田将其缩写为 VSC（Vehicle Stability Control，车辆稳定控制），马自达和尼桑将其缩写为 DSC（Dynamic Stability Control，动态稳定控制）。

7. 制动辅助系统（BAS）

BAS 是 Brake Assistance System 的缩写，简称制动辅助系统。其设计目的是由于许多驾驶员在紧急情况下迅速制动，但踩制动踏板的力量和踏板行程不足，因而使制动距离较长，有可能导致碰撞事故。制动辅助系统（BAS）能在紧急制动情况下确保立即产生最大的制动助力效果，增加管路的液压压强，从而使制动距离显著减小。

三、电控制动系统的其他功能扩展

电控制动系统的软件功能有的与制动有关，但近年来增加了许多与制动无关的软件，进一步扩展了电控制动系统的功能。例如德国大陆集团汽车制动系统 ESC MK70M 和 MK60/25E，其性能如下：

1）ABS（Anti-lock Brake System）防抱死制动系统是 ESC MK70M 和 MK60/25E 的标配。

2）EBD（Electronic Brake Force Distribution）电子制动力分配系统是 ESC MK70M 和 MK60/25E 的标配。

注：ABS 和 EBD 是最基本的功能。

3）TCS（Traction Control System）牵引力控制系统是 MK60/25E 的标配。

4）ESC（Electronic Stability Control）电子稳定控制系统是 MK60/25E 的标配。

5）E-TCS（Engine Traction Control System）发动机干预牵引力控制系统为 ESC MK70M 所选。

6）EDC（Engine Drag Control）发动机拖滞力矩控制系统是 MK60/25E 的标配。

7）ABS Plus 方向回正稳定性控制系统是 ESC MK70M 和 MK60/25E 的标配。

注：TCS、ESC、E-TCS、EDC、ABS Plus 以上五项是常见的功能。

8）HBA（Hydraulic Brake Assist）液压紧急制动系统是 MK60/25E 的标配。

9）FBS（Fading Brake Support）制动衰退补偿为 MK60/25E 所选。

10）TSA（Trailer Stability Assist）拖车稳定性辅助为 MK60/25E 所选。

11）ARP（Active Rollover Protection）主动防侧翻系统为 MK60/25E 所选。

12）DSR（Drive Steering Recommendation）前轮主动转向针对电动转向系统为 MK60/25E 所选。

13）Cold Start/Booster Performance /Booster Failure-Support 冷起动/助力失效支持系统为 MK60/25E 所选。

14）RAB（Ready Alert Brake）制动预警系统为 MK60/25E 所选。

15）DDS（Deflation Detection System）胎压检测系统为 ESC MK70M 及 MK60/25E 所选。

16）HSA（Hill Start Assist）坡路起步辅助系统为 MK60/25E 所选。

17）ACC（Adaptive Cruise Control）自适应巡航系统为 MK60/25E 所选。

第二节　制动系统基础知识

一、卡姆摩擦圆

底盘电子控制系统应保证汽车在制动、加速和转弯时的安全控制。汽车每一种运动或运动中的变化都是由车轮所受的力引起的。这些力包括：

1）作为驱动力或制动力的切向力，它们作用在轮胎的纵向方向上。

2）横向力，如由转向或外部干扰（如横向风）产生的力。

3）由汽车质量引起的正压力，它垂直作用于路面上。

这些力的大小取决于路面、轮胎的状况和类型及天气条件等。

轮胎与路面之间可传递的力是由摩擦力确定的。最佳的力的传递只能根据轮胎与路面之间静摩擦的大小进行。底盘电子控制系统能最好地利用这种静摩擦。

切向力通过静摩擦作为驱动力（F_M）或制动力（F_B）传递给路面，其大小等于正压力 F_N 乘以摩擦系数 μ_F [$0.1(\mu_{冰}) \sim 0.9(\mu_{干沥青})$]，最大驱动力 F_M 和制动力 F_B 都等于 $F_N \times \mu_F$。

摩擦系数（抓地值）由以下因素决定：材料，轮胎与路面，天气。

轮胎最大可传递给路面的力（$F_{max} = F_N \times \mu_F$）被表示为一个圆，即卡姆摩擦圆，如图

2-1所示。对稳定行驶情况来说,切向力F_P和横向力F_L产生的合力F_{Res}必须位于卡姆摩擦圆以内,因而F_{Res}小于F_{max}。

如果切向力由于车轮抱死滑转而达到其最大值,则横向力F_L不能被传递,因而汽车不再能稳定操纵。

如果车轮以最大转弯速度转弯,横向力F_L达到其最大值,则不能对汽车进行制动或加速,否则会使汽车后轮发生侧滑。

为了让汽车的车轮能够传递切向力F_P(驱动力或制动力)和横向力F_L,必须利用车轮与路面之间的附着力,所传递的两个力的大小取决于正压力(车轮负荷)和附着系数。

如图2-1所示的卡姆摩擦圆给出了这种边界条件,这样得到的F_{Res}就是在静摩擦条件下轮胎能够传递的最大作用力,此力可以分为两个分力:切向力(如制动时产生的制动力F_P)和横向力(如转弯时产生的横向力F_L)。当切向力达到最大极限值时,车轮就会发生转向。例如轮胎对地面的压力和附着系数的乘积为5 000 N(即F_{Res}=5 000 N),如果车轮在制动期间抱死(F_P方向向后),或起步时滑转(F_P方向向前),正常行驶时纵向驱动力F_P为4 000 N,则横向转向力为F_L= 3 000 N,可以转向。一种情况是制动时若驾驶员将制动踏板踩死,则当车轮与路面之间发生纯滑动摩擦时,制动力最大可达5 000 N,在这种情况下没有横向力(横向力为0)传给路面,汽车将失去转向能力;另一种情况经常发生在汽车起步时,驾驶员在起步时用低挡重踩加速踏板加速,车轮因驱动力大于地面附着力(5 000 N)原地滑转而不能行驶,更不能转向。

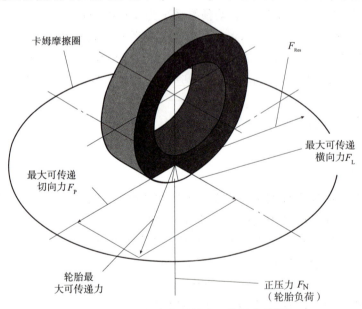

图2-1 作用在车轮上的力(卡姆摩擦圆)

【技师指导】适当地控制轮胎滑动和滚动的比例可控制轮胎的抓地能力,提高汽车起步时的驱动能力、制动能力、转向能力,并提高汽车稳定性。

二、制动滑移率

什么是制动时的滑移率?如图2-2所示,当轮胎滚动时会产生弹性变形和打滑,如果滚动周长为2 m的车轮被制动后,滚动1圈所行驶的距离仅为1.8 m,那么,轮胎周长与制动距离之间的差为 0.2 m，这就相当于有 10%的打滑。

如果车轮被驱动时处于抱死或滑转状态，则打滑为 100%。轮胎与路面之间力的无打滑传递是不可能的，因为轮胎不能充分抓住地面，所以驱动或制动时总是要有一点打滑。

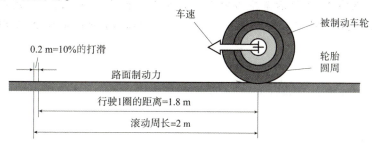

图 2-2 车轮制动时的滑移率

三、横、纵向附着力

汽车直线向前行驶时，驱动力、制动力、横向力与打滑值之间的关系以简化的形式在图 2-3 中示出。当打滑值较小时，制动力会急剧增加至最大值。之后当打滑值继续增加时，制动力又会下降一些。驱动力或制动力的曲线轨迹和最大值取决于轮胎与路面的摩擦系数。

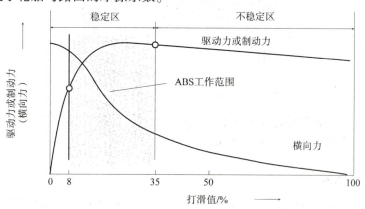

图 2-3 车轮横向力、驱动力、制动力与打滑值之间的关系

驱动力或制动力的最大打滑值为 8%~35%。曲线的第一个区域叫作稳定区，即车轮保持稳定行驶和转向，这是车轮具有最好的力传递的区域。因而，电子控制系统应工作在这个控制范围。对于大的打滑值来说，横向力会显著减小，因此汽车的方向可能会无法控制，并且行驶特性不再稳定。而汽车的控制系统能使稳定区域得到保持。

由于在这个过程中人为的脚制动力逐渐增加，故当超过 ABS 工作下限值时，相对应车轮的出液阀关闭，相对应的分缸工作压力增加，车轮趋于抱死；当 ABS 工作时的打滑值超过上限值时，进液阀也关闭，此时进入车轮保压状态，有两种情况可能发生，即打滑值再次超过上限值或低于下限值，若是再次超过上限值则打开进液阀，若是低于下限值则出液阀打开泄压。总之要把车轮的打滑值控制在下限值和上限值之间，让轮胎更好地与地面进行滑动摩擦，事实上只有更好地抓住地才能更好地发生摩擦。

事实上汽车制动打滑值和汽车制动减速度是一个同方向变化的两个量,在 ABS 软件中采集车轮转速进入 ECU 后,软件利用上一时刻和下一时刻的车轮转速变化换算出车轮的制动减速度,这样就可利用轮速传感器对相应的车轮进行打滑值控制了。

【完成任务】在图 2-3 所示车轮横向力、驱动力、制动力与打滑值之间的关系中,当车轮打滑值超过上限 35% 时应如何控制:_____;当车轮打滑值低于下限 8% 时应如何控制:_____。

第三节　制动系统的主要传感器

一、车轮转速传感器

目前车轮转速传感器常用的有两种类型,一种是磁感应型,另一种是霍尔型。

1. 两线磁感应型转速传感器

图 2-4 所示为磁感应型转速传感器。

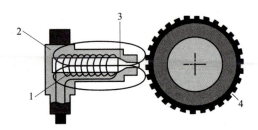

图 2-4　磁感应型转速传感器
1—线圈；2—传感头；3—永磁体；4—信号轮

【完成任务】调节示波器的幅值为 1 V/div,时基为 5 ms/div,车轮转速为 60 r/min,测量磁感应式车轮传感器的波形,并画出来。

2. 两线霍尔传感器

一个霍尔传感器采用两线有源电流型传感器(见图 2-5),传感器内部共有两个这样的传感器。

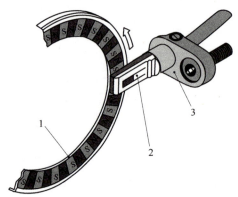

图 2-5　有源电流型传感器
1—多级磁环；2—两线霍尔传感器；3—传感器插头

【完成任务】 调节示波器的幅值为 1 V/div、时基为 5 ms/div，分别以 60 r/min 和 120 r/min 的车轮转速转动车轮，测量两线霍尔传感器的波形，并画出来。

二、转向盘转角传感器

图 2-6 所示为丰田汽车转角传感器，转向盘的转角传感器在前面章节详细讲过，**此处不再赘述**。

三、偏移率传感器

如图 2-7 所示，减速度传感器安装在偏移率传感器中，用于检测偏移率和侧向加**速度**，并将此信号发送到制动防滑控制 ECU。

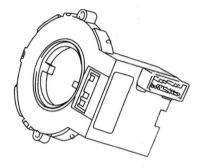 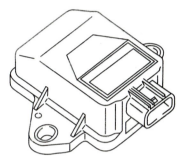

图 2-6 丰田汽车转角传感器　　　　图 2-7 丰田汽车偏移率传感器

四、横、纵向加速度测量

如图 2-8 所示，德国大陆公司的横摆率传感器可以在三个轴向上进行横摆角速度和加速度测量，传感器功能参数在左侧，右侧为传感器外形。传感器的横向加速度为 ±1.7g、纵向加速度为 ±1.7g，传感器的横摆率为 ±100°/s。

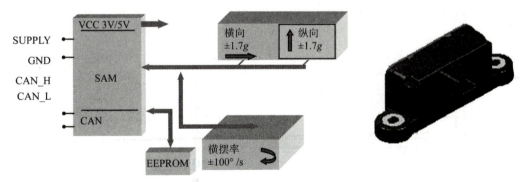

图 2-8 横向（Lateral）、纵向（Long）、横摆率（Yaw Rate）三轴式传感器

【技师指导】 维修更换偏移率传感器或制动防滑控制 ECU 后，制动防滑控制 ECU 侧的减速度传感器和偏移率传感器都必须进行初始化。

第四节 丰田皇冠轿车电控制动系统 ABS/VSC

本节以日本丰田皇冠的制动系统为例介绍：丰田皇冠汽车前制动器为 16 in[①] 通风盘，后制动器为 15 in 整体盘。电控制动控制系统是带有制动分配系统 EBD、制动助力辅助 BAS、牵引力控制 TRC、车辆稳定控制 VSC 和坡路起车 HAC 的一套 ABS 制动系统，其驻车制动为踏板型，采用的是能检测极低速度的动态速度传感器。

一、制动系统的主组件

丰田皇冠轿车控制系统如图 2-9 所示。

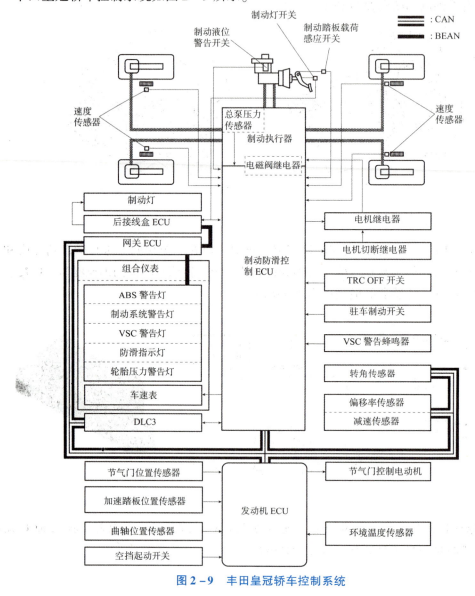

图 2-9 丰田皇冠轿车控制系统

---

① 1 in = 2.54 cm。

二、EBD 控制

在过去，车辆机械地完成制动力的分配，而现在制动力的分配是在制动防滑控制 ECU 的电动控制下完成的，根据车辆的驱动状况，制动防滑控制 ECU 能精确地控制制动力。

1. 前、后车轮制动力分配

当车辆直线向前行驶时，如果施加制动，则通过载荷的转移会减少施加在后轮上的载荷。通过来自速度传感器的信号，制动防滑控制 ECU 确定该状况，并且由制动执行器调节后轮制动力的分配，以优化控制。

图 2-10 所示为有、无载荷的制动力分配关系，在制动中，施加于后轮的制动力的大小随车辆是否承载而变化。同时，施加于后轮的制动力的大小也根据减速的程度而变化。在这些情况下，为了有效地利用后轮制动力，就要优化控制后部的制动力分配。

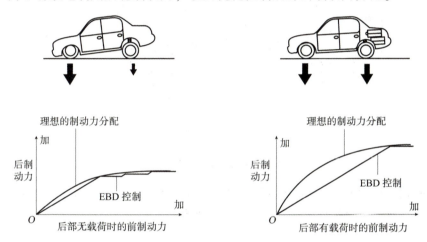

图 2-10 有、无载荷的制动力分配关系

2. 右、左车轮制动力分配（转弯制动中）

当车辆正在转弯时，如果施加制动，则加在内轮上的载荷减少、加在外轮上的载荷增加。

通过来自速度传感器的信号，制动防滑控制 ECU 确定该状况，并且制动执行器调节制动力，以优化控制在内轮和外轮上的制动力分配，如图 2-11 所示。

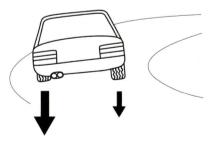

图 2-11 右、左车轮制动力分配

三、制动助力系统 BAS

如图 2-12 所示，制动助力系统与 ABS 结合使用有助于改善车辆的制动性能。制动助

力系统将急踩制动踏板视为紧急制动，此时，如果驾驶员不用力踩制动踏板，则系统也会产生制动力。在紧急情况下，驾驶员尤其是没有经验的驾驶员通常会惊慌失措而不能用力踩制动踏板。制动助力系统的主要特性就是设计了制动助力的定时和程度，而驾驶员不需要了解制动时的任何异常状况。当驾驶员故意松开制动踏板时，系统就会减小制动力。根据总泵压力传感器和制动踏板行程传感器的信号，制动防滑控制 ECU 能计算制动踏板作用的速度和程度，然后判定驾驶员紧急制动的意图。如果制动防滑控制 ECU 判定驾驶员确实想紧急制动，则系统就会起动制动执行器来增大制动液压，从而增大制动压力。

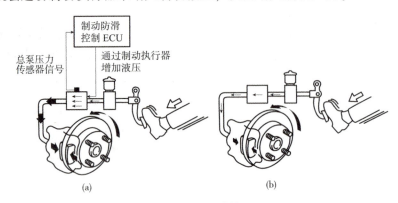

图 2-12 制动控制

（a）带制动助力系统；（b）不带制动助力系统*

*：制动器的基本性能与带有制动助力系统的车型相同

【完成任务】根据图 2-13 带和不带制动助力系统的制动对比回答下列问题。

如果驾驶员踏下制动踏板很深，但总泵压力信号很小，则助力功能是否起作用：_____。

助力功能是由什么来完成的：_____；完成的程度由哪个传感器来确认：_____。

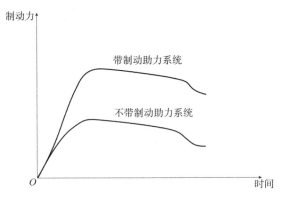

图 2-13 带和不带制动助力系统的制动力对比

四、TRC 系统

在光滑的路面上起动或加速时，如果驾驶员过度地踩加速踏板，则会产生过大的扭矩，驱动轮将出现滑转现象。TRC 系统通过调节发动机点火提前角和关闭节气门控制发动机的输出功率，并给驱动轮施加液压制动控制，实现驱动轮打滑程度的最小化，以产生适合路面状况的驱动力。

如图 2-14 所示，一辆汽车装有 TRC 系统，一辆汽车未装 TRC 系统，当车辆在不同表面摩擦特性的路面上行驶时，如果两辆车的驾驶员都以同样粗鲁的方式操作加速踏板，未装 TRC 的车辆在光滑路面上的驱动轮将打滑，导致车辆不稳定；而装有 TRC 系统的车辆，其制动防滑控制 ECU 会立即判定车辆状态，发动机 ECU 将接收来自制动防滑控制 ECU 的信号，并通过减小点火提前角和节气门开度控制发动机的扭矩输出，若效果不明显，则制动执行器工作，给打滑的驱动轮施加制动，如图 2-15 所示。这样，装有 TRC 系统的车辆能够保持一个稳定的车姿。

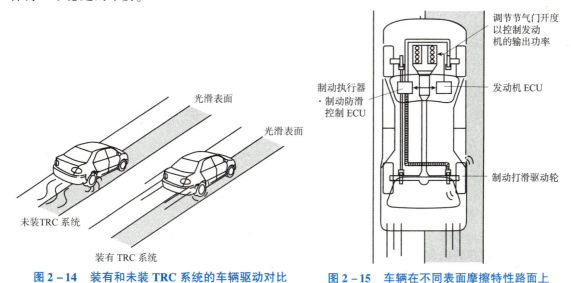

图 2-14 装有和未装 TRC 系统的车辆驱动对比

图 2-15 车辆在不同表面摩擦特性路面上的行驶状况

五、VSC 系统

下面两个例子可以看作是车轮侧向制动力大于车轮横向抓地力的极限情况。车辆在下列情况下，VSC 系统通过控制发动机的输出和各车轮的制动力来控制车辆的行驶状况。

1）和后轮相比，前轮抓地力减小时，车辆会有强的前轮滑动趋势，如图 2-16（a）所示，称为不足转向

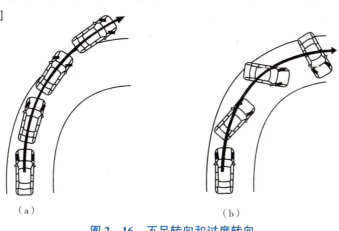

图 2-16 不足转向和过度转向

(a) 强的前轮滑动趋势；(b) 强的后轮滑动趋势

2）和前轮相比，后轮抓地力减小时，车辆会有强的后轮滑动趋势，如图2-16（b）所示，称为过度转向。

1. 判定车辆状态的方法

为了判定车辆状态，ABS/VSC ECU 将检测转向盘的转向角、车速、车辆的偏移率和车辆的横向加速度，然后将这些值输入制动防滑控制 ECU 来计算。图2-17所示为判定前轮滑动和判定后轮滑动。

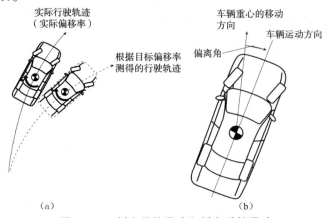

图2-17　判定前轮滑动和判定后轮滑动

（a）判定前轮滑动；（b）判定后轮滑动

（1）判定前轮滑动

车辆前轮是否滑动是通过目标偏移率和实际偏移率的差来判定的，当车辆的实际偏移率小于驾驶员操作转向盘产生的偏移率（目标偏移率是通过车速和转向角判定的）时，车辆将以大于行驶轨迹的角度旋转。这样，制动防滑控制 ECU 即可判定前轮有很大的滑动趋势。

（2）判定后轮滑动

车辆后轮是否滑动是通过车辆偏离角和偏离角速度（单位时间内偏离角的变化）的值判定的。车辆偏离角大时，偏离角速度也大，制动防滑控制 ECU 即可判定车辆的后轮有很大的滑动趋势。

2. VSC 工作方法

当制动防滑控制 ECU 判定出现前轮或后轮滑动趋势时，将通过降低发动机的输出功率并在前、后轮施加制动来控制车辆的偏移力矩。VSC 的基本工作原理如下：其控制方法根据车辆特性和行驶条件的不同而不同，如图2-18所示。

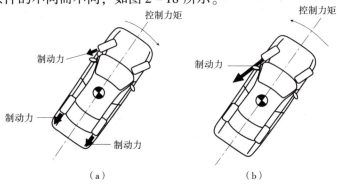

图2-18　阻止强的前轮滑动和阻止强的后轮滑动的控制方法

（a）阻止强的前轮滑动；（b）阻止强的后轮滑动

（1）阻止强的前轮滑动

当制动防滑控制 ECU 判定前轮有很大的滑动趋势时，其会根据滑动趋势的大小来抵消滑动趋势。转向时，制动防滑控制 ECU 控制发动机的功率输出并在外侧前轮和两个后轮上施加制动来抑制前轮的滑动趋势，如图 2-18（a）所示。

（2）阻止强的后轮滑动

当制动防滑控制 ECU 判定后轮有很大的滑动趋势时，其会根据滑动趋势的大小来抵消滑动趋势。为了抑制后轮的滑动趋势，它会给外侧前轮施加制动并产生向外侧的惯性力矩，如图 2-18（b）所示，其除了由制动力降低车速外，还能保证车辆高的稳定性。制动防滑控制 ECU 在必要时也会给后轮施加制动力。

六、HAC 系统

车辆在陡坡或滑坡上起步时，驾驶员由制动踏板转换到加速踏板时车辆将向后下沉，这样会使车辆很难起动。为防止这种情况的发生，HAC 给 4 个车轮临时地（最长时间大约 5 s)施加制动，以减小车辆的倒车速度。如图 2-19 所示，驾驶员在驾驶没有 HAC 系统的车辆时必须快速而准确地从制动踏板转换到加速踏板；然而在驾驶装有 HAC 系统的车辆时，驾驶员能以轻松的方式起动和操作踏板，因为 HAC 可以减小车辆的倒车速度。

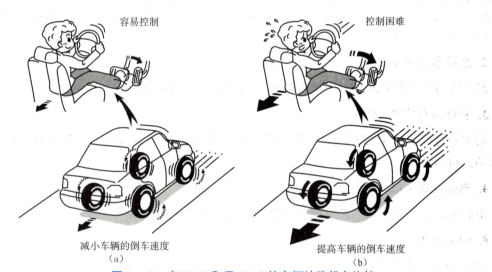

图 2-19 有 HAC 和无 HAC 的车辆坡路起车比较

(a) 有 HAC；(b) 无 HAC

换挡杆位置在 D、6、5、4、3、2 或 1 等行驶挡位，驾驶员没踩制动踏板在坡上起步，当制动防滑控制 ECU 检测到车辆向后移动时，HAC 系统会起作用。

七、主组件位置图

图 2-20 所示为皇冠轿车的制动系统组成。

1. 制动执行器

当带有 EBD、制动助力、TRC、VSC 和 HAC 的 ABS 系统在运行时，可根据来自制动防滑控制 ECU 的信号控制制动液路径，从而控制施加在轮缸上的液压。

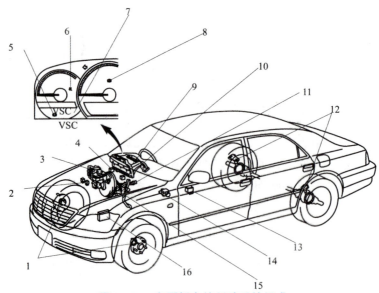

图 2-20 皇冠轿车的制动系统组成

1—速度传感器;2—泵电动机继电器;3—制动执行器+制动防滑控制 ECU+总泵压力传感器;4—VSC 警告蜂鸣器;5—ABS 警告灯;6—防滑指示灯;7—VSC 警告灯;8—制动系统警告灯;9—DLC3;10—转角传感器;11—制动灯开关;12—速度传感器;13—TRC OFF 开关;14—偏移率和减速传感器;15—制动踏板载荷传感器开关;16—发动机 ECU

2. 总泵压力传感器

总泵压力传感器装配在制动执行器上,用于检测制动总泵的压力。

3. 制动防滑控制 ECU

制动防滑控制 ECU 根据来自各传感器的信号判断车辆的驱动状况,并向制动执行器发送制动控制信号。

4. 电磁阀继电器

电磁阀继电器的作用是供应或切断制动执行器上电磁阀的电源。

5. 组合仪表

(1) 制动系统警告灯

1) 当 EBD 控制或制动防滑控制 ECU 发生故障时,警告灯亮起以通知驾驶员。

2) 当驾驶员踩下驻车制动踏板时,警告灯亮起以通知驾驶员。

3) 当制动液位下降时,警告灯亮起以通知驾驶员。

(2) ABS 警告灯

当制动防滑控制 ECU 检测到 ABS、EBD 或制动助力系统发生故障时,警告灯亮起以通知驾驶员。

(3) VSC 警告灯

当制动防滑控制 ECU 检测到 TRC 或 VSC 发生故障时,警告灯亮起以通知驾驶员。

(4) 防滑指示灯

当 TRC、VSC 或 HAC 运行时,指示灯闪烁以通知驾驶员。

6. 速度传感器

速度传感器的作用是检测各车轮的转速。

7. 转角传感器

转角传感器可用于检测转向盘的转向和角度。

8. 偏移率传感器和减速传感器

1）偏移率传感器的作用是检测车辆的偏移率。

2）减速传感器的作用是检测车辆向前、向后和横向的加速度。

9. 泵电动机继电器

泵电动机继电器的作用是供应或切断制动执行器上泵电动机的电源。

10. 制动灯开关

制动灯开关用于检测制动踏板的踩压信号。

11. TRC OFF 开关

TRC OFF 开关只取消 TRC 操作而不影响其他系统。

12. VSC 警告蜂鸣器

当激活 VSC 警告灯蜂鸣器时，蜂鸣器间歇地响起以通知驾驶员。

13. 发动机 ECU

发动机 ECU 的作用是根据接收到的来自制动防滑控制 ECU 的信号控制节气门开度，以控制发动机输出功率，同时也向制动防滑控制 ECU 发送节气门开度信号、加速踏板位置信号和发动机转速信号。

14. 曲轴位置传感器

曲轴位置传感器的作用是检测发动机转速，并经发动机 ECU 将其发送到制动防滑控制 ECU。

八、制动执行器

制动执行器由执行器部分、制动防滑控制 ECU、ABS 电磁阀继电器、泵电动机和总泵压力传感器组成。

制动执行器电路如图 2-21 所示，其由 10 个电磁阀、2 个压力调节阀、2 个泵、2 个储液罐和 1 个总泵压力传感器组成。10 个电磁阀由 2 个总泵切断电磁阀 1、2 及 4 个压力保持阀 3~6 和 4 个减压阀 7~10 组成，如图 2-22 所示。

九、系统操作

1. 正常制动

正常制动时，所有电磁阀关闭，液压系统回路如图 2-23 所示。

2. 带 EBD 的 ABS 操作

制动防滑控制 ECU 根据接收到的来自车轮转速传感器、偏移率传感器、减速传感器和转角传感器四个不同传感器的信号，计算各车轮转速并检查车轮打滑情况。根据打滑情况，ECU 控制压力保持阀和减压阀以减压、保持压力和增压 3 种模式调节各轮缸的制动液压力。

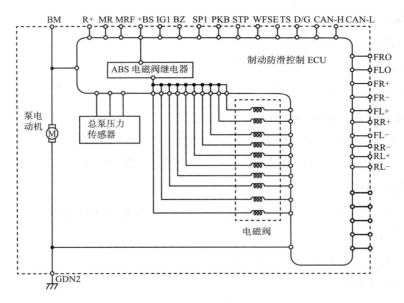

图 2-21　制动执行器电路

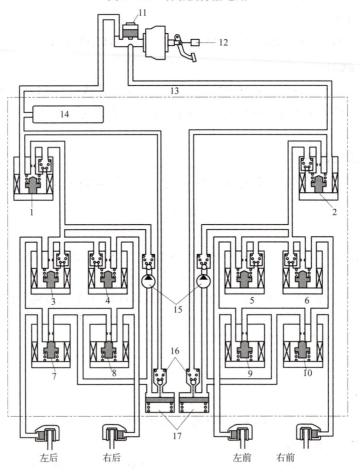

图 2-22　液压系统回路

1，2—总泵切断电磁阀；3，4，5，6—压力保持阀；7，8，9，10—减压阀；11—总泵；12—制动踏板载荷传感器开关；13—制动执行器；14—总泵压力传感器

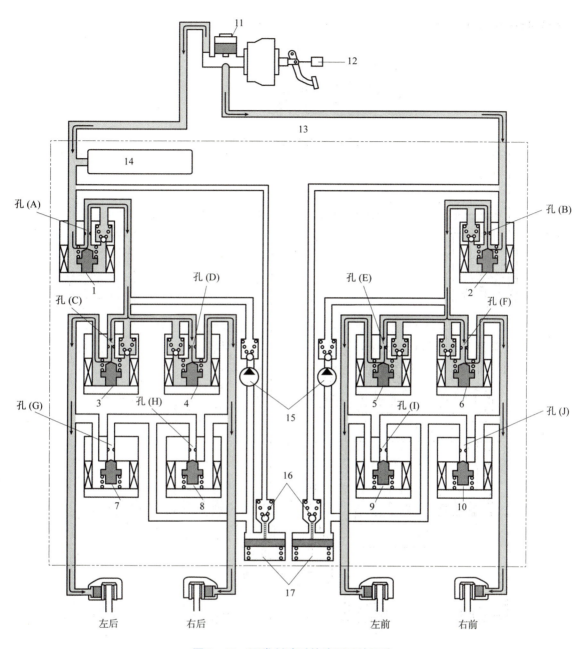

图 2-23 正常制动时的液压系统回路

1, 2—总泵切断电磁阀;3, 4, 5, 6—压力保持阀;7, 8, 9, 10—减压阀;11—总泵;12—制动踏板载荷传感器开关;13—制动执行器;14—总泵压力传感器

3. 制动助力操作

在紧急制动情况下,制动防滑控制 ECU 根据压力传感器信号测定的总泵中压力增加的速度检测驾驶员的意图。如果 ECU 判定需要额外的制动助力,则执行器的泵产生比总泵更大的制动液压力并直接加在轮缸上,如图 2-24 所示。

在下列情况下,制动防滑控制 ECU 也提供制动助力。

1)制动助力器失效,即制动防滑控制 ECU 根据来自制动载荷传感器开关和总泵压力传感器的数据检测到失效。

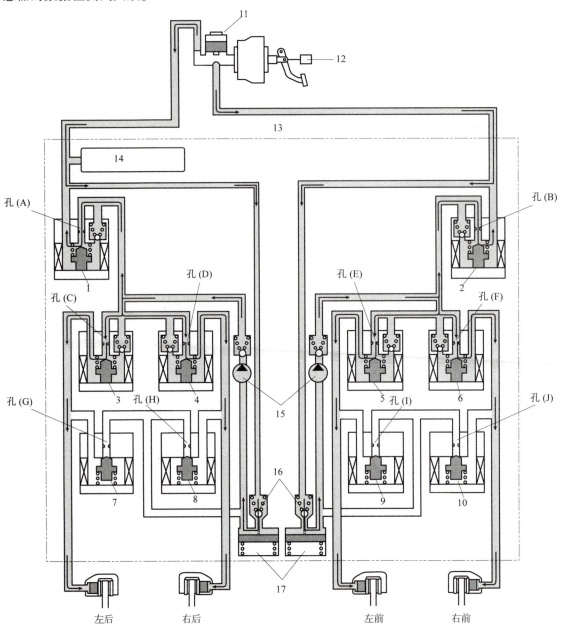

图 2-24 制动操作时的增压模式

1，2—总泵切断电磁阀；3，4，5，6—压力保持阀；7，8，9，10—减压阀；11—总泵；12—制动踏板载荷传感器开关；13—制动执行器；14—总泵压力传感器

*：电磁阀根据操作情况不断调节，在"开"和"关"之间控制液压

2）车辆满载，即制动防滑控制 ECU 通过总泵压力传感器和车速信号检测到该情况。

4. TRC 操作

通过总泵切断电磁阀将泵产生的液压调节到所需的压力。这样，以减压、保持压力和增压 3 种模式控制驱动轮的轮缸以控制驱动轮打滑。图 2-25 所示为 TRC 系统激活时，增压模式的液压回路。压力保持阀和减压阀根据带有 EBD 的 ABS 工作模式打开或关闭(ON/OFF)。

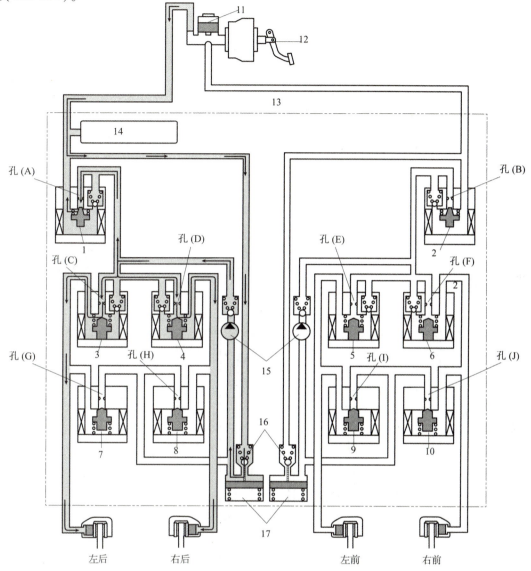

图 2-25　TRC 系统激活时增压模式的液压回路

1，2—总泵切断电磁阀；3，4，5，6—压力保持阀；7，8，9，10—减压阀；11—总泵；12—制动踏板载荷传感器开关；13—制动执行器；14—总泵压力传感器

*：电磁阀根据操作情况不断调节，在"开"和"关"之间控制液压

5. VSC 操作

（1）简述

VSC 系统通过电磁阀控制由泵产生的液压，并以减压、保持压力和增压 3 种模式将液压施加到各车轮的制动轮缸，这样即可控制前轮滑动或后轮滑动的趋势。

（2）前轮防滑控制（向右转向）

在前轮防滑控制中，对转向外侧的前轮和 2 个后轮施加制动。另外，根据制动器的状态和车辆的状况,某些时候原本需要施加制动的车轮也许得不到制动力。

1)图2-26所示为增压模式下的液压回路,车辆向右转时,它能抑制前轮滑动。

2)在其他工作模式时,压力保持阀和减压阀根据带EBD的ABS的工作模式打开或关闭。

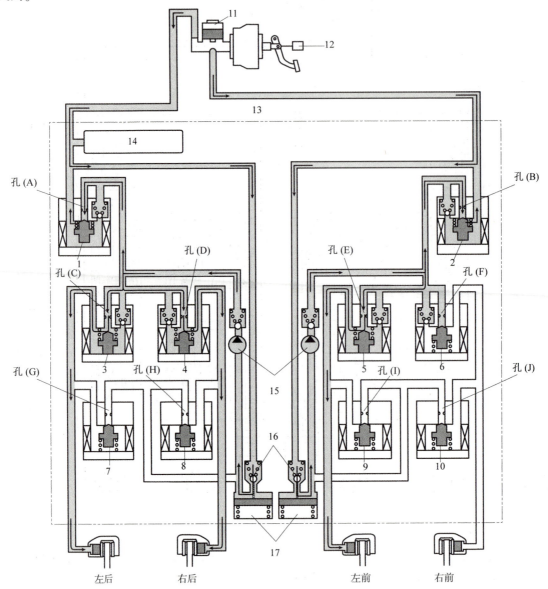

图2-26 VSC操作时的增压模式

1,2—总泵切断电磁阀;3,4,5,6—压力保持阀;7,8,9,10—减压阀;11—总泵;12—制动踏板载荷传感器开关;13—制动执行器;14—总泵压力传感器

*:电磁阀根据操作情况不断调节,在"开"和"关"之间控制液压

(3)后轮防滑控制(向右转)

在后轮防滑控制中,对转向外侧的前轮和后轮施加制动。另外,根据制动器的状态和车辆的状况,某些时候原本需要施加制动的车轮也许得不到制动力。

1)图 2-27 所示为增压模式下的液压回路,车辆向右转时,它能抑制后轮滑动。

2)其他工作模式时,压力保持阀和减压阀根据带 EBD 的 ABS 的工作模式打开或关闭。

然而,后轮制动防滑控制时,压力保持阀打开(ON),阻塞前内轮的液压通道,以防止对前内轮施加制动。

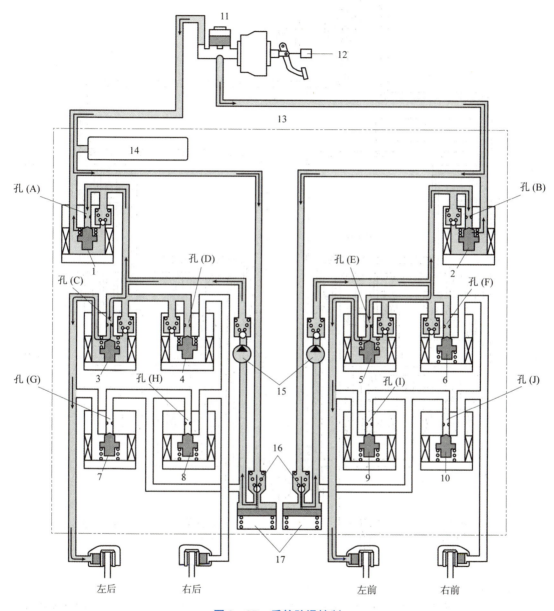

图 2-27 后轮防滑控制

1,2—总泵切断电磁阀;3,4,5,6—压力保持阀;7,8,9,10—减压阀;11—总泵;12—制动踏板载荷传感器开关;13—制动执行器;14—总泵压力传感器

*:电磁阀根据操作情况不断调节,在"开"和"关"之间控制液压

6. HAC 操作

1)在 HAC 操作中,将泵产生的液压分配到轮缸以施加制动。该操作将阻止车辆倒车。

2) 该系统可以变换下列模式：控制轮缸的液压减压、保持压力和增压模式。
3) 在 HAC 操作的增压模式中，阀的操作情况和制动液的流动情况如图 2-28 所示。
4) 压力保持阀和减压阀根据带 EBD 的 ABS 工作模式打开或关闭。

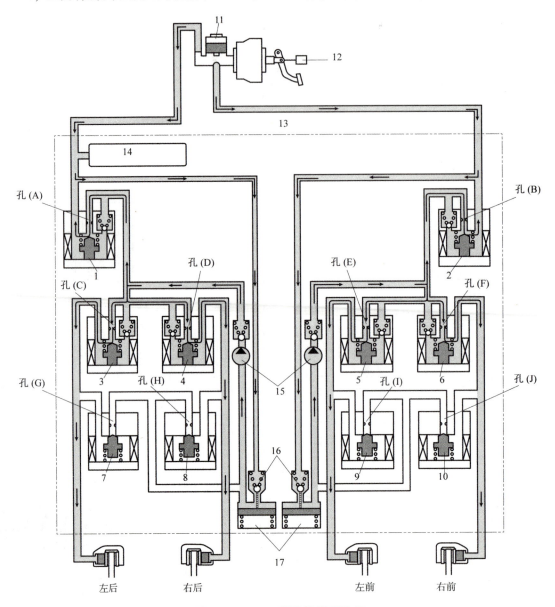

图 2-28　HAC 操作的增压模式

1，2—总泵切断电磁阀；3，4，5，6—压力保持阀；7，8，9，10—减压阀；11—总泵；12—制动踏板载荷传感器开关；13—制动执行器；14—总泵压力传感器
＊：电磁阀根据操作情况不断调节，在"开"和"关"之间控制液压

十、制动防滑控制 ECU

1. VSC

制动防滑控制 ECU 根据来自车轮转速传感器、偏移率传感器、减速度传感器和转角传感器四个不同的传感器信号计算车辆状态。

当在紧急制动或转弯时,前轮和后轮产生强的滑动趋势,同时制动防滑控制 ECU 求出车辆状态的数值超出规定值,如图 2-29 所示,则它就会通过节气门和需要的制动液压力来控制发动机扭矩,从而控制车辆。

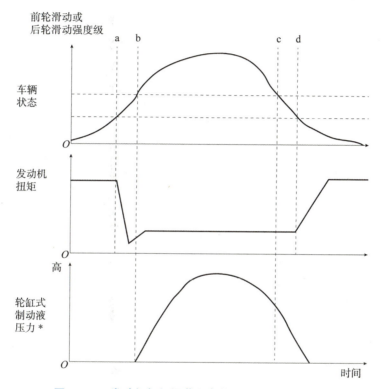

图 2-29 发动机扭矩调节和车轮制动压力调节时刻
a—节气门控制开始;b—制动控制开始;c—制动控制完成;d—节气门控制完成
*:激活轮缸根据车辆状态而变化

2. 初始检查

每次打开点火开关,并且车辆速度接近 6 km/h 或更快时,制动防滑控制 ECU 就会进行初始检查操作,依次检查制动执行器上每个电磁阀和泵电动机的功能。

十一、自诊断

如表 2-1 所示,如果制动防滑控制 ECU 检测到带有 EBD、制动助力、TRC、VSC 和 HAC 的 ABS 系统有故障,则检测出故障的相应 ABS、制动系统和 VSC 警告灯和防滑指示灯会亮起,以提醒驾驶员。

表 2-1 不同功能的故障显示

项目	ABS	EBD	制动助力	TRC	VSC	HAC
ABS 警告灯	○	○	○	—	—	—
制动系统警告灯	—	○	—	—	—	—
防滑指示灯	—	—	—	△	△	△
VSC 警告灯	—	—	—	○	○	—

○：点亮；△：闪烁；—：灯 OFF。

同时，将 DTC（诊断故障代码）存储在存储器中。通过在 DLC3 的 Tc 和 CG 端子间连接 SST（09843—18040）并观察 ABS 警告灯和 VSC 警告灯的闪烁情况，或通过连接智能测试仪 Ⅱ 来读取 DTC。此系统具有传感器信号检查（测试模式）功能，通过在 DLC3 的 Tc 和 CG 端子间连接 SST（09843—18040）或连接智能测试仪 Ⅱ 可激活此功能。此检查功能可进行偏移率传感器零点校正、减速度传感器零点校正、偏移率传感器检查、总泵压力传感器检查和速度传感器检查操作。如果制动防滑控制 ECU 在传感器检查过程中检测到故障，它会将 DTC 保存在存储器中，在传感器信号检测操作中通过连接 DLC3 的 Tc 和 CG 端子并观察 ABS 警告灯和 VSC 警告灯的闪烁情况，或在智能测试仪 Ⅱ 上读取该 DTC。如果 CAN 在 ECU 或传感器上有通信故障，多个 DTC（诊断故障代码）会同时输出，以指示故障位置。

对于 ABS 系统会有以下故障类型：ABS SOL 继电器或电磁阀电路开路/短路；传感器尖端附有异物；蓄电池正极电压低；压力传感器故障或压力传感器输出信号错误；减速度传感器故障；制动灯开关电路开路；制动踏板载荷传感器开关故障；ABS 电动机安全保护继电器电路短路；CAN 通信故障；制动防滑控制 ECU 故障；ABS 警告灯电路开路；速度传感器输出电压低或电压发生异常变化。

对于 VSC 会增加以下故障类型：转角传感器故障；偏移率传感器故障或偏移率传感器零点校正未完成，以及偏移率传感器输出信号错误；减速传感器故障或减速传感器零点校正未完成；发动机 ECU 通信电路故障；偏移率传感器与 CAN 通信故障；转角传感器与 CAN 通信故障；ECU 与 CAN 通信故障；制动防滑控制 ECU 故障。

十二、安全保护

1）在 TRC 和/或 VSC 发生故障时，制动防滑控制 ECU 会停止 TRC 和 VSC 的操作。

2）在 ABS 和/或制动助力发生故障时，制动防滑控制 ECU 会停止 ABS、制动助力、TRC 和 VSC 的操作。

3）在 EBD 控制发生故障时，制动防滑控制 ECU 会停止 EBD 控制。即使在这种情况下，除制动控制系统（带 EBD、制动助力、TRC 和 VSC 的 ABS）外的一般制动操作仍是安全的。

4）如果在制动防滑控制 ECU、转角传感器、偏移率传感器和减速传感器间发生通信故障，则制动防滑控制 ECU 会停止 TRC 和 VSC 的控制。

5）当发动机 ECU 检测到 DTC 时，发动机 ECU 会使 TRC 和 VSC 失去控制能力。

第五节 大众汽车电控制动系统

一、大众 ABS 泵总成

上海汽车制动系统有限公司引进了德国 TEVES 技术公司生产的 MK20 系列制动防抱死

制动装置，ABS是目前世界上最新一代的轿车防抱死制动系统，它具有电子制动力分配EBD功能，故无须配备制动比例控制阀。1997年年末生产的大众轿车多采用此种结构，老款电动机为外部接线，油管在一侧，而新款电动机为内部接线，供油管发生了位置变化，如图2-30所示。

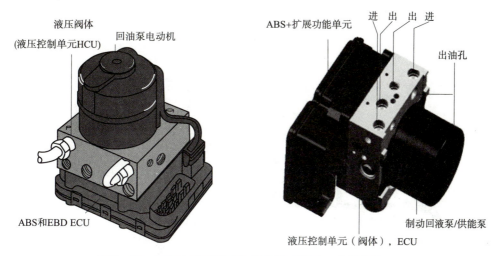

图2-30　MK20系列制动防抱死制动装置（油管位置不同）

该系统具有下列特点：液压阀体、控制单元、回油泵电动机三者集成在一起的集成化模块式结构设计；体积小、重量轻、成本低；安全、可靠、易维护；具有故障信息存储、自诊断接口。

二、大众ABS系统组成

图2-31所示为大众捷达ABS系统元件的组成。

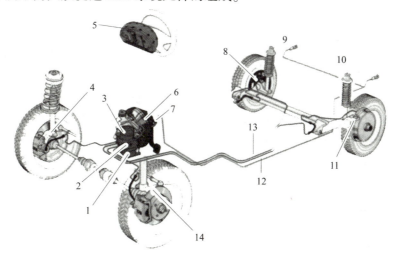

图2-31　大众捷达ABS系统元件的组成

1—ABS电子控制单元；2—ABS液压控制单元；3—ABS回油泵电动机；4—右前轮速传感器；5—仪表上ABS警告灯；6—真空助力器；7—制动灯开关；8—右后轮传感器；9—右制动灯；10—左制动灯；11—左后轮速传感器；12—轮速传感器线束；13—制动油管；14—左前轮速传感器

【完成任务】在图 2-31 中写出元件位置，ABS 回油泵电动机：_____；ABS 液压控制单元：_____；ABS 电子控制单元：_____；制动灯开关：_____；仪表上 ABS 警告灯：_____。

ABS 电控制动系统组成如图 2-32 所示。

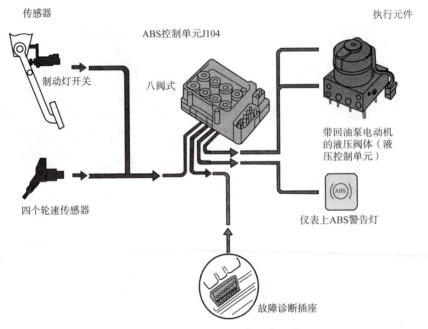

图 2-32　ABS 电控制动系统组成

三、大众八阀 ABS 电路工作原理

大众八阀式 ABS 系统电路如图 2-33 所示，传感器由四个车轮上的轮速传感器确定滑移率（或制动减速度），制动灯开关除了点亮制动灯 M9、M10 外还要给 ABS ECU 的一个制动过程开始准备计算滑移率的信号。

8 个电磁阀包括 4 个进液阀和 4 个出液阀，其都由电磁阀继电器 J106 供电。回油泵电动机 V39 由回油泵电动机继电器 J105 供电。自检时先检查两个继电器是否有故障，再检查 8 个 ABS 电磁阀和电动机 V39 是否有故障，若有故障则点亮仪表 K47 ABS 故障灯。点火开关 D 用于 ABS ECU 复位。

【完成任务】在图 2-33 中，J106 是给谁供电的继电器：_____；J105 是给谁供电的继电器：_____；电动机 V39 下部的 X 接哪里：_____；D 是什么开关：_____；ABS ECU 的 1 脚是什么：_____，29、28 脚是什么：_____；诊断仪通过哪个引脚与 ABS ECU 通信：_____；仪表 K47 是如何被 ABS ECU 点亮的：_____。

制动时，若制动开关 F 损坏，则将导致制动灯开关 F 无法接通，仅凭车轮转速传感器的急剧降速是否可以判定车辆在制动，从而起动 ABS 控制：_____。

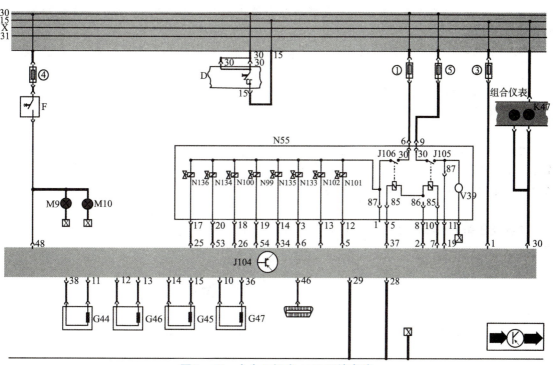

图 2-33 大众八阀式 ABS 系统电路

四、大众 ABS 的单通道

ABS 液压控制单元单个液压通道的液压系统原理如图 2-34 所示。

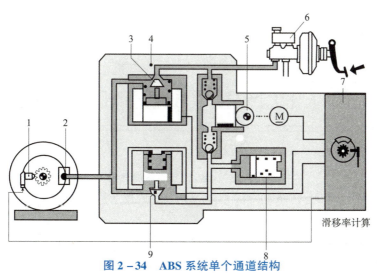

图 2-34 ABS 系统单个通道结构

1—轮速传感器；2—制动分缸；3—进液阀；4—液压控制单元；5—凸轮；6—制动主缸；7—电子控制单元；
8—低压蓄能器；9—出液阀

【完成任务】在图 2-34 中，进液阀是常开阀还是常闭阀：_____；出液阀是常开阀还是常闭阀：_____。

轮速传感器检测到本车轮滑移率超过上限（比如35%）时，电子控制单元应如何操作：

_____；轮速传感器检测到本车轮滑移率低于下限（比如8%）时，电子控制单元应如何操何操作：_____。

回流泵电动机 M 是在车轮滑移率低于下限时工作，还是在高于上限时工作：_____
_____。

回流泵电动机 M 工作时，制动踏板是否弹脚：_____；此时驾驶员是保持踏板位置，还是抬起制动踏板：_____；低压蓄能器在这里的作用是什么：_____。

整车 ABS 系统液压系统原理如图 2-35 所示。HR 为左后车轮，HL 为左后轮，H 为后轮；VR 为左前轮，VL 为右前轮，V 为前轮；左 R、右 L 恰好和英文左 L、右 R 相反。D 为缓冲室，B 为单向阀，S 为低压蓄能器。

【完成任务】根据图 2-35 ABS 液压系统原理图提示，分析带有 ABS 的制动系统放气操作。

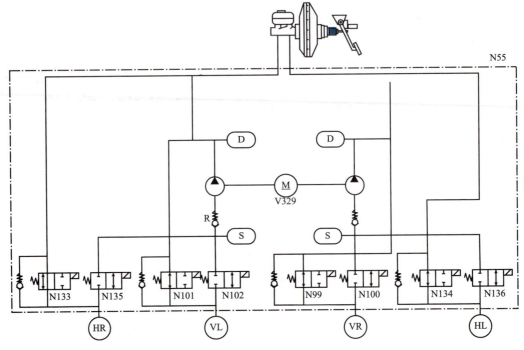

图 2-35　ABS 液压系统原理图

N135—ABS 液压单元；N136—右前 ABS 输入阀；V39—右前 ABS 输入阀；D—左前 ABS 输入阀；R—左前 ABS 输入阀；S—右后 ABS 输入阀

只在低压蓄能器 S、电动机带动的回流泵和高压蓄能器 D 中有气时才有必要按照 ABS 系统的放气流程操作。分析以下几种情况：

如果制动轮缸（分泵）漏油仅更换制动分缸或四根分管损坏只更换四个分管，是否按 ABS 系统放气流程：_____；

如果要更换制动主缸（总泵）和两根供油管，是否按 ABS 系统放气流程：_____；

如果要更换 ABS 泵总成（如图 2-30 所示），是否要按 ABS 系统放气流程：_____。

ABS 系统的放气流程：连接解码器，打开点火开关→选择"制动防抱死系统"，进行读码，确认无故障码→选择基本设定功能，输入 001 通道→按照提示：（a）踩下制动踏板并且保持住，松开两前轮排气螺栓→（b）踩下制动踏板10次，锁紧放气螺栓→选择基本设定功能，输入002通道→踩下制动踏板并保持住，松开两前轮排气螺栓→踩下制动踏板10次，锁紧放气螺栓→输入003通道，重复（a）、（b）步骤……，输入016通道，重复（a）、（b）步骤→输入017通道，结束排气程序。注意只能按照001组到017组顺序依次操作，中间不能跳过任一组操作。若感觉空气还没排干净，则行车15 km以后重复整个程序。

ABS系统放气流程中反复重复（a）、（b）步骤的目的是让哪个阀打开：_____；操作过程中电动机工作是发生在步骤（a）还是步骤（b）：_____；18次循环后，低压蓄能器S、_____和高压蓄能器D中充满了制动液。

无诊断仪更换ABS泵，在常规排气后，找一空旷地方猛加速，再猛踩制动踏板，注意不要松开制动踏板，立即进行排气，反复几次即可。试想为什么"要猛加速，再猛踩制动踏板，不要松开制动踏板，立即进行排气"：_____。

这样的放气方法需要几人操作：_____；放气时是否需要举升机：_____；叙述一下真正的操作过程：_____。

第六节　制动辅助系统（BAS）

一、辅助系统（BAS）的功能

注：目前在自动制动系统的助力方面有两种控制方法，一种是在传统真空助力基础上改进，让传统真空助力通过电控执行器控制产生助力；另一种情况是在供能泵上下功夫，就是采用高、低速电动机带动泵或无级电动机带动泵。在一些混合动力汽车上没有真空助力器，正常制动的助力和辅助制动的助力是靠电动机带动电动泵来实现的。在有真空助力的车辆上，正常制动由真空助力器实现，而辅助制动则由真空助力器的执行器实现。

制动辅助系统（BAS），其在紧急制动情况下能确保立即产生最大的制动助力效果，从而使制动距离显著减小。许多驾驶员在紧急情况下迅速制动，但踩制动踏板的力量和踏板行程不足，因而使制动距离较长，有可能导致碰撞事故。

制动辅助系统如图2-36所示，包括以下部件：BAS ECU、踏板行程传感器、电磁阀和释放开关。

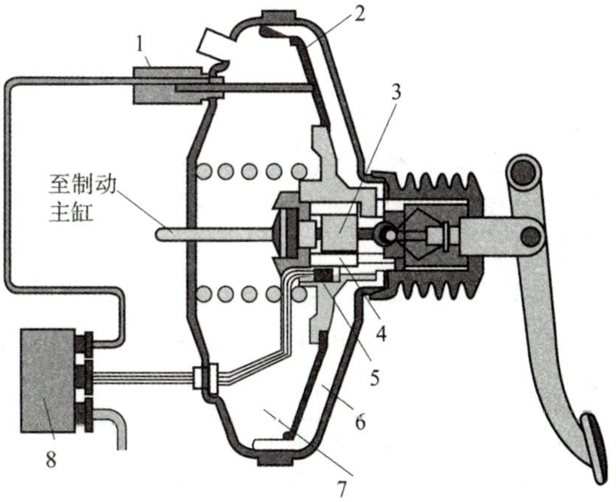

图2-36　制动辅助系统
1—踏板行程传感器；2—盘形膜片；3—电磁阀；4—电磁阀线圈；5—释放开关；6—工作室；7—真空室；8—BAS ECU

二、辅助系统（BAS）的工作原理

制动踏板的运动引起踏板行程传感器中电阻的变化，并将这一信号传送给BAS ECU。如果ECU检测到制动踏板被突然踩下紧急制动，则电磁阀通电工作，使制动助力器工作室通风，产生最大的助力，从而实现紧急制动。ABS防止了车轮抱死。只有在驾驶员松开制动踏板并返回到其原始位置时，电磁阀才通过释放开关被关闭。

为进行数据交换，BAS ECU通过CAN总线连接到其他底盘电子控制系统（如ABS、TCS和ESP）的ECU上。如果ECU检测到系统有故障，则会关闭制动辅助系统并以黄色警告灯予以提示。

制动助力器的发展如下：

对于抗翻滚稳定程序以及 ESP 电子稳定程序的自动制动介入来说，在车辆过度转向时，特别需要快速建立起压力。因此就要通过控制制动助力器使 ESP 回油泵吸油侧建立起压力。其液体压缩量较小，回油泵的抽吸量增大后可快速建立起压力。

图 2-37 所示为主动式真空制动助力器。传统真空制动助力器的工作原理：在正常行驶中，真空助力器的前室和后室由发动机抽成真空，当制动踏板被踏下时，前室和后室的连通通道将会关闭，同时后室通道进入大气推动膜片进行助力制动。主动式真空制动助力器是在无人主动施加制动时，由电脑控制电磁阀产生电磁吸力，控制前室和后室的连通通道关闭，同时后室通道进入大气推动膜片进行助力制动。通过控制电磁阀的电流可以控制后室大气压力的大小，进而完成压力增大（增大电流）、压力保持（减小电流）和压力释放（无电流）三种操作。

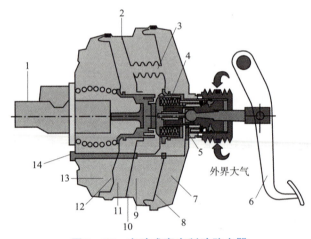

图 2-37 主动式真空制动助力器

1—双腔制动总泵；2—双膜片式真空助力器；3—两后室连通通道；4—电磁线圈；5—开关；6—制动踏板；7—2 后室；8—后膜片；9—2 前室；10—不动片；11—1 后室；12—剪膜片；13—1 前室；14—抽真空

电磁线圈未通电时，铁芯在弹簧的作用下关闭进气阀和排气阀，主动式真空制动助力器的正常状态如图 2-38 所示。

当系统识别出 ESP 应开始工作但驾驶员尚未踏下制动踏板时，ABS/EDS/ASR/ESP 的控制单元就会给制动压力电磁线圈通上电，如图 2-39 所示，借助于电磁线圈，主动式真空制动助力器建立起 10 bar[①] 的预压力，这个预压力将作用在回液泵吸液一侧。

如果其建立的压力超过了规定的 10 bar 预压力，则电磁线圈的供电就会减少，如图 2-40 所示，磁铁芯向回滑动，预压力降低。

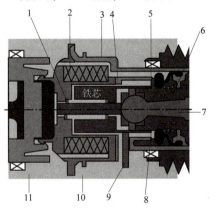

图 2-38 主动式真空制动助力器的正常状态

1—弹簧；2—电磁线圈；3—滑阀 1；4—滑阀 2；5—排气阀；6—外界大气；7—推杆；8—进气阀；9—开关；10—2 后室；11—2 前室

---

① 1 bar = 100 kPa。

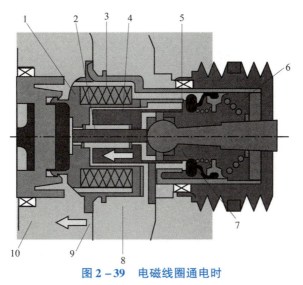

图 2-39 电磁线圈通电时

1—膜片内支撑；2—弹簧；3—电磁线圈通电；4—铁芯；5—排气阀保持关闭；6—大气压力；7—进气阀打开；8—2 后室；9—膜片；10—2 前室

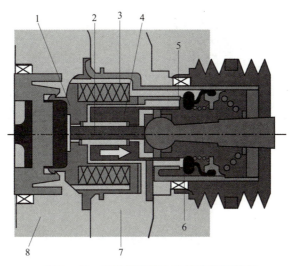

图 2-40 电磁线圈减小电流的保压状态

1—膜片支撑；2—弹簧；3—电磁线圈减小电流；4—铁芯有右移；5—排气阀打开；6—进气阀关闭；7—2 后室进入部分大气；8—2 前室真空态

ESP 调节结束或驾驶员踏下了制动踏板后，控制单元将切断电磁线圈的供电，如图 2-41 所示。电磁线圈减小电流，进、排气阀都关闭，2 后室进入保压状态。

电磁阀由 ESP 控制单元进行控制，通过主动式制动助力器中的一个释放开关识别驾驶员是否踩下或松开制动踏板。释放开关被设计为一个双向开关（打开和关闭）。在静止位置或电动控制制动助力器时，释放开关与主动式制动助力器壳体接触并连通电路 1。如果驾驶员踩踏制动踏板，操纵杆便会移动，使得释放开关与主动式制动助力器壳体分离，电路 1 断开，电路 2 接通，如图 2-42 所示。

奥迪 Q7 使用的是 Continental-Teves 公司生产的新型 ESP，这一新型 ESP 与目前多数车

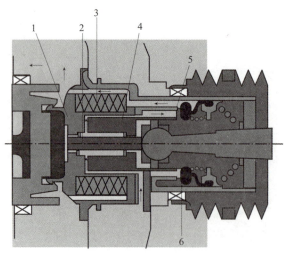

图 2-41 电磁线圈断电状态

1—膜片支撑；2—弹簧；3—电磁线圈断电；4—铁芯；5—排气阀打开；6—进气阀关阀
→：真空吸力方向

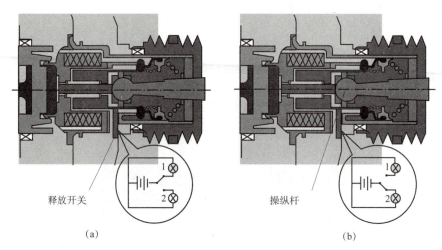

图 2-42 制动状态

(a) 未制动；(b) 人为制动

辆使用的 MK60 相比有以下重要区别：功能范围扩大了、液压泵尺寸加大了、电动机功率增大了、内部储存腔增大了。

第七节 真空泵控制技术

一、电动真空泵的作用

在装有自动变速器的轿车的汽油发动机上，为了满足 EU4 的排放标准，在冷起动后催化净化器有预热要求，另外要补偿较低温时高的发动机运转摩擦力矩，如变扭器内的阻力。其在冷起动以及挂入挡位并踏下制动踏板怠速运转时，节气门开度更大。为防止发动机在节气门开度较大且转速较的低情况下进气歧管提供的真空源真空度有限，且不能保证此时驾驶员制动所需的真空助力要求,要求配有一个电动真空泵,如图 2-43 所示,该泵用于增大单向阀后的真空度,以保持真空助力器有正常的助力制动力。

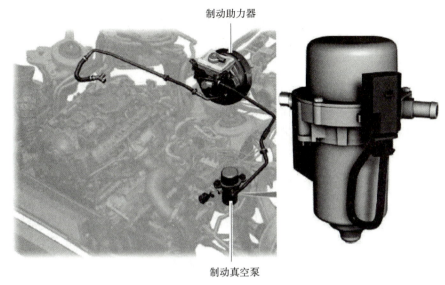

图 2-43 电动真空泵

二、电动真空泵的分类

电动真空泵有两种形式,其分别用于不同的车型上:一种是制动助力器控制单元 J542 与真空泵集成在一起,并由发动机控制单元 J220 根据控制单元内的曲线进行控制(大众称为可控式);另一种是没有制动助力器控制单元 J542,真空泵只是单纯的电动机拖动的真空泵,由发动机控制单元 J220 通过继电器根据单独的压力传感器控制(大众称为可调式)。

传统真空助力器与发动机进气歧管的真空管内有一单向阀,其作用是防止发动机已经建立的真空源真空度降低。另外,为了防止真空泵在不转时外界气体进入真空助力器,使真空度下降,真空泵吸入口处又增设了一个单向阀,在两单向阀内侧设计了真空度传感器(绝对压力传感)。

三、电动真空泵的工作原理

可控式真空泵和可调式真空泵在结构及功能方面都是相同的。电动真空泵由电动机和叶片泵构成,电动机驱动叶片泵,发动机起动后,电动真空泵会运转 1~2 s。

1. 可控式电动真空泵

国内的高尔夫、途锐、奥迪 A3 采用的是可控式电动真空泵,制动助力器上无压力传感器。可控式电动真空泵的特点:发动机控制单元中存有进气歧管压力模型曲线,发动机控制单元根据发动机负荷、转速、节气门位置、制动灯开关情况计算出制动助力器的压力。发动机控制单元把计算出的制动助力器内的压力与发动机控制单元中的进气歧管压力模型曲线进行对比,控制电动真空泵。如果发动机控制单元计算出的进气歧管压力过低,则与进气歧管压力模型曲线对比后,发动机控制单元会给电动真空泵控制单元发出一个接地信号,真空泵开始运转。该曲线取决于周围的大气压力,它由发动机控制单元计算,或由发动机控制单元内部的压力传感器确定。

为了保证真空泵不是总在频繁的 EIN/AUS 接通/断开状态,电动真空泵有一个滞后(作用的持续)功能,即在特定的压力范围内,真空泵处于接通/断开状态,这个特定的压力范围是接通压力和断开压力之差,真空泵切断后,压力仍保持着,当驾驶员踏下制动踏板时此压力才被卸掉。不同海拔高度的接通压力是不同的。

2. 可调式电动真空泵

国内的帕萨特 2001、奥迪 A4、奥迪 A6 采用的是可调式电动真空泵,这种控制方式在制动助力器上带有压力传感器。可调式电动真空泵的特点:可调制动助力器内的真空度由压力传感器反馈控制,发动机控制单元把传感器测量值与存储的规定值进行对比,然后调节电动真空泵。如果压力传感器失效,则切换到可控式电动真空泵的计算模式。

对于可调式电动真空泵系统,在与制动助力器的连接管路中装有一个压力传感器。接通点火开关后,压力传感器有 5 V 供电。压力传感器内有一个膜片,膜片上有电阻应变片。如果传感器内压力改变,则应变片上的电阻也随之改变,通过压力传感器内的放大器就产生一个电信号,压力传感器将向发动机控制单元发送该信号,发动机控制单元(负极)控制一个常开触点继电器,接通电动真空泵。在大气压力状态下,膜片及电阻应变片变形非常小,于是施加的电压对应一个很小的电阻,电压变化很小。在真空状态下,膜片及电阻应变片变形非常大,于是电阻变化也很大,因此输出电压增大。

可调式电动真空泵的工作条件是发动机控制单元内存有控制电动真空泵的特性曲线,接通时刻取决于制动助力器内部压力传感器及测得的周围压力,压力由发动机控制单元计算或由发动机控制单元内的压力传感器决定。

四、电动真空泵的检修

制动助力器电动真空泵可用 VAS5051 或 VAS5052 进行检测诊断。输入地址码 01(发动机控制单元),电动真空泵具有下述各项功能:对于可控式检测仪可用功能 02、03、05、06、08(显示组 008,3 显示区,制动助力器中的绝对压力);对于可调式检测仪可用功能 02、03、04(系统检测,在一定时间内,已进气的制动助力器必须再抽成真空)、05、08(制动助力器中的绝对压力),如发生故障,则在必要时空调压缩机会被切断。

第八节 电子驻车控制技术

一、电子驻车制动系统的简介

EPB 是 Electromechanical Parking Brake 的缩写,译为电子驻车制动,其利用线控技术将行车过程中的临时性制动和停车后的长时性制动功能整合在一起,由电子控制方式实现的停车制动技术替代驻车制动器功能。其优点是舒适、方便,节约车内空间,可以进行自诊断,简化装配过程,且安全性高。

EPB 驻车制动与传统的驻车制动系统有着极大的差别,其执行机构通过丝杆减速增矩能够把电动机的转动平稳转化为制动块的平动,系统能够自动补偿由于长期工作而产生的制动间隙,控制部分能精确控制电动机的转速和转角从而快速响应驾驶员的意图。

二、电子驻车制动系统的分类

从节省能量的角度来说 EPB 驻车制动系统可以分为两个大类,第一类是电动机直接带动机械执行机构然后作用到制动盘上,其典型是 Continental Teves(德国大陆特戴维斯)公司研制的制动器;第二类是电动机通过一个自增力机构,间接作用到制动盘上,可以大大降低系统所消耗的能量。German Aerospace Center(DLR)内部资料显示,其公司研制的 EPB 制动系统 e-Brake 比第一类制动系统节省了约 83% 的能量。第一类非增力形式的制动器的特点是控制简单,制动过程稳定,但是由于电动机提供所有推动制动块所需的推力,使得所需的驱动电动机的功率很大,从而造成电动机的尺寸、重量和能耗都较大。增力式结构的制动器由于间接利用了汽车的动能作为制动自增力,故驱动电动机所需的功率大幅下降,只需要约 3% 的其他方案的能耗,其体积、尺寸和重量也必然比第一类结构形式的制动器小。

三、电子驻车制动系统的功能

电子驻车制动系统需要实现的功能如下:
1) 能够提供足够的保证车辆驻车安全的制动力;
2) 能够在驾驶舱内实施操纵;
3) 仪表台上具有驻车制动状态的显示;
4) 具有在驻车制动系统达到极限位置的锁止功能;
5) 具有执行机构夹紧力自动调节功能。

针对传统手动驻车制动系统的缺点及不足,基于降低驾驶难度,提高驾驶和操纵舒适性与方便性的考虑,综合驻车制动系统安全策略,电子驻车制动系统还应拓展的功能如下:
1) 坡道辅助起步功能;
2) 根据路况(坡度大小),准确控制制动系统与地面坡度相适应的制动力;
3) 能够实时探测需要施加制动力的大小,保证制动装置获得足够的制动力,确保可靠驻车;
4) 系统在确认驾驶员未实施驻车操作而有离车意图时,自动驻车;
5) 在驾驶员未实施解除驻车操作而有驶离意图时的自动解除驻车功能;
6) 当行车制动失效时,紧急情况下的辅助应急制动功能。

采用电子驻车制动系统后,由于车厢内取消了驻车制动器,取而代之的是一个停车制动电子按钮,故驾驶员不必费力拉驻车制动器,同时为车厢内留出了更多的空间,可用来安装装饰部件及便利的设施等。

考虑到系统的安全可靠性,系统还具有故障自诊断功能和失效保护功能。当汽车蓄电池处于亏电状态,或者电子驻车制动装置自身存在故障导致制动器不能正常工作时,可能会出现当汽车处于驻车制动状态,操作驻车制动按钮不能正常解除装置制动状态的情况,考虑到这种特殊情况,电子驻车制动应该有解除组件,即通过紧急解除组件解除装置的制动状态,则可避免因制动状态不能解除而带来的极大的安全隐患。

四、大众迈腾 EPB 系统

传统驻车制动和电子驻车制动的比较:操作上传统驻动制动要拉起驻车制动器,电子驻车制动则采用了驻车制动按钮,按下此按钮即可实现制动,且通过按钮内的指示灯可指示车辆是否处于驻车状态。在坡路起车时，传统车驾驶员要熟练控制加速踏板、离合踏板、驻动制动器才能很好的起步；而对于装有 EPB 系统的车辆，则通过 EPB 系统自动起步。行车制动过程中，若停车未稳，则传统车仍需施加脚制动或采用手制动；而对于 EPB 系统车辆，当激活 AUTO HOLD 功能后车辆会在每次静止后自动停稳。

电子驻车制动系统构成如图 2-44 所示，其中 E538 驻车制动开关位于仪表台上，E540 AUTO HOLD 开关位于换挡手柄下部的中央控制台上，两开关内部都有警告灯作指示用。制动系统警报灯 K118 位于组合仪表内，当施加制动时，该灯点亮。电子驻车制动系统故障警报灯 K214 位于组合仪表内。

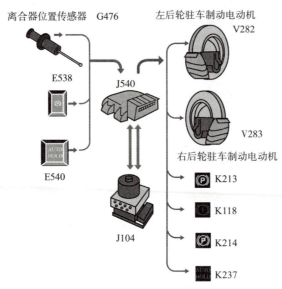

图 2-44　驻车制动系统元件组成

【完成任务】根据图 2-44 提示，请说出下列元件的作用。
E538：_____；E540：_____；离合器位置传感器 G476：_____。
J104 向 J540 提供什么信号：_____。

1. 离合器位置传感器

离合器位置传感器结构如图 2-45 所示，其包括三个霍尔传感器，其中有两个输出开关信号、一个输出模拟电压信号，三个信号将传到相应的控制单元，如图 2-46 所示。离合器位置传感器的作用是反映离合踏板踏下的深度。

【完成任务】根据图 2-45 和图 2-46 提示，完成下列问题。
永久磁铁的位置：_____；离合器开关有几个引脚步：_____，其中 1 脚和 5 脚是什么作用：_____；图 2-46 中三个信号输出是离合踏板抬起时，还是踩下时的输出信号：_____。
发动机控制单元 J220 检测离合器开关的作用：_____；电子驻车控制单元检测离合器位置的作用：_____；车载电源控制单元 J519 检测离合器开关的作用：_____。

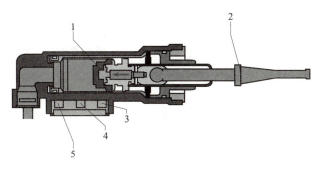

图 2-45 离合器位置传感器结构

1—带永久磁铁的活塞；2—推杆；3—霍尔传感器1；4—霍尔传感器2；5—霍尔传感器3

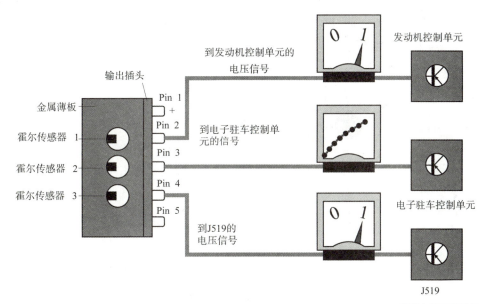

图 2-46 离合器位置信号类型和相应控制单元

传统汽车的离合器液压主缸上不设计离合器液控开关，若设计开关，则仅是在踏板支架上设计一个机械式离合器开关，负责给发动机控制单元发送离合器是否踏下的信号。在迈腾 EPB 系统中采用了两个霍尔开关和一个霍尔模拟电压信号来反映离合器位置。

【完成任务】根据图 2-47 提示，请画出 K213、K118、K214、K237 的符号，并说出区别。

K213 符号：_____；K213 功能：_____。
K118 符号：_____；K118 功能：_____。
K214 符号：_____；K214 功能：_____。
K237 符号：_____；K237 功能：_____。

图 2-47 行车制动和驻车制动灯

电子驻车制动警报灯 K213 在驻车制动开关内，当按下驻车制动开关并且驻车制动被激活时，警报灯点亮。制动系统警报灯 K118 位于组合仪表内，当施加制动时，该灯点亮。电子驻车制动系统故障警报灯 K214 位于组合仪表内，当制动系统有故障时，该灯点亮，此时应立即与特许经销商取得联系。AUTO HOLD 警报灯 K237 位于 AUTO HOLD 开关内，当按下 AUTO HOLD 开关且 AUTO HOLD 功能被激活时，该灯点亮。

电子驻车制动系统控制单元 J540：驻车制动功能、动态紧急制动功能、动态起动功能、AUTO HOLD 功能。

2. 驻车制动功能

电子驻车制动只有在点火开关打开的情况下才可以被释放，这样可以防止儿童按下驻车制动开关。驻车制动释放的条件是点火开关打开，并且施加制动力（约 10 bar），发动机运转并且踩下加速踏板。在车辆行驶过程中，当驾驶员踏下制动踏板使车速低于 7 km/h 时，驻车制动自动起作用。驻车制动功能如图 2-48 所示。

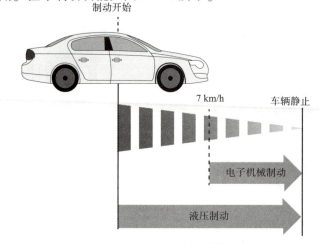

图 2-48　驻车制动功能

【完成任务】根据图 2-49 写出驻车制动时控制的输入信号传感器、输出的执行器，并写出其控制流程。

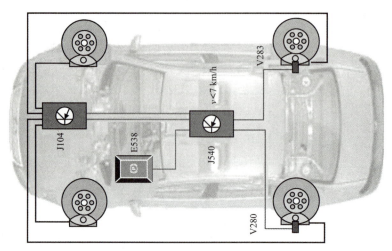

图 2-49　驻车制动功能

输入信号传感器：_____；输出的执行器：_____；控制流程：_____。

3. 动态紧急制动功能

如图 2-50 所示，动态紧急制动功能的执行过程是按下 E538 开关并且保持，仪表显示视觉和听觉警报信号，制动减速度为 6 m/s²，由于制动效果的存在，车尾部的制动灯将被点亮。

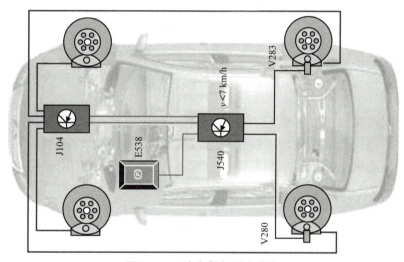

图 2-50　动态紧急制动功能

【完成任务】根据图 2-50 的提示，回答下列问题。

在操作 E538 实现动态紧急制动功能时，仪表显示什么符号：_____；发出什么声音：_____；制动灯是否点亮：_____；是四轮制动，还是后轮制动：_____；写出其工作流程：_____。

4. 动态起动

辅助所需参数包括车身倾斜角度、发动机扭矩、加速踏板位置、离合踏板位置、行车方向、释放制动，驾驶员侧车门关闭，系好安全带，发动机运转，且前进方向力矩大于阻碍力矩。

5. AUTO HOLD 功能

如图 2-51 所示，AUTO HOLD 功能有自动驻车、坡路起步、驻车和起步辅助功能。激活 AUTO HOLD 的前提是驾驶员侧车门关闭，驾驶员系好了安全带（防止突然减速产生的驾驶员前移），发动机运转。

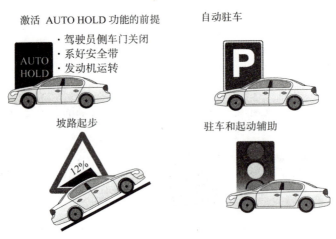

图 2-51 AUTO HOLD 功能

五、电子驻车系统检修

1. 间隙调整

制动蹄片间隙调整在车辆静止时周期性进行。行驶距离每超过 1 000 km，而且电子驻车制动没有被应用，当间隙自动进行调整时，制动蹄片从起始位置被压向制动盘，控制单元通过检测电动机电流信号来判断蹄片行程，从而判断蹄片的磨损情况，并对间隙进行补偿。更换制动蹄片时不能施加驻车制动，可以通过 VAS5051/5052 将压力螺母退回到初始位置。

更换完制动蹄片后，再次使用 VAS5051/5052 对蹄片位置进行匹配。

2. Guided Fault Finding 故障引导程序

按下列步骤进入诊断仪：

第 1 步选择 Suspention 底盘；

第 2 步选择 Electromechanical Parking Brake 电子驻车制动；

第 3 步选择 01-On Board Diagnostic Capable System——车载诊断系统；

第 4 步选择 Functions 功能；

第 5 步选择 Extracting and Retracting Pistons of Parking Brake Motors——伸出和缩回驻车制动电动机活塞。

EPB 功能检测的前提是点火开关打开，AUTO HOLD 功能关闭，前轮静止，后轮以 2.5~9 km/h 的速度持续运转 5s 以上，执行 EPB 功能时，位于组合仪表内的警报灯 K214 会点亮。发生下列情况时检测被终止：点火开关关闭，前轮运转，后轮转速低于 2.5 km/h 或高于 9 km/h，按下驻车制动开关，施加的制动力会递增。

控制单元会调整施加的制动力，连续四次按下驻车制动开关，每次制动活塞都会向前移动标定距离，每次制动力都递增。第五次按下驻车制动开关时，驻车制动被释放。

接收数据有离合踏板位置、驾驶员侧车门状态、安全带状态、电子驻车制动开关 E538 状态、AUTO HOLD 开关 E540 状态、左后制动操作和右后制动操作、离合踏板轨迹、上一次驻车制动工作状态、电子驻车制动指示灯 K213 状态、AUTO HOLD 指示灯 K238 状态、

ABS 控制单元编码、AUTO HOLD 状态、驻车制动状态、ABS 数据总线连接状态、安全气囊数据总线连接状态、自动变速箱数据总线连接状态、发动机数据总线连接状态、网关数据总线连接状态、组合仪表数据总线连接状态、自动变速箱数据总线连接状态、点火锁数据总线连接状态。

第三章

电动汽车线控制动系统

丰田普锐斯混合动力轿车出现 VSC 故障灯点亮无法熄灭现象，并且蜂鸣器不停地鸣叫，用诊断仪读取故障码，显示横摆力矩传感器输出信号不存在。

如果你是接车的修理技术人员，应如何检查，最可能是哪里被损坏了，如果是那里损坏了，修理方案应如何制定。

能说出什么是线控制动系统。
能说出线控制动系统的组成及每个组成部分的功能。
能说出线控制动系统中的制动警告灯、ABS 故障灯、ECB 制动系统故障灯的区别。
能说出在进行更换线控 ABS 液压控制单元后，ABS 液压控制单元内部结构如何实现放气，并说明与更换制动主缸和制动轮缸的放气过程有何区别。

能够在线控 ABS 故障灯点亮后，用诊断仪读取 ABS ECU 控制器自诊断出的故障内容。
能够在线控 VSC（ESP 或 DSC）故障灯点亮后，用诊断仪读取 VSC ECU 控制器自诊断出的故障内容。
能够在更换线控系统的 ABS 液压控制单元后，进行 ABS 液压控制单元内部结构的放气工作。

第一节　电动汽车制动系统

电动汽车包括纯电动汽车、混合动力汽车、燃料电池汽车，本节详讲混合动力汽车的混合制动系统，对于纯电动和燃料电池汽车，若采用线控制动系统，则其原理与丰田普锐斯混合动力汽车基本相同。

一、再生能量制动

1. 再生制动能量的功能

再生制动是电动汽车所独有的,即在减速制动(或者下坡)时将车辆的部分动能转化为电能,转化的电能储存在储存装置中,如各种蓄电池、超级电容和超高速飞轮,最终增加电动汽车的行驶里程。如果储能器已经被完全充满,再生制动就不能实现,所需的制动力就只能由常规的液压制动系统来提供。现在几乎所有的电动汽车都安装了再生制动系统,从而实现节约和回收部分制动动能,并为驾驶员提供常规的制动性能。

2. 再生制动分析

一般而言,当电动汽车减速、在公路上放松加速踏板或踩下制动踏板停车时,再生制动系统起动。正常减速时,再生制动的力矩通常保持在最大负荷状态;电动汽车高速行驶时,其驱动电动机一般是在恒功率状态下运行,驱动力矩与驱动电动机的转速或者车辆速度成反比。因此,恒功率下驱动电动机的转速越高,再生制动的能力就越低。另一方面,当踩下制动踏板时,驱动电动机通常运行在低速状态。由于在低速时电动汽车的动能不足以为驱动电动机提供能量来产生最大的制动力矩,因而再生制动能力会随着车速降低而减小。

3. 混合制动比例分析

如图 3-1 所示,电动汽车的再生制动力矩通常不能像传统燃油车中的制动系统一样提供足够的制动减速度,所以在电动汽车中,再生制动和液压制动系统通常共同存在,称为混合制动。为了尽可能多地回收能量,设计上只有当再生制动已经达到了最大制动能力而且还不能满足制动要求时,液压制动才起作用。

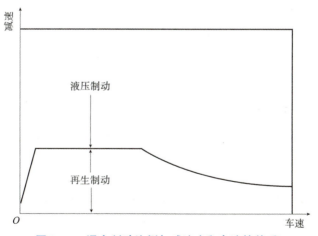

图 3-1　混合制动比例与减速度和车速的关系

再生制动与液压制动之间的协调是问题的关键所在,而且应该考虑以下特殊要求:

1) 为了使驾驶员在制动时有一种平顺感,液压制动力矩应该可以根据再生制动力矩的变化进行控制,最终使驾驶员获得所希望的总力矩。同时,液压制动的控制不应引起制动踏板的冲击,因而不会给驾驶员一种不正常的感觉。

2) 利用 ABS 扩展的 ESP 功能实现电动泵的油压提高,这要求 ABS 的 ESP 模块与整车控制系统进行通信,可以把再生制动软件写在 ABS 模块驱动油泵、控制摩擦制动和控制制动助力的真空源。ABS与整车控制器通信控制再生制动的强度即可。液压制动力矩是电控的，其将产生的液压传到制动轮缸上。因而再生—液压制动系统需要具有防止制动失效的机构，为了提高系统的可靠性、满足安全标准，系统一般采用双管路制动，即当其中一条管路失效时，另一条管路必须能提供足够的制动力。

二、减速度法能量回收

汽车减速度大说明驾驶员施加的制动力大，制动时是以制动减速度为目标控制的，所以也根据汽车减速度进行能量回收控制。

某后轴驱动客车利用减速度限值的再生制动方法如下：

1. 减速度小于 $0.15g$ 时

这时不会出现抱死的情况，后轴进行再生制动能量回收，仅后轴有制动，为纯再生制动工况。

2. 减速度介于 $0.15g \sim 0.4g$ 时

后轴进行制动能量回收，同时利用ABS的回油泵加大前轴的液压制动力，能实现制动比例的合理分配。

3. 减速度介于 $0.4g \sim 0.7g$ 时

利用ABS的回油泵进一步加大前轴的液压制动力，同时减小后轴的制动能量回收。

4. 减速度大于 $0.7g$ 时

这种情况很少，后轴的制动能量回收电流过大，蓄电池不能吸收，同时电动机会剧烈振动，所以取消再生制动，完全采用摩擦制动。

在整个再生制动过程中，车辆的动能不可能完全转换为储能器的充电电能。再生制动所损失的能量包括空气阻力损失、滚动阻力损失、制动系统损失、电动机损失、转换损失及充电损失等。尽管如此，现代电动汽车采用再生制动后仍能节省将近20%的能量。

三、线控制动系统

1. 再生—液压混合制动系统结构

为了使车辆能够稳定制动，前、后车轮上的制动力必须很好地平衡分配。此外，为了防止汽车发生滑移，加在前、后轮上的最大制动力应该低于允许的最大值（主要由滚动阻力系数决定）。

为了实现上述要求，再生—液压混合制动系统的结构设计如图3-2所示。驾驶员踩下制动踏板后，电动泵使制动液增压产生所需的制动力。制动控制与电动机控制协同工作，确定电动汽车上的再生制动力矩和前后轮上的液压制动力。再生制动时，再生制动控制回收再生制动能量，并且反充回到蓄电池中。电动汽车上的ABS及其制动比例控制阀（可由ABS的扩展功能EBD电子制动力分配代替）的作用与传统燃油车上的相同，即产生最大的制动力。电动泵可以利用现有汽车ABS扩展功能中的ESP电子稳定程序的电动供能泵提供压力。

2. 再生—液压混合制动系统制动控制

如前所述，电动汽车上的总制动力矩是再生制动力矩与液压制动力矩之和。它们之间的分配比例关系如图3-3所示，目的是在保持最大再生制动力矩的同时为驾驶员提供与燃油

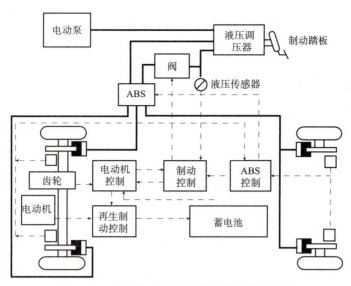

图 3-2 再生制动/液压制动系统的基本结构

车相同的制动感。当制动踏板力较小时，只有再生制动力矩施加在驱动轮上，并且与制动踏板力成正比；而非驱动轮上的制动力由液压制动提供，液压制动力也与制动踏板力成正比。当制动踏板力超过一定值时，最大再生制动力矩全部加在驱动轮上，同时液压制动力矩也作用在驱动轮上，以获得所需的制动力矩。因而最大再生制动力矩可以保持不变，以便能完全回收车辆的动能。

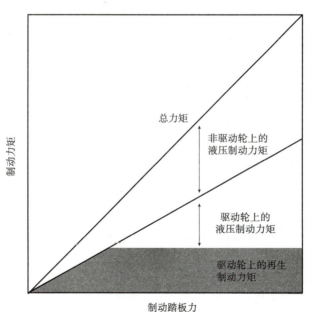

图 3-3 再生制动力矩与液压制动力矩的分配

制动系统因制动造成的管路压力越高（或制动踏板踏下深度越深），说明经驾驶员判断需要的总制动力矩越大，非驱动轮的制动力矩一直在增加，驱动轮的制动力矩和也在增加，但摩擦力矩增加的多，而再生制动扭矩不增加，甚至要有减小。这就要求再生制动和 ABS 系统要协同工作。

两前轮独立、后轮低选的制动系统,制动压力传感器(液压传感器)监测制动系统管路的制动压力(液压或气压),有 ABS 的汽车则采用车速和压力传感器(也可是制动踏板行程开关)采集制动状态信号,根据车速算出的减速度值与设定的减速度值进行比较、控制。

第二节 带有真空助力器的制动系统

在国内,纯电动汽车和一部分混合动力汽车采用带有真空助力器的制动系统,因此有必要了解一下这种制动系统。

一、真空度

关于真空度的理解见图 3-4 所示真空表。真空表针的指针是反转型,在空气中表的指针指在最右侧 0 位,当气压低于一个大气压,即出现真空度时,指针开始反转,反转为负值。计算结果表明,当最小真空度为负 37.5 kPa 以上时(即表针向左摆的越多助力效果越好),才可为制动系统提供满足设计要求的制动助力。

图 3-4 真空表指针(逆时针转动,所以为负值,负号不代表数量大小)

真空助力器安装于制动踏板和制动主缸之间,由踏板通过推杆直接操纵。助力器与踏板产生的力叠加在一起作用在制动主缸推杆上,以提高制动主缸的输出压力。真空助力器由带有橡胶膜片的活塞分为前室与后室。未制动时,发动机进气歧管将真空助力器的前室和后室抽成真空度为 -60 ~ -80 kPa。制动时,后室的大气阀打开,外界大气进入后室产生制动。当抬起制动踏板时,后室气体进入前室,消耗了真空,使真空度减小,助力效果下降,所以电动汽车必须有类似于发动机进气歧管这样的一个抽气机。

真空助力器所能提供助力的大小取决于真空助力器后室与前室气压差值的大小。当后室的真空度达到外界大气压时,真空助力器可以提供最大的制动助力。真空泵所产生的真空度的大小及速度关系到真空助力器的工作状态,真空泵的容量大小关系到助力器的性能,进而影响到制动系统在各种工况下能否正常工作。

二、真空源

传统内燃机轿车制动系统真空助力装置的真空源来自发动机的进气歧管,真空度负压一般可达到 0.05~0.07 MPa。对于由传统车型改装成的纯电动车或燃料电池汽车,发动机总成被拆除后,制动系统由于没有真空源而丧失真空助力功能,为了产生足够的真空,除了一个具有足够排气量的电动真空泵外,还要为电动真空泵电动机设计合适的工作时间,以节约能源及保证可靠性。一般燃油车进气歧管会在 4~5 s 使真空助力器前后腔内产生 -50 kPa 以上的真空度,所以在设计电动真空泵时,电动真空泵也需在 4~5 s 使真空助力器前后腔内产生 -50 kPa 以上的真空度。图 3-5 所示为电动汽车电动真空泵电路组成。

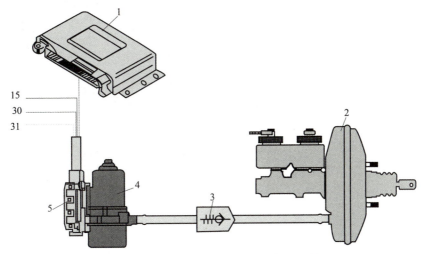

图 3-5 电动汽车电动真空泵电路组成

1—电动汽车控制单元(ECU);2—真空助力器;3—单向阀;4—电动真空泵;5—真空泵电动机继电器

三、压力延时开关

压力延时开关也称压力开关,为常闭开关,当真空度大到一定值时断开。电动真空助力制动系统控制如下:

1)接通汽车 12 V 电源,由于事先压力延时开关闭合,真空泵大约工作 30 s 后开关断开,此时真空罐内压力大约为 -80 kPa;

2)当真空罐内压力增加到 -55 kPa 时,压力延时开关再次闭合;

3)当真空罐内压力增加到大约 -34 kPa 时,压力报警器发出信号。

如果真空泵控制开关有很明显的短时间开启和关闭,说明发生了泄漏。根据这个控制原理,设计了间歇性真空发生系统,该间歇性真空发生系统的基本工作原理为:当驾驶员发动汽车时,12 V 电源接通,压力开关和压力报警器开始压力自检,如果真空罐内的真空度小于 55 kPa,压力膜片将会挤压触点,从而接通电源,真空泵开始工作;当真空度增加到 55 kPa 时,压力延时开关断开,然后通过延时继电器使真空泵继续工作大约 30 s 后停止;每次驾驶员有制动动作时压力延时开关都会自检,从而判断电动真空泵是否应该工作;如果真空罐内的真空度低于 34 kPa,则真空助力器不能提供有效的真空助力,此时压力报警器将会发出信号,提醒驾驶员注意行车速度。

四、压力传感器

电动真空泵控制也可采用电控单元控制，只要把压力开关换成绝对压力传感器，电动真空泵即可由单元继电器控制。国内的一些纯电动汽车装置是一个由真空助力器、真空度传感器（见图3-6）、整车控制器ECU、电动真空泵工作继电器、真空泵电动机组成的闭环真空度控制系统，以保证制动时真空助力器的正常工作。

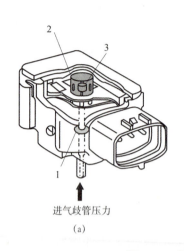 

图3-6 绝对压力传感器（真空度传感器）
（a）结构图；（b）实物图
1—过滤器；2—真空室；3—硅芯片

第三节 丰田PRIUS线控制动系统组成及作用

一、混合制动简介

PRIUS混合动力汽车采用线控制动系统，也称ECB（Electronic Control Brake），是电子控制制动系统英文的缩写。ECB系统能根据驾驶员踩制动踏板的位置程度和施加力所产生的液压大小计算所需的制动力。液压制动力和再生制动力的分配随车速及制动时间的变化而改变，通过控制液压制动来实现，液压制动和再生制动的总制动力要与驾驶员所需的制动力一致。如果由于系统故障导致再生制动失效，则制动系统会影响控制，结果驾驶员所需的全部制动力就由液压制动系统提供。

【完成任务】什么是线控制动系统：_____。
ECB是什么的缩写：_____。
ECB和传统的制动系统的区别是什么：_____。

二、混合动力ECB的功能

ECB系统中的ABS（防抱死制动系统）在紧急制动或易滑路面制动时，能防止车轮抱死。EBD（电子制动力分配）可利用ABS功能实现在前轮和后轮间分配合适的制动力。另外，转向制动时，它还能控制左右车轮的制动力，以保持车辆平稳行驶。尽量通过使用电动机的再生制动力和控制液压制动实现再生制动与液压制动的联合控制。ECB 中的 VSC +（增强型车辆稳定系统）功能可以防止转向时前轮或后轮急速滑动产生的车辆侧滑；与 EPS ECU（电动转向）一起进行联合控制，以便根据车辆的行驶条件提供转向助力。ECB 系统的制动助力有两个功能：一是在紧急制动时，如果制动踏板力不足，可以增大制动力；二是在需要强大的制动力时增大制动力。

三、混合制动系统组成

在设计上可以取消传统的制动真空助力器，变为采用 VSC 车辆稳定控制系统的油泵电动机供能，正常制动时，总泵的双腔串联主缸产生的液压不直接作用在轮缸上，而是通过制动行程模拟器的协助，由制动行程传感器和制动压力传感器转换为液压信号，体现驾驶员的制动意图。电控系统通过调整作用于轮缸制动执行器上液压泵的液压压力，从而获得实际需要的控制压力。控制系统的 ECB ECU 和制动防滑控制 ECU 集成在一起，并和液压制动控制系统（包括带 EBD 的 ABS、制动助力和 VSC +）一起进行综合控制，一般要增加制动控制系统警告灯。

例如日本丰田 Prius 混合动力汽车的线控制动系统相对传统带真空助力的制动系统主要增加了行程模拟器、带有高压蓄能器的车辆稳定控制液压执行器、取消真空助力的双腔串联制动总泵，以及一个备用电源系统，如图 3-7 所示。

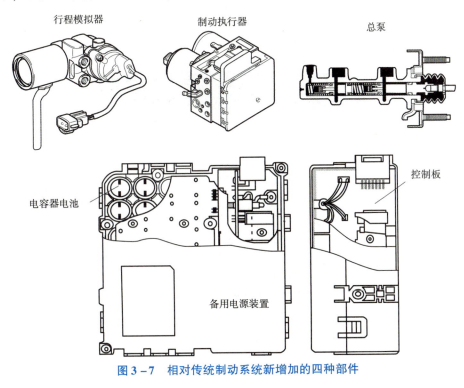

图 3-7 相对传统制动系统新增加的四种部件

1. 行程模拟器

如图 3-8 所示，制动时根据驾驶员的踏板力度产生踏板行程。行程模拟器位于总泵和制动执行器之间，它根据制动中驾驶员踏制动踏板的力产生踏板行程。行程模拟器包括弹簧系数不同的两种螺旋弹簧，具有对应于总泵压力的两个阶段的踏板行程特性。

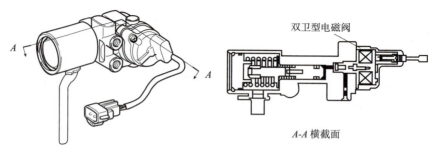

图 3-8 行程模拟器解剖图

2. 备用电源装置

备用电源装置用作备用电源,以保证给制动系统稳定地供电。该装置包括 28 个电容器电池,用于存储车辆电源(12 V)提供的电量。当车辆电源电压(12 V)下降时,电容器电池就会作为辅助电源向制动系统供电。关闭电源开关,当 HV 系统停止工作时,存储在电容器电池中的电量放电。因此维修中电源开关关闭后,备用电源装置就处于放电状态,但电容器中仍有一定的电压。因此,在从车辆上拆下备用电源装置或将其打开检查它的内部之前,一定要检查它的剩余电压,如果必要则使其放电。

PRIUS 的主要组件位置如图 3-9 和图 3-10 所示。

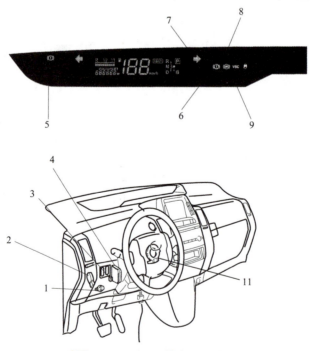

图 3-9 PRIUS 的主要组件位置

1—制动灯开关;2—制动踏板行程传感器;3—制动防滑控制警告蜂鸣器;4—制动防滑控制 ECU;5—制动系统警告灯;6—ABS 警告灯;7—ECB 警告灯;8—VSC 警告灯*;9—防滑指示灯;10—转角传感器*

【完成任务】在图3-9中画出制动警告灯和ECB警告灯的符号：_____；ABS故障警告灯的符号：_____；车身稳定系统警告灯的符号：_____；防滑指示灯的符号：_____；制动防滑ECU的位置：_____。

蜂鸣器的作用：_____。
制动踏板行程传感器的位置和作用：_____。
转角传感器的作用：_____。
PRIUS主要组件的位置如图3-10所示。

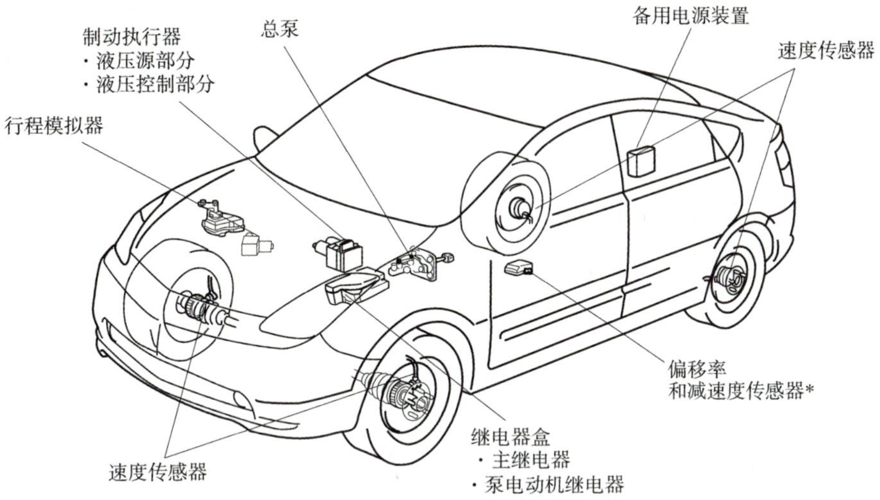

图3-10 PRIUS主要组件的位置

【完成任务】在图3-10中制动总泵是否有真空助力器：_____。
制动执行器上除了电动机外，还增加了什么：_____。
行程模拟器的作用：_____。
行程模拟器上线束接的是什么元件：_____。
储液罐的位置：_____。
备用电源的位置：_____。
备用电源的作用：_____。
偏移率和减速度传感器的作用：_____。

四、PRIUS主组件功能

制动执行器液压源部分包括泵、泵电动机、蓄能器、减压阀和蓄能器压力，液压源部分产生并存储制动防滑控制ECU及用于控制制动的液压。

1）蓄能器压力传感器安装在制动执行器中。

制动执行器液压控制部分包括2个总泵切断电磁阀、4个增压电磁阀和4个减压电磁阀。

①2个双位型总泵切断电磁阀由制动防滑控制ECU控制，用于打开或关闭总泵和轮缸间的通道。

②4个线性增压电磁阀和4个线性减压电磁阀，它们由制动防滑控制ECU控制，以增减轮缸中的液压。

③总泵压力传感器和轮缸压力传感器都安装在制动执行器中。

2）制动防滑控制 ECU 用于处理各种传感器信号和再生制动信号，以便控制再生制动联合控制、带 EBD 的 ABS、VSC +、制动助力和正常制动等系统；根据各传感器的信号来判断车辆行驶状况，并控制制动执行器。

3）制动总泵：当电源部分出现故障时，制动总泵就直接向轮缸提供液压（由制动踏板产生）。

4）制动踏板行程传感器：直接检测驾驶员踩下制动踏板的程度。此传感器包括触点式可变电阻器，用于检测制动踏板行程踩下的程度并发送信号到制动防滑控制 ECU，信号采用反向冗余设计，用于检测传感器故障。

5）ABS 警告灯：当制动防滑控制 ECU 检测到 ABS、EBD 或制动助力系统中的故障时，ABS 警告灯就会点亮来警告驾驶员。

6）VSC 警告灯：如图 3-9 所示，当制动防滑控制 ECU 检测到 VSC + 系统中的故障时，VSC 警告灯就会点亮来警告驾驶员。

7）防滑指示灯：如图 3-9 所示，当 ABS 系统、VSC + 系统或电动机牵引力控制工作时，防滑指示灯闪烁来提示驾驶员。

8）制动控制系统警告灯：如图 3-9 所示，当制动系统产生不影响制动力的小故障（如再生制动故障）时，该警告灯点亮来警告驾驶员。

9）制动系统警告灯：如图 3-9 所示，当制动防滑控制 ECU 检测到制动分配系统的故障时，该警告灯点亮来警告驾驶员；驻车制动打开或制动液液面低时，该警告灯点亮来提示驾驶员。

10）制动防滑控制警告蜂鸣器：液压或电源部分有故障时，该蜂鸣器连续鸣叫以提示驾驶员。对于装有 VSC + 的车型，该蜂鸣器间断鸣叫以提示驾驶员 VSC + 起动。

11）HV-ECU：收到制动防滑控制 ECU 的信号后激活再生制动，发送实际再生制动控制值到制动防滑控制 ECU。

12）VSC + 系统工作时，根据制动防滑控制 ECU 的输出控制请求信号来控制动力。上坡需要制动助力控制时，HV-ECU 发送后轮制动起动信号到制动防滑控制 ECU。

13）制动液液面警告开关：检测低制动液液面。

14）Prius 的制动执行器包括液压控制和液压源部分。制动执行器中安装有 2 个总泵压力传感器、4 个轮缸压力传感器和 1 个蓄能器压力传感器、10 个液压电磁阀、1 个直流电动机。

1. 制动执行器液压源

液压源部分包括泵、泵电动机、蓄能器、减压阀、2 个电动机继电器和蓄能器压力传感器。

蓄能器压力传感器：蓄能器压力传感器持续检测蓄能器中的制动液压力，并发送信号到制动防滑控制 ECU。因此，制动防滑控制 ECU 控制泵电动机。

泵和泵电动机：采用柱塞泵，泵由电动机驱动的凸轮轴带动工作，提供高压液体到蓄能器。

蓄能器：储存泵产生的液压。新款 Prius 蓄能器的内部和旧车型的相同，充满高压氮气并予以密封。新款 Prius 上采用了金属波纹管，以提高蓄能器的气密性。

减压阀：如果由于蓄能器压力传感器故障导致泵持续工作，则减压阀能使制动液流回储液罐，以防止压力过大。

电动机继电器包括以下执行不同泵速的继电器：继电器 1（低速）和继电器 2（高速）。如图 3-11 所示，通常使用低泵速的继电器 1。当需要更大的液压而使液压迅速降低时，如在 ABS 液压控制中，才使用高泵速的继电器 2。如果其中的一个出现故障，则用另一个起动泵。蓄能器压力传感器可持续监控蓄能器中的压力并将信号发送到制动防滑控制 ECU。如果蓄能器中的压力低于设定值，则制动防滑控制 ECU 发送起动信号到电动机继电器，以便起动泵电动机，直到蓄能器中的压力达到设定值。

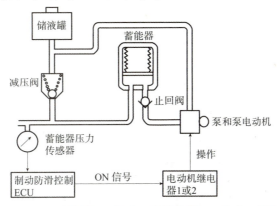

图 3-11　继电器 1（低速）和继电器 2（高速）控制

如果泵和泵电动机意外地持续工作，从而使蓄能器中的压力过高或蓄能器传感器出现故障，则减压阀打开使制动液流回储液罐，以降低蓄能器中的压力。

如果蓄能器中的压力异常下降到 ECU 的设定压力以下，则制动防滑控制 ECU 点亮制动系统警告灯、制动控制系统警告灯、ABS 警告灯和 VSC 警告灯，并使制动防滑控制警告蜂鸣器鸣叫，以警告驾驶员制动液压力异常。

2. 液压控制部分

10 个电磁阀和 6 个压力传感器：2 个总泵切断电磁阀[(1),(2)]；4 个供压阀[(3),(4),(5),(6)]；4 个减压阀[(7),(8),(9),(10)]；2 个总泵压力传感器[(a),(b)]；4 个轮缸压力传感器[(c),(d),(e),(f)]。注：参照后面图 3-13。

总泵切断电磁阀（双位两通常开型）：制动系统起动时，该阀切断总泵和轮缸间的液压通道。

制动系统停止工作或液压源部分有故障时，该阀打开，以保持前轮缸液压通道畅通并确保制动有效，但需要用比平常更大的力来踩制动踏板。

增压电磁阀（线性）：增压电磁阀由制动防滑控制 ECU 控制，它调节蓄能器的液压，以便增大轮缸中的液压。减压电磁阀（线性）：该阀由制动防滑控制 ECU 控制，调节液压，以便降低轮缸的液压。

总泵压力传感器：总泵压力传感器将总泵产生的液压转换为电信号，并将电信号发送到制动防滑控制 ECU，通过制动防滑控制 ECU 判定驾驶员所需的制动力。

轮缸压力传感器：这些传感器检测作用在各轮缸上的液压，并将这些信号以反馈的形式发送到制动防滑控制 ECU。因此，制动防滑控制 ECU 监控各轮缸的液压，并控制增压电磁阀和减压电磁阀，以获得最优的轮缸压力。

五、电动机再生制动

驱动桥内的主减速器和电机以机械方式连接在一起，驱动轮带动电机转子转动而发电，这种联合控制提供再生制动和液压制动的合制动力。这样的控制能够最大限度地减少正常液压制动的动能损失，并把这些动能转化为电能；在结构设计上增大电机功率，有效地增大了再生制动力。例如日本丰田 Prius 混合动力汽车的永磁电动/发电机（MG2）的永磁转子在车轮的带动下扫描定子，当然发的电压不会超过当时外界施加的外电压，然后通过混合动力电脑 HV ECU 控制换流开关元件的斩波时间，实现"斩波发电"。

第四节 普锐斯线控制动系统的工作原理

一、电动汽车电子制动力分配（EBD）

EBD 的英文全称是 Electric Brakeforce Distribution，即电子制动力分配，缩写为 EBV。

如果车辆在直线前行时制动，道路的变化就会减小后轮的负荷，制动防滑控制 ECU 通过速度传感器的信号可以检测到这种情况，制动执行器就会调节后轮的制动力分配，以达到最优控制。例如，制动时后轮制动力的大小根据车辆是否荷载而不同，后轮制动力的大小还跟减速的程度有关。因此，在这些情况下后轮制动力的分配可以得到最优控制，从而可以有效地利用后轮制动力。

左、右轮制动力分配（转向制动时），车辆转向制动时，内侧车轮的载荷减小，外侧车轮的载荷增大。制动防滑控制 ECU 根据速度传感器的信号检测到这种状况后，制动执行器就会调节制动力，以便最优地控制内侧车轮和外侧车轮的制动力分配。

传统无电控控制制动系统制动力的分配是通过后轴上的比例阀或感载阀以机械方法实现的，现在是制动防滑控制 ECU 通过电子控制 ABS 进液电磁阀和出液电磁阀的方法实现前、后轮制动力的分配的。制动防滑控制 ECU 能根据车辆行驶条件精确地控制制动力，图 3-12 所示为前、后轴制动力比例关系。

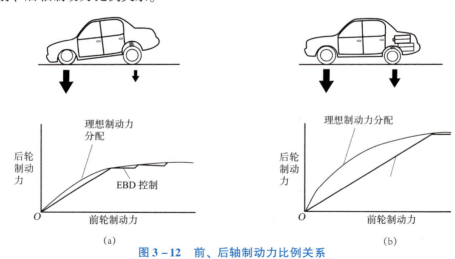

图 3-12 前、后轴制动力比例关系
(a) 后侧无载荷；(b) 后侧有载荷

【完成任务】写出图 3-12 前、后轴制动力比例关系，并写出 ABS 系统是如何完成 EBD

功能的：_____。

制动防滑控制 ECU 根据 4 个车轮速度传感器发出的信号来计算各车轮的转速和减速度，并检查车辆滑移状况。根据滑移率情况，制动防滑控制 ECU 控制供压阀和减压阀，以便用下列 3 种模式来调节各轮缸的液压：减压模式、压力保持模式和增压模式。

如表 3-1 所示，正常制动时，总泵切断电磁阀关闭，各轮缸的液压回路保持独立。因此，总泵产生的液压不会直接起动轮缸。制动防滑控制 ECU 根据总泵压力传感器和制动踏板行程传感器的信号来计算驾驶员所需的制动力。然后，制动防滑控制 ECU 计算所需制动

表3-1　EBD系统的工作原理

未激活	正常制动	—	—
激活	增压模式	保持模式	减压模式
液压回路	（图：孔A 空压阀 孔B 减压阀 到轮缸）	（图）	（图：到储液罐 来自轮缸）

前	供压电磁阀（孔A）	ON（半开*）	OFF（关闭）	OFF（关闭）
	减压电磁阀（孔B）	OFF（关闭）	OFF（关闭）	ON（半开*）

液压回路	（图：孔A 供压阀 孔B 减压阀 到轮缸）	（图）	（图：到储液罐 来自轮缸）

后	供压电磁阀（孔A）	ON（半开*）	OFF（关闭）	OFF（关闭）
	减压电磁阀（孔B）	ON（关闭）	ON（关闭）	ON（半开*）
	轮缸压力	增压	保持	减压

*：电磁阀根据使用条件持续调节孔的大小来控制液压。

力所缺少的再生制动力值，并将计算值发送到 HV ECU，HV ECU 收到制动力值后产生再生制动力。同时，HV ECU 发送实际再生制动力值到制动防滑控制 ECU，实现制动防滑控制。

二、线控液压 ABS 制动

防抱死制动系统 ABS 全称是 Anti-lock Braking System，ABS 系统的工作原理如下。

1. 增压过程

如图 3-13 增压过程所示，制动防滑控制 ECU 根据总泵压力传感器和制动踏板行程传感器的信号来计算目标轮缸压力（和驾驶员所需制动力相等），然后制动防滑控制 ECU 将轮缸压力传感器信号和目标轮缸压力进行对比。如果目标轮缸压力低，则制动防滑控制 ECU 就向制动执行器加压。因此，蓄能器中的液压就被加到轮缸里。此外，当液压制动力必须增加以便根据再生制动力的变化进行联合控制时，操作与此相同。

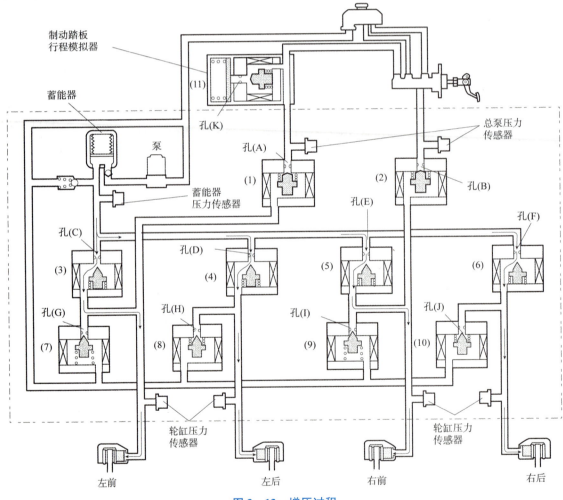

图 3-13 增压过程

【完成任务】根据图 3-13 所示增压过程，写出增压控制过程。

2. 保持过程

如图 3-14 所示,制动防滑控制 ECU 根据总泵压力传感器和制动踏板行程传感器的信号来计算目标轮缸压力(和驾驶员所需制动力相等)。制动防滑控制 ECU 将轮缸压力信号和目标轮缸压力进行对比,如果相等,则制动防滑控制 ECU 将控制制动执行器保持在固定状态。因此,轮缸也将保持恒定压力。

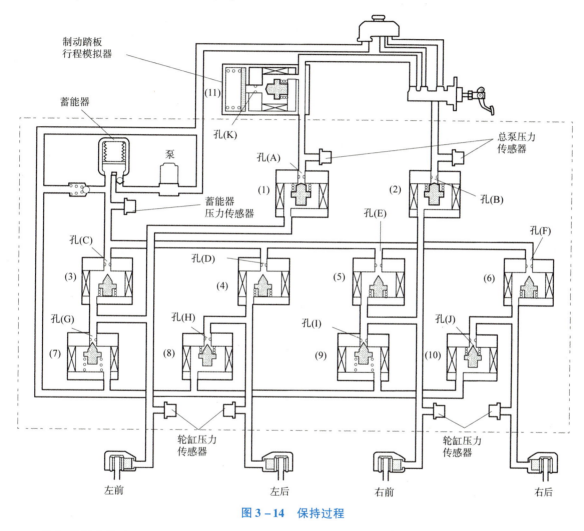

图 3-14 保持过程

【完成任务】根据图 3-14 所示保持过程,写出保压控制过程。

3. 减压过程

如图 3-15 所示,制动防滑控制 ECU 根据总泵压力传感器和制动踏板行程传感器的信号计算目标轮缸压力(和驾驶员所需制动力相等),然后制动防滑控制 ECU 将轮缸压力传感器信号和目标轮缸压力进行对比,如果目标轮缸压力高,则制动防滑控制 ECU 就给制动执行器减压。因此,轮缸中的压力就会下降。此外,当液压制动力必须减小以便根据再生制动力的变化进行联合控制时,操作与此相同。

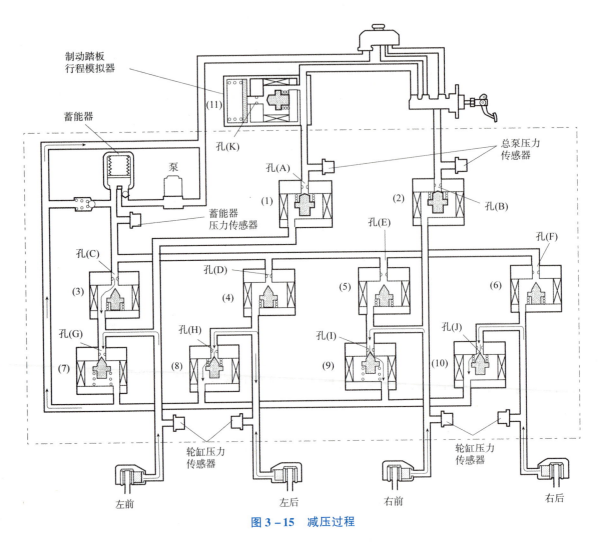

图 3-15 减压过程

【完成任务】根据图 3-15 所示减压过程，写出减压控制过程。_____。

如果由于某些故障使制动系统停止或蓄能器不供压，则制动防滑控制 ECU 会激活安全保护功能，此功能将会打开制动执行器中的总泵电磁阀，以保证总泵和轮缸间的液压通道畅通。这样，总泵产生的液压仅可使前轮缸实施制动。此时，行程模拟器切断电磁阀，孔（K）关闭，以防止行程模拟器的运行对总泵的液压产生负面影响。

三、制动助力操作

如图 3-16 所示，在紧急制动情况下，制动防滑控制 ECU 根据压力传感器信号测定的总泵压力增加的速度检测驾驶员的意图。

如果 ECU 检测到需要额外的制动助力，则执行器中的泵会产生液压并作用于轮缸来增大压力。在下列情况下，制动防滑控制 ECU 也提供制动助力。车辆满载时，制动防滑控制 ECU 用总泵压力传感器和车速信号来检测工作条件。

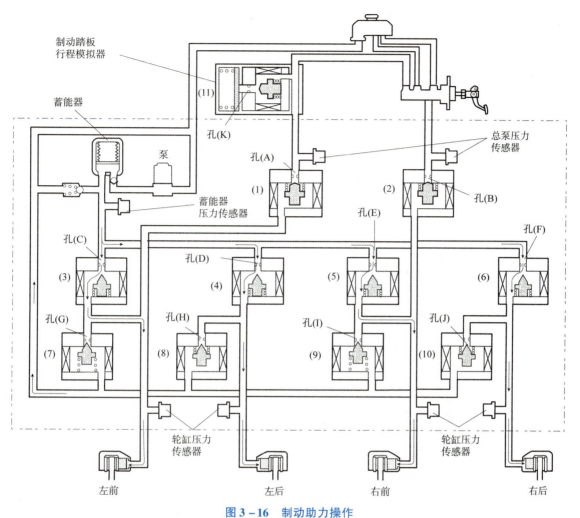

图 3-16 制动助力操作

【完成任务】根据图 3-16 所示制动助力操作，写出助力控制过程。

第四章

汽车电控悬架系统

一辆奥迪 Q5 混合动力汽车，配有电控悬架，现出现车辆高度无法上升现象，车主非常着急。

如果你是接车的修理技术人员，应如何检查，最可能是哪里被损坏了，如果是那里损坏了，修理方案应如何制定。

能说出电控悬架系统的功能。
能说出电控悬架系统的传感器和执行器有哪些。
能说出自动车身高度调节的控制传感器和车高调节的原理。
能说出减震器阻尼的控制方式和每种方式的控制原理。

能够进行举升配有电控悬架的车辆的关闭操作，防止气囊从减震器上脱出。
能够操作检查车身高度调节故障，并能够正确更换悬架气囊。
能够操作检查减震器阻尼调节故障，并能够正确更换悬架减震器。

第一节 电控悬架的优点和类型

一、电控悬架系统的优点

1）采用电控悬架后，可以在设计时大大减小车轮中心和轮眉之间的距离，对总体空间利用有好处，且由于对俯仰运动的控制，可减小对负载球头的磨损。

2）改变悬架的刚度和舒适性。

3）无论车辆质量如何，均可保证回弹和压缩的整个行程不变，同时在质量发生变化时自动增加空气悬架刚度，以保持车身高度不变，所以车轮前束和车轮外倾角不变。

4）根据车速来改变车身高度，实现更小的空气阻力。

二、电控悬架的类型

钢质电控悬架的车身高度只与车身负载有关,随车重增加而车身下降。电控悬架是充气的气囊,当车重增加时,可增加气囊的充气量来保持原车高,放气可降低车高,车高控制非常灵活,这样车身重量和气体刚度的比值总是一个定值。关于空气弹簧的内容将在电控悬架中讲解。

空气弹簧有如下分类:

1)空气弹簧和减震器有同轴布置和分开布置两种。

在四轮驱动汽车上通常采用同轴布置,而前轮驱动汽车采用分开布置。

2)前桥和后桥有同时采用空气弹簧的形式,也有仅后桥为空气弹簧的形式,前桥为钢质的螺旋弹簧。

空气弹簧筒形囊中的气体作为弹性元件,占用空间小,弹簧的行程大。筒形囊采用优质弹性材料制成,具有耐油、耐温和气密性好的特性。

空气弹簧内部的减震器杆上部装有限制空气囊下降过多的限位块,这个限位块控制了车身的最低高度,这个高度可以保证在空气弹簧无气时车身轮眉和轮胎之间仍有一定的间隙。

空气弹簧下部采用带有台阶的金属筒与减震器壳体外的双 O 形密封圈密封,空气安装弹簧时,气囊要和减震器对比,减震器上的气囊密封环涂油脂。

三、空气悬架系统的减震器类型

在传统的悬架系统中都使用了减震器,以实现减震并控制汽车弹簧的运动。没有减震器的话,汽车在遇到凸凹不平后就会上、下持续跳动。

空气悬架系统的减震器有如下类型:

1)减震器阻尼控制有节流控制型和液体黏度控制型(也称磁流变型),节流控制型又可分为节流孔有级调节型和无级调节型。

2)根据阻尼节流控制方式可分为电控型和机械控制型。

电控型是利用电磁阀或压电晶体做成的执行元件控制节流孔的大小;机械控制型是利用空气弹簧内的气压来控制减震器的阻尼。

3)根据控制执行器的形式还可以分为电磁阀式、压电式和磁流变式三种,这里主要说明后两种。

①压电式减震器。

压电式减震器主要由压电传感器、压电执行器和阻尼力变换阀三部分组成。压电传感器和压电执行器所用的压电元件是一个压电陶瓷元件,其主要成分是铅、锆和铁。压电元件都是利用压电效应的原理进行工作的。如图 4-1(a)所示,当在压电元件上施加外力时,压电元件将产生电压,这一现象称为压电正效应;如图 4-1(b)所示,给压电元件施加电压,则压电元件将产生位移,这一现象称为压电负效应。发动机的爆燃传感器就是根据压电正效应进行工作的。当由颠簸路面而引起的冲击力作用在减震器支承杆上时,由于压电正效应的作用,在压电传感器上大约 2 μs 的短时间内即可产生电压信号。

悬架系统的电子控制单元对多层的压电执行器施加电压,例如对由 88 个压电元件所组成的压电执行器施加电压后,在约 5 ms 的时间内产生 50 μm 左右的位移。此位移经活塞和推杆放大后,使阻尼力变换阀动作。压电式减震器从出现颠簸信号到阻尼力变换阀动作仅需

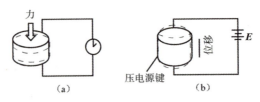

图 4-1 压电元件工作原理

(a) 压电正效应；(b) 压电负效应

几毫秒的时间，因此这种减震器阻尼力电子控制系统具有很高的响应能力。

【完成任务】在压电式减震器中，传感器是压电正效应元件还是负效应元件：_____；执行器是压电正效应元件，还是负效应元件：_____。

②磁流变式减震器。

磁流变式减震器利用了内部工作液的黏度改变来工作，可以根据流过每个装置中电磁线圈的电流来快速地改变液体的黏度，如图 4-2 所示。这种液体叫作磁流体，用于单筒式减震器。

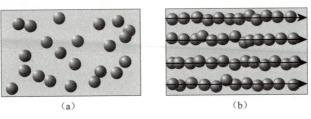

图 4-2 无磁场作用的磁流体颗粒排列和有磁场作用的磁流体颗粒排列

(a) 无磁力线；(b) 有磁力线

在正常工况下，磁流体很容易通过减震器的小孔产生很小的阻尼作用。当悬架控制单元通过压电传感器检测出有大的或高频振动时，流经悬架控制单元的小电流就会送到每个减震器的电磁线圈，此时油液中的铁微粒在 3 ms 之内做出反应，呈纤维状，这就使磁性液体变得像黄油一样稠，提高了减震器的刚度。这种减震器可用来控制加速过程中的尾部下沉以及制动过程的俯冲现象，也可以在转弯时通过悬架控制单元来减小车身的侧倾。

如图 4-3 所示，电磁线圈未通电，减震器油内的磁悬浮微粒呈杂乱无序状态，彼此之间没有力的作用。在活塞运动时，这些微粒与油液一同被从活塞孔压出，这时的减震力（阻尼力）相对较低，该力取决于减震器油的基本黏度值。电控电磁线圈已通电，微粒会按照磁场的磁力线方向排列。特别是活塞孔内聚集了一长串微粒，这就提高了油液与孔壁的摩擦力，因而也就提高了流变压力和减震力（阻尼力）。

4) 根据要控制的节流孔所在位置分为外部控制和内部控制两种。

外部可调阻尼的双筒式减震器的电控悬架系统由空气弹簧组成，空气弹簧是由橡胶气室组成，空气弹簧和减震器底部的减震器阻尼控制阀（PDC 阀）相通，其具体结构和工作原理在奥迪减震器上讲解。

5) 根据减震器的筒数分为单筒型和双筒型两种。

6) 根据是否充气分为充气型和非充气型两种。

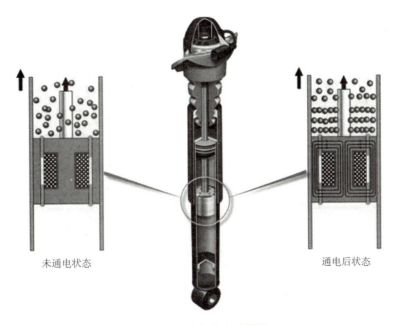

未通电状态　　　　　　　通电后状态

图 4-3　磁流变式减震器

早期的减震器阻尼调节采用电磁阀型，比如 20 世纪 80 年代末的凌志 400 轿车，这种控制方式已被淘汰。较为普遍的减震器阻尼调节有压电型和磁流变型两种。压电型是利用压电负效应，即压电晶体通电变形产生位移，这个位移经过放大控制节流孔大小，响应性好。磁流变型是不改变节流孔大小，利用磁场的大小来控制磁流体的刚度（黏度）来控制阻尼。

在减震器杆内部装有限制空气囊上升过多的限位块，这个限位块控制了车身的最高高度，且不阻止油液的上下运动。

第二节　汽车悬架运动基础

一、什么是六自由度

如图 4-4 所示，汽车悬架将路面凸凹不平产生的冲击先经过悬架系统再传递到车身上，冲击能量以悬架弹簧的垂直运动把能量分多次转移给减震系统，以减震器生热把冲击能量消耗掉，以防止损坏车上的人和物。悬架同时也保证了车轮能和地面尽可能接触，这对制动、转向和驱动是有重要意义的。最后，悬架也保护了汽车部件，防止部件受过高的运动负荷。

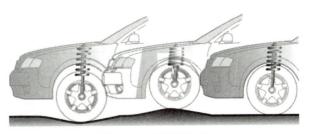

图 4-4　悬架的作用

如图4-5所示，汽车车身相对车轮而言，在纵向（Y轴）、横向（X轴）和垂直轴（Z轴）都有位移运动，同时也有围绕纵向（Y轴）、横向（X轴）和垂直轴（Z轴）的摆动。因此共有6种运动方式，但悬架在调节时一般对垂直轴（Z轴）的位移和横轴（X轴）的摆动进行控制，比如要对绕横轴（X轴）的俯仰运动进行控制。

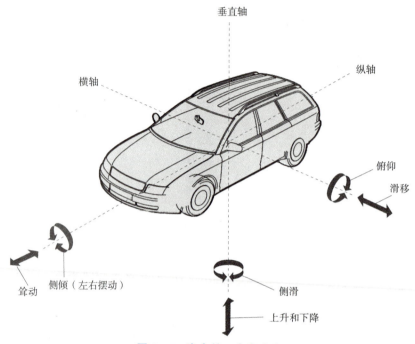

图4-5 汽车的6个自由度

二、什么是悬挂质量

如图4-6所示，悬挂质量是指悬架上部的车身及传动系统，非悬挂质量指悬架下部的车轮、轮胎、制动器和车桥。显然非悬挂质量的增加将增加车辆控制的难度，就如人穿一双铁鞋行走，人的运动是较难控制的一样。所以好的汽车采用轻的轮胎，车轮的轮毂、转向节、轮辋和悬架尽量都用铝材料，甚至制动钳也采用铝材料。

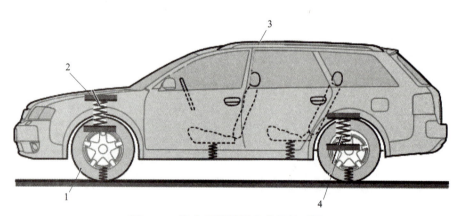

图4-6 汽车悬挂质量和非悬挂质量

1—非悬挂质量；2，4—弹性元件；3—悬挂质量

三、振动学知识

如图4-7所示,在振动学中,最简单的振动模型由一个质量块和一根弹簧组成。

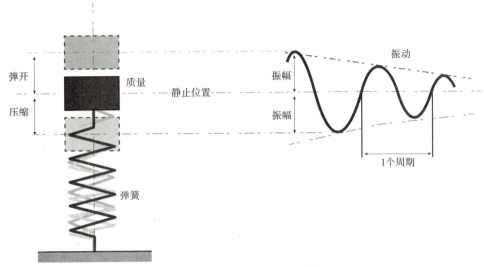

图4-7 最简单的振动模型

$$f = 2\pi\sqrt{\frac{k}{m}} \qquad 公式(1)$$

式中,k——弹簧刚度(德文为Koeffizient,英文为Coefficient);
m——质量(Mass);
f——频率(Frequency)。

公式(1)说明振动周期或频率是不会因外界冲击力的大小发生变化的,这个原理相当于挂钟钟摆的摆动周期为1s,将摆动量(幅值)人为增加,但周期仍是1s的道理一样。这说明模型的振动频率是不变的,这个不变的频率称为固有振动频率。人最适应的心脏的跳动频率在1.0~1.5 Hz,汽车悬架一般按1.1 Hz的固有振动频率调校,调校时k和m的比值不能变化,才能保证是1.1 Hz,那么就要求刚度k的变化率和质量m的变化率要相同。

若将这个理想的振动模型放在空气中,振动会持续较长时间,若将这个理想的振动模型放在水中,振动会持续较短的时间,幅值为0后停止,这说明水的阻尼比空气的大。如图4-8所示,汽车上的减震器相对于汽车,就相当于水相对于重块一样。汽车的振动学由这样的简单模型经过组合而成,实际开发要经过振动仿真和真实振动实验来确认系统的固有振动频率,仿真时的基础就是这个最基本的模型。

如图4-9所示,增加车内重物的质量和用软一点的弹簧,系统的固有振动频率减小;而减小车内重物的质量和用硬一点的弹簧,系统的固有振动频率增大。

幅值和外激的强度有关,但不会改变系统的振动频率。频率与系统的k和m的参数有关,一般高挡轿车把前桥悬架频率比后桥调得低一些,比如前桥为1.13 Hz,而后桥为1.33 Hz。

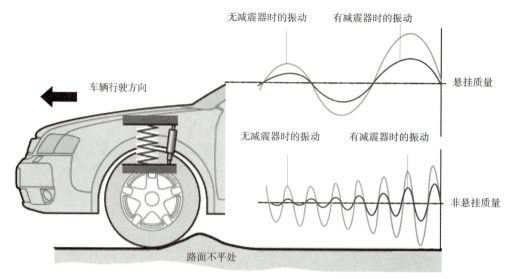

图4-8 有无减震器的系统对比

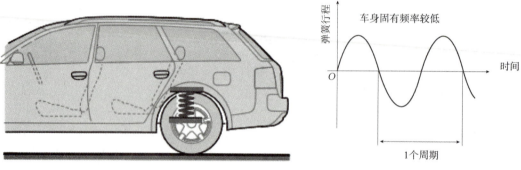

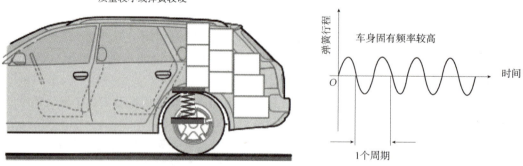

图4-9 不同载荷对车身振动的影响

第三节　带阻尼调节的双筒充气型减震器

一、带阻尼调节的双筒充气型减震器结构

奥迪采用的机械式外部 PDC 阀控制的减震器结构如图 4-10 所示，PDC 阀为常开式，若空气弹簧压力高，则 PDC 阀关闭。空气弹簧和减震器采用同轴布置，减震器采用双筒机械式节流孔外部控制方式。

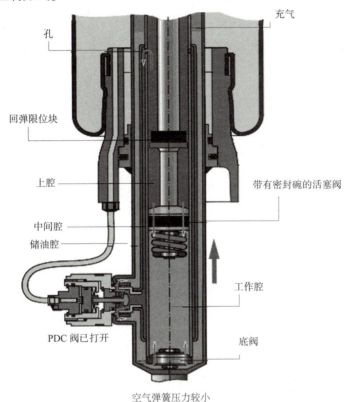

图 4-10　空气弹簧和 PDC 减震器（底阀和活塞阀上有阻尼孔和单向阀）

二、工作原理

1. 回弹过程

如图 4-11 所示，当空气弹簧内的压力减小，活塞恰好上移时，PDC 阀打开中腔和外腔储油室的通道，活塞上腔油液一部分经节流孔进入中腔，在中腔下侧的 PDC 阀处进入储油腔，在储油腔中，储油腔油液再经底阀的阻尼孔/单向阀结构少量进入工作腔，补充油液，活塞运动阻尼减小。

当空气弹簧内的压力较大，活塞恰好上移时，PDC 阀节流孔关闭，工作腔上部的油液被压缩，上腔油液从活塞上的阻尼孔/单向阀结构大量进入工作腔，补充油液。储油腔内油液从底阀的阻尼孔/单向阀结构进入工作腔，补充油液。由于大部分液体必须流过活塞阀，所以阻尼增大了。

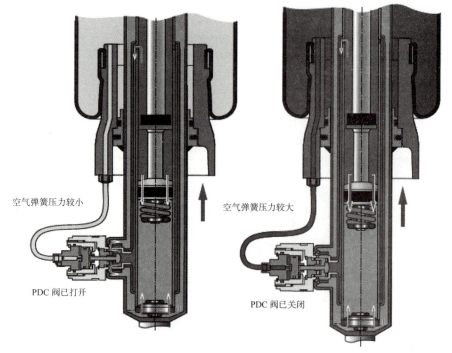

图 4-11 双筒式充气型减震器回弹时工作原理

2. 压缩过程

如图 4-12 所示,当空气弹簧内的压力较小,活塞恰好下移时,工作腔压力上升,工作腔中的油液经活塞上的阻尼孔/单向阀结构大量进入上腔,活塞上腔中的油液一部分经节流孔进入中腔,PDC 阀打开中腔和外腔储油室的通道,在中腔下侧的 PDC 阀处进入储油腔。同时工作腔下部的油液也经底阀上的阻尼孔/单向阀结构进入储油腔,活塞运动速度快,所以阻尼小。

当空气弹簧内的压力较大,活塞恰好下移时,PDC 阀节流孔关闭,少量的油液进入上腔,大量的油液要从底阀阻尼孔/单向阀结构流向储油腔。由于工作腔内液体不能通过 PDC 阀溢入储油腔,所以阻尼增大。

3. 单筒充气型和双筒充气型减震器的对比

单筒充气型和双筒充气型减震器的对比见表 4-1。

表 4-1 单筒充气型和双筒充气型减震器的对比

项目	单筒充气型减震器	双筒充气型减震器
减少气蚀的方法	用高压气体推动隔离活塞来减少气蚀	通过储油腔高压降低气蚀,油和气在储油腔内
特性曲线	在压缩阶段取决于气体压力	在回弹和压缩阶段使用不同的阀,特性较自由
短程减震性能	较好	好
摩擦情况	在压力负荷下密封,所以摩擦大	小
结构和重量	因为缸内有气室,所以结构较长,但质量较轻	较重
安装位置	任意	基本是垂直安装

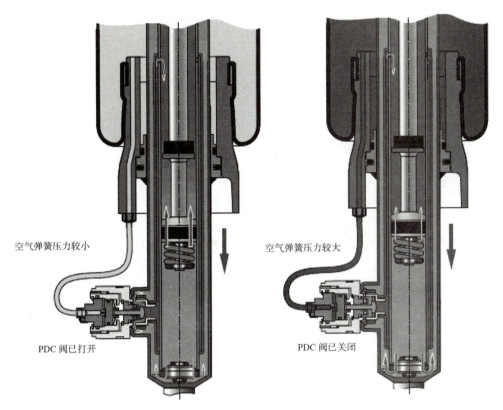

图 4-12 双筒式充气型减震器压缩时的工作原理

第四节 空气压缩机总成

一、空气压缩机总成的结构

如图 4-13 所示,单级活塞往复式空气压缩机总成被放在一个金属盒中来减少噪声,盒中有空气压缩机电动机 V66,在压缩机电动机 V66 上集成有空气干噪器和排气阀 N111,其结构如图 4-14 所示。为了避免机油污染干燥器和空气弹簧的气囊,压缩机要采用干式空气压缩机,活塞采用聚四氟乙烯制成。当压缩机工作过热时,内置的温度传感器会通知悬架控制单元 J197 关闭空气压缩机。对于前轮驱动汽车,前桥采用前金属螺旋弹簧,采用两个后空气弹簧时有两个后空气弹簧二位两通阀(常闭型)N150 和 N151。另外悬架控制单元 J197 和压缩机继电器 J403 也在其中。为了减少噪声,上述部件要装在用聚氨酯泡沫制成的专用垫内,这个垫子的作用是将上述部件固定。专门的橡胶底座的作用是防止压缩机振动传至车身。

二、空气压缩机总成的工作原理

如图 4-15 所示,悬架控制单元 J197 控制压缩机电动机继电器 J403 给电动机 V66 供电,电动机转动带动曲柄连杆机构往复运动,在活塞下行时,活塞顶部的平板阀片打开,气体经滤清器从活塞底部进入顶部;在活塞上行时,活塞顶部的平板阀片关闭,气体被压缩后经单向阀 1 进入空气干燥器,再经单向阀 2 进入压力接口(工作管路)。

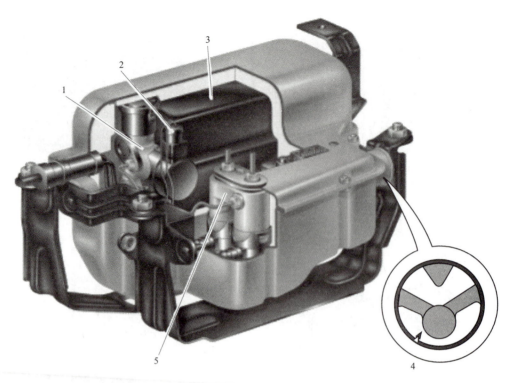

图4-13 空气压缩机总成

1—压缩机电动机V66；2—排气阀N111；3—带有控制单元J197的塑料盒；4—橡胶支承；5—两位两通阀N150和N151

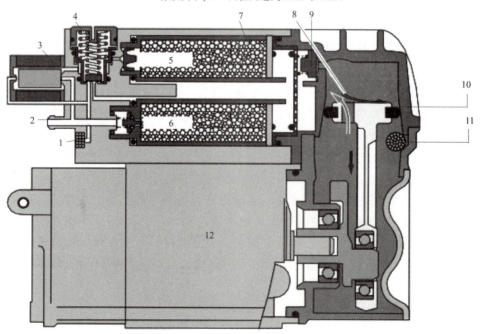

图4-14 空气压缩机总成的结构

1—排气过滤器；2—压力管接口；3—排气阀N111；4—气动排气阀（带有压力限制阀）；5—单向阀3；6—单向阀2；7—空气干燥器；8—隔膜阀；9—单向阀1；10—活塞环；11—进气滤清器；12—电动机

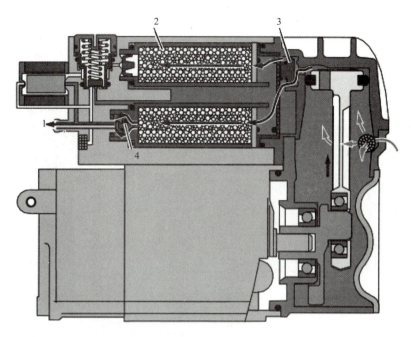

图 4-15 空气压缩机总成供气的工作原理
1—压力接口；2—空气干燥器；3—单向阀 1；4—单向阀 2

如图 4-16 所示，悬架控制单元 J197 控制排气电磁阀 N111 供电，压力接口（工作管路）处的空气进入气动排气阀中间台阶上的阀座，气动排气阀上移工作，节流孔（节流阀）被打开，气体经单向阀反吹入空气干燥器，这时气体连同空气干燥器的水分从空气干燥器中间的空间向左作用在气动排气阀下部底座上，经排气孔的消声器（见图 4-17）排出。

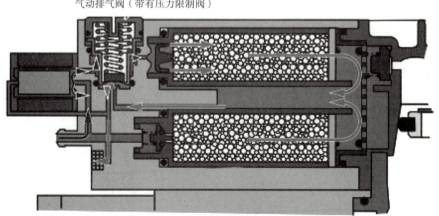

图 4-16 空气压缩机总成排气的工作原理

三、空气压缩机总成的工作监控

空气压缩机温度的监控可采用实际的温度传感器和模型法两种，奥迪前轮驱动汽车采用模型法。模型法根据空气压缩机工作时间和冷却时间来计算温度。空气压缩机每次工作不超过 120 s，超过 120 s 表明系统有漏气。冷却 6 min 允许工作 15 s，每冷却 48 min 才允许最大工作

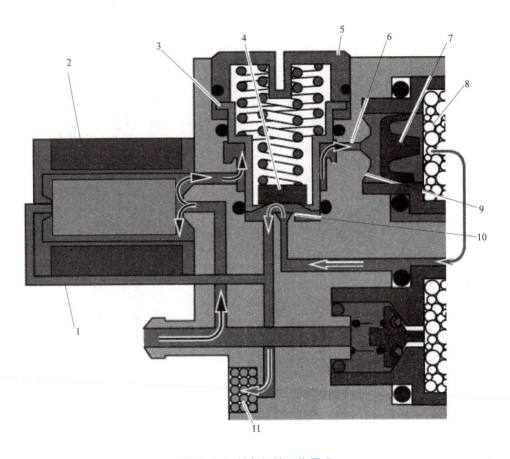

图 4-17 排气阀的工作原理

1—通气阀；2—排气阀 N111；3—阀体；4—限压阀；5—气动排气阀（盖子）；6—节流阀；7—单向阀；8—空气干燥器；9—阀座 1；10—阀座 2；11—排气消声器

120 s。发动机熄火，发电机不发电后，为保持蓄电池电量，最长工作时长被限制为 60 s。

第五节 车身水平位置传感器

一、奥迪前轮驱动汽车车身水平位置传感器

在前轮驱动的空气悬架上，由于电控系统 J197 仅使用一个霍尔式车身水平传感器 G84（图 4-18 所示为车身水平传感器 G84 的结构示意图），传感器上的连动杆固定在横向稳定杆上，所以无法调节左、右空气弹簧由于单侧加载造成的车身不平。霍尔式车身水平传感器 G84 采用 5 脚，由 J197 用 5 V 供电，4 脚模拟信号输出，1 脚经 J197 接地。

如图 4-19 所示，车身水平传感器 G84 的工作原理如下：车身高度变化，横向稳定杆转动带动连杆，连杆带动带有环形磁铁的转子转动，中间定子是两个半圆形的铁

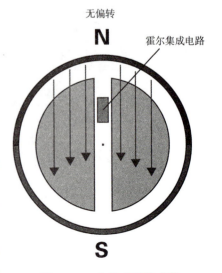

图 4-18 车身水平传感器 G84 的结构示意

芯，两铁芯中间是霍尔集成电路。转子的转动改变了磁场经过定子的路径，从而在霍尔集成电路中产生对应传感器转角电压，以反映车身高度。此传感器损坏不能进行高度调节，系统进入应急模式。

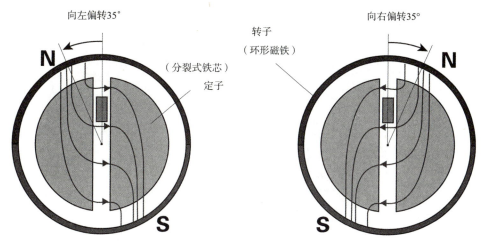

图 4-19　车身水平传感器 G84 的工作原理

在更换新的传感器 G84 时，悬架控制单元 J197 需知道在一个规定车身高度时，新安装传感器的位置信号输出对应值，所以要用工具测量轮中心至轮眉的高度，通过诊断仪把这个高度数值写入 J197，这时悬架控制单元 J197 就知道以后车身高度和此传感器输出的对应关系了。这个过程要使用专用工具 T40002 和诊断仪共同来完成。

二、奥迪四轮驱动汽车车身水平位置传感器

车身水平位置传感器包括左后 G76、右后 G77、左前 G78、右前 G289，如图 4-20 所示，传感器不是光电耦合型，也不是霍尔型，而是变压器型。传感器摆臂安装在下支臂上，传感器固定在车身上。

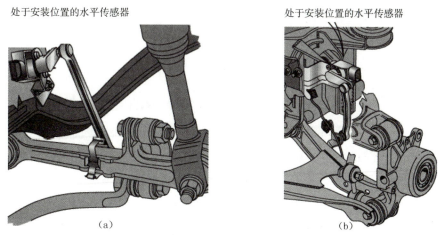

图 4-20　前桥和后桥车身水平传感器的位置安装
（a）前桥；（b）后桥

如图 4-21 所示，变压器的初级线圈为励磁线圈，传感器内部电路振荡，产生正弦交流

电，传感器内部的轴带动转子转动，改变了变压器次级线圈 U_1、U_2、U_3 的输出幅值，波形如图 4-22 所示。由于线圈缠绕方向的关系，相位也可以不相同，不过这里 U_1、U_2、U_3 的相位是相同的。

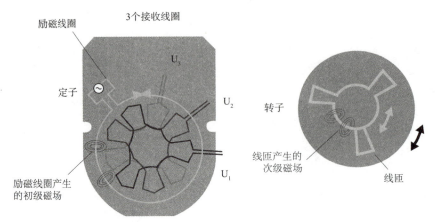

图 4-21　变压器式传感器结构示意

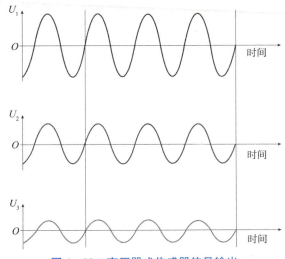

图 4-22　变压器式传感器信号输出

控制单元对 U_1、U_2、U_3 的输出幅值进行高速数模转换，即转化为数字信号，再进行软件算法处理计算出转子的位置，从而反映这侧车身的高度。车身高度信号不仅作为悬架控制的控制信号，也作为前照灯照程控制的一个信号。由于四个传感器完全相同，只是摆臂不同，所以左、右两侧输出的信号随车身高度变化恰好相反。

由于转子盘片和定子线圈之间无接触，故电磁和温度几乎不会影响信号，寿命长，工作可靠。左侧 G76 和 G78 由前照灯照程控制单元 J431 供电，右侧 G77 和 G289 由悬架控制单元 J197 供电。这样可以保证在 J197 出现故障时，前照灯照程功能仍能正常工作。传感器引脚 1 为接地，2 脚和 3 脚悬空未用，4 脚为模拟电压输出，用于左侧前照灯照程调节。5 脚为 5 V 供电，左侧来自前照灯照程控制单元 J431，右侧来自悬架控制单元 J197。6 脚为数字信号，输出 PWM 信号给悬架控制单元 J197。

第六节　前轮驱动悬架气动系统

一、前轮驱动悬架气动系统简介

在德国，前轮驱动汽车气动系统结构如图 4-23 所示，车身上升和车身下降的两个过程工作原理如下。

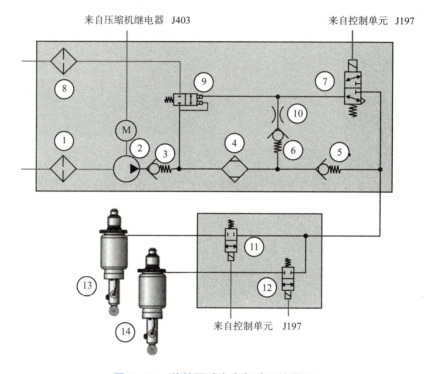

图 4-23　前轮驱动汽车气动系统原理

1—进气滤清器；2—带有电动机 V66 的压缩机；3、5、6—单向阀；4—空气干燥器；7—节流阀；8—排气滤清器；9—气动排气阀；10—排气阀 N111；11—左后减震支柱阀 N150；12—右后减震支柱阀 N151；13—左后空气弹簧；14—右后空气弹簧

1. 车身上升过程

如图 4-23 所示，控制单元 J197 控制压缩机继电器 J403 工作，空气压缩机电动机带动活塞泵将金属盒内经过滤清器 1 过滤的空气加压后经单向阀 3 进入干燥器 4，再经单向阀 5 进入工作管路，此时两位三通排气阀 N111 断电不工作，状态如图 4-23 所示，两个后空气弹簧的两位两通电磁阀 N150、N151 通电上移打开通道，车身高度上升，当车身高度传感器监测车身高度至指定位置时，J197 停止压缩机工作，N150、N151 断电关闭进入通道。

在上升过程中，两个两位两通电磁阀 N150 和 N151 一同控制。为使左、右空气弹簧具有相同高度，在车速高于一定时（比如 10 km/h），两个两位两通电磁阀 N150 和 N151 每隔 12 s 打开 1 次，一次打开 3 s，共计用时 15 s。重复上述 15 s 的内容两次，共进行 3 次调节，目的是使左、右压力保持平衡。

【完成任务】根据图 4-23 所示车身上升过程的气动原理，写出车身上升过程：_____。

2. 车身下降过程

控制单元 J197 控制两位两通电磁阀 N150、N151 通电打开气道。同时，两位三通排气阀 N111 通电工作下移，工作管路中的压力经 N111 至气动排气阀 9 的第一路控制端，一部分气体经节流阀 7 和单向阀 6 反向吹干燥器 4，上行至排气阀 9 的第二路压力控制端，两个控制压力共同作用才将常闭的气动排气阀 9 左移变为常开。由干燥器过来的水和气体一同从气动排气阀 9 排出，故干燥器 4 得以再生。气动排气阀 9 在排气时是能保持一定的剩余压力的，最小为 3.5bar。

【完成任务】根据图 4-23 所示车身下降过程的气动原理图，写出车身下降过程。

_____。

气动排气阀 9 本身也是空气压缩机的安全阀，系统工作失常导致压力过高时，第二路控制压力可使安全阀打开，通过泄压来保护系统。

【完成任务】根据图 4-23，写出排气阀的安全功能实现方式。

_____。

二、系统电路图

由于电路图 4-24 中的元件工作原理基本已介绍，这里只对部分信号加以说明：奥迪车速传感器为舌簧开关型，车轮转一周输出四个脉冲，仪表接收后控制车速表显示和里程表显示，同时经仪表传感器输出给悬架控制单元 J197，作用是判别车辆状态是驻车还是行驶，以进行悬架调节。接线柱 15 是悬架控制单元 J197 的处理器复位工作信号；车间接触信号是四个车门、后备厢及尾门打开信号，这个信号是 J197 的处理器由休眠进入唤醒模式的信号；接线柱 50 是为了在起动时阻止压缩机工作的信号；电容器 C11 可对电源进一步滤波，以保证一个稳定的工作电源。

三、模式调节

1）行驶模式：当车速大于 10 km/h 时，进行高度和阻尼调节，调节反应时间长，为 50 s~15 min。

2）驻车模式：当车速小于 5 km/h 时，在较短的时间内完成水平调节，以利于起步。在水平偏差大时反应时间为 1 s，偏差小时反应时间为 5 s。

3）急速/起步模式：点火开关关闭后，用于调节停车后和起步前的水平偏差。由于 30 号线在供电，故控制单元可最长保持 15 min 的激活态。反应时间和驻车相同。

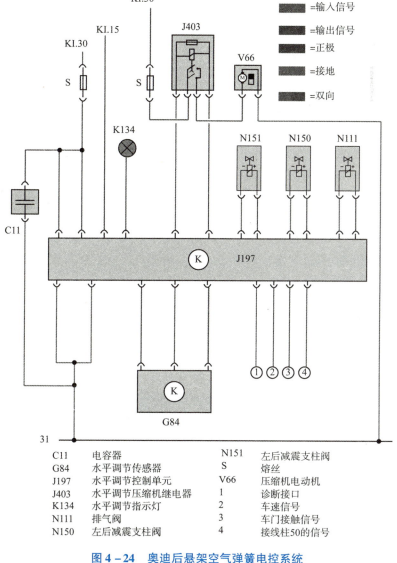

图 4-24 奥迪后悬架空气弹簧电控系统

4)休眠模式:点火开关关闭,怠速/起步行驶模式完成后,一般需要 15 min。车门开关唤醒、点火开关唤醒、车门开关唤醒有次数限制,不能超过 5 次,以防止无意的开关造成的无意义唤醒。

车门开关唤醒失效后可由 15 号线或车速信号两者之一来唤醒。

四、空气弹簧车辆举升

配有空气弹簧的车辆在进行举升时,由于举升部位为车身,举升过程将导致空气弹簧的负载减小,车轮和车身间的距离加大。举升模式在此时对空气弹簧进行放气,但车身不会下沉,这个过程通过水平位置传感器 G84 监测反馈,当找到举升模式的高度位置后,排气调节停止。

在修理时可用诊断仪关闭系统,这时指示灯 K134 会闪烁。

第七节 奥迪四轮驱动电控悬架系统

一、奥迪四轮驱动电控悬架系统简介

奥迪采用了四级空气悬架，四级是指低（比正常高 25 mm）、正常、高 1（比正常高 25 mm）、高 2（比正常高 41 mm）4 个车身高度，驻车级为高 1。其前桥采用传统的减震器（见图 4-25），后桥采用与载荷有关的 PDC 减震器（见图 4-26）。在车桥下部悬架上采用 4 个变压器式水平传感器来确定车身是否水平，每个空气弹簧都能独立控制。

前减震器和空气弹簧之间的密封上、下处都采用单道密封，后减震器和空气弹簧之间的密封都采用两道密封。前空气弹簧最小压力为 6.0bar，额定压力为 6.4 bar，最大压力为 9.0 bar；后空气弹簧最小压力为 6.1 bar，额定压力为 8.5 bar，最大压力为 10.9 bar。当 O 形密封圈密封有泄漏时，一定要找出漏点，密封面应干净且无腐蚀和点蚀，还应涂油脂。在装配和运输减震器支柱时，不可拿塞，因为在无压力情况下活塞很容易被推回去，造成空气弹簧密封不良。在举升和降下车辆时要用诊断仪先给空气弹簧充气。

【完成任务】根据图 4-26 所示，分析在气囊中若没有空气，气囊会不会损坏？为什么？

_____。

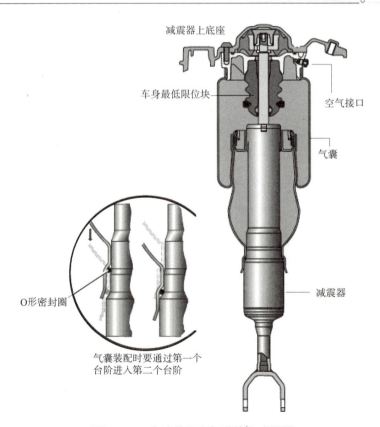

图 4-25 奥迪前桥空气弹簧和减震器

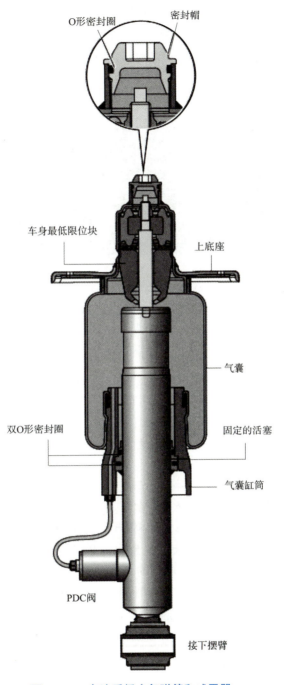

图 4-26 奥迪后桥空气弹簧和减震器

二、模式切换和取消模式

如图 4-27 所示,表台中央的控制面板高度调节开关 E281 可对空气悬架系统进行手动和自动调节设置。操作升高键和下降键时,四个高度指示灯向驾驶员反馈车身高度;手动模式和自动模式切换是通过按下降或上升键 3 s 来实现的,图中手动模式 "m" 黄灯显示灯亮为选中了手动模式,手动模式时驻车高度调节和高速公路模式功能自动关闭。若同时按住两个按键 5 s 以上，则可使调节功能进行关闭、启用切换。当调节功能关闭时，若车速超过 10 km/h，则调节功能自动接通，但在修理升降机模式时不会自动接通；也可用诊断仪关闭调节功能（维修时最好关闭调节功能），以防止空气压缩机不必要的起动，例如在进行四轮定位或压力管路已松开时。

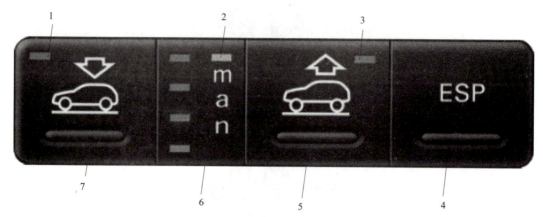

图 4-27　表台中央的控制面板高度调节开关 E281

1—操作/调节方向显示；2—手动模式显示；3—操作/调节方向显示；4—ESP 按键；5—升高按键；6—显示区（带有四种高度指示 LED）；7—下降按键

车速对车高的控制只是在高 1 和高 2 之间切换，若车原始状态处于高 2 状态当速大于 35 km/h 时，切换为高 1；车速低于 30 km/h 时，切换为高 2 状态。若车原始状态处于高 1 状态，当车速大于 80 km/h 时，切换为正常；车速低于 75 km/h 时，切换为高 1 状态。车速大于 120 km/h 速度行驶 30 s 以上，底盘高度调节为低状态，目的是降低风阻、节省燃油。

驻车时，发动机关闭，车门上锁后，汽车底盘自动进入高 1 状态，由于外界环境温度和泄漏，长时间停车造成的车身高度下降是正常的。出于安全原因，在转弯时不进行底盘高度调节，正在进行的调节也会停止，当车辆不再转弯行驶时，再继续进行上次未完的调节。

在四轮驱动汽车上，按下 ESP 切换功能键，ESP 指示灯亮起，说明动态稳定功能不工作。ESP 安全切换功能在低和正常两种状态时无切换功能。

如图 4-28 所示，操控单元 E281 与悬架控制单元 J197（见 4-29）采用 K 线连接，在操控单元 E281 内有一电子控制单元，这个电子控制单元会根据选择按键、按键时间长短和按键的组合来确认驾驶员的意图，并将信号通过 K 线传给悬架控制单元 J197，悬架控制单元 J197 将车身高度信息通过 K 线返回给 E281，E281 内的电子控制单元再控制 LED 灯来指示高度。

由于冗余控制，故升高键采用双开关键，一常开和一常闭型开关用于开关自诊断。

在仪表中央的悬架系统故障灯 K134 在打开点火开关时点亮，无故障时应熄灭。在进行基本设定时，若没有成功地完成基本设定，则将常亮，而在车身过高和过低及执行元件诊断过程中闪烁。

如图 4-30 所示，空气压缩机总成位于后备厢左下侧，在空气压缩机的进气口装有起过滤和消除噪声作用的空气滤清器，空气滤清器不需要保养。空气压缩机最高工作压力为 16 bar，为消除噪声，在排气口装有消声器。阀单元的气管座接口如图 4-31 所示。在压缩

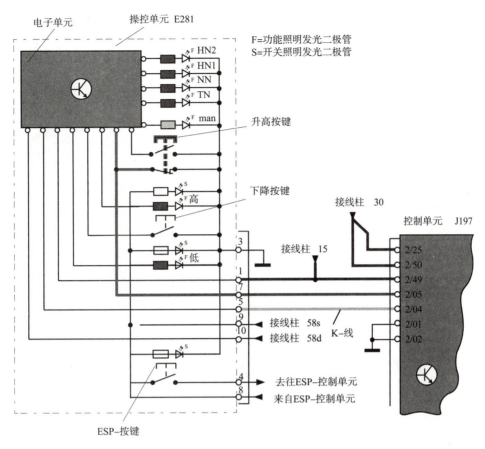

图 4-28 表台中央的控制面板高度调节开关 E281 工作原理

图 4-29 悬架控制单元 J197

机活塞顶部装有温度传感器 G290,如图 4-32 所示。

在汽车上,只有发动机工作时,空气压缩机才能工作,但在执行元件诊断、基本设定及车身极低时也可预运行。

如图 4-33 所示,阀单元内置有压力传感器 G291,蓄压器容积为 6.5L,最大工作压力为 16 bar,蓄压器的压力应大于空气弹簧中的气体压力,即在 3 bar 以上,否则起动空气压缩机。当车速低于 36 km/h 时,只要蓄压器压力够用,就由蓄压器供气,而当车速高于 36 km/h 时,则主要由空气压缩机供气,以减少感觉上的噪声。

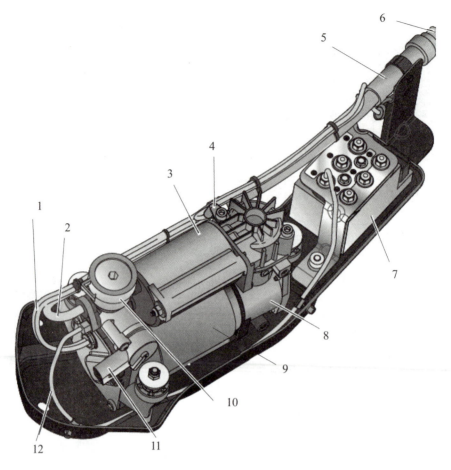

图4-30 空气压缩机总成和阀单元

1—压缩机供电插头；2—吸气/排气管；3—空气干燥器；4—温度传感器G290；5—辅助噪声消除器；6—接空气滤清器/噪声消除器；7—阀单元（带有压力传感器G291）；8—压缩机；9—电动机；10—气动排气阀；11—排气阀N111；12—压力管；

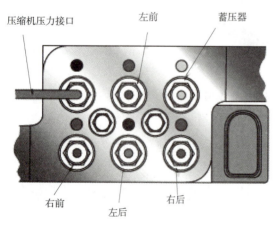

图4-31 阀单元的气管座接口

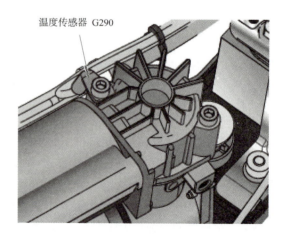

图4-32 空气压缩机总成上部的温度传感器G290

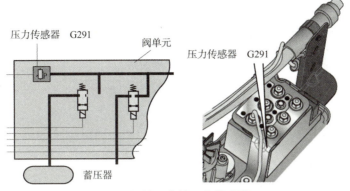

图 4-33 阀单元内的压力传感器 G291

图 4-34 所示为系统结构示意图。

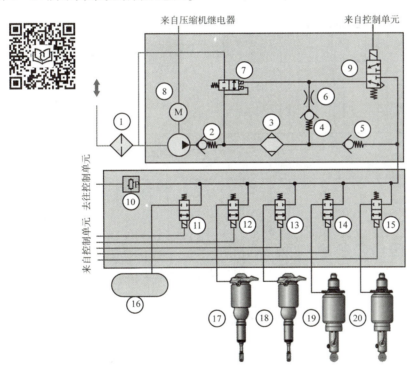

图 4-34 系统结构示意图

1—辅助噪声清除器；2—单向阀1；3—空气干燥器；4—单向阀3；5—单向阀2；6—排气节流阀；7—气动排气阀；8—压缩机 V66；9—电动排气阀 N111；10—压力传感器 G291；11—蓄压器阀 N311；12—左前减振支柱阀 N148；13—右前减振支柱阀 N149；14—左后减振支柱阀 N150；15—右后减振支柱阀 N151；16—蓄压器；17—左前空气弹簧；18—右前空气弹簧；19—左后空气弹簧；20—右后空气弹簧

【完成任务】在下面画出如图 4-34 所示的气动元件的符号。

空气滤清器：_____；电动机：_____；空气压缩机：_____；单向阀：_____；二位两通阀：_____；干燥器：_____；两位三通电磁阀：_____；双路控制的两位两通阀：_____；节流阀：_____。

三、系统电路图

奥迪四轮驱动悬架控制电路如图4-35所示。

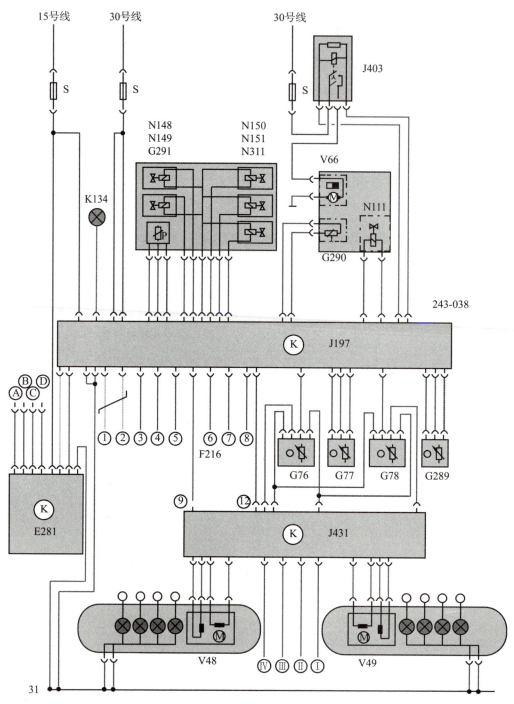

图4-35 奥迪四轮驱动悬架控制电路

代号	名称	图例	说明
E281	水平高低调节操纵单元	■	=输入信号
F216	可关闭式后雾灯接触开关	■	=输出信号
G76	左后水平高度传感器	■	=正极
G77	右后水平高度传感器	■	=接地
G78	左前水平高度传感器		
G289	右前水平高度传感器	■	=双向
G290	水平高度调节压缩机温度传感器	■	=CAN总线/数据线
G291	水平高度调节压力传感器		
J197	水平高度调节控制单元		
J403	水平高度调节压缩机继电器		
J429	中央门锁控制单元		附加信号：
J431	前照灯照程调节控制单元	①	CAN_L
N111	水平高度调节气阀	②	CAN_H
N148	左前减振支柱阀	③	车门接触信号
N149	右前减振支柱阀	④	K线诊断接口
N150	左后减振支柱阀	⑤	车辆以上信号锁
N151	右后减振支柱阀	⑥	挂车模式信号（F216）
N311	水平高度调节蓄压气阀	⑦	50号接线柱信号
K134	水平高度调节指示灯	⑧	车速信号
V48	左前照灯照程调节电动机	⑨	大灯照程调节信号
V49	右前照灯照程调节电动机	⑩	J431供电
V66	水平高度调节压缩机的电动机		
Ⓐ	接线柱58s	Ⅰ	接线柱56
Ⓑ	接线柱58d	Ⅱ	K线诊断接口
Ⓒ	EPS-按键	Ⅲ	接组合仪表
Ⓓ	EPS-按键	Ⅳ	来自ABS控制单元的车速信号，左后转速传感器的输出

图4-35 奥迪四轮驱动悬架控制电路（续）

【完成任务】在图4-35中，两个前照灯的垂直调节也在悬架的控制系统中，请问前照灯垂直调节的控制传感器是什么：_____。

四、网络信息共享

如图4-36所示，悬架控制单元J197与发动机控制单元J220和底盘制动控制单元J104通过CAN来通信，悬架控制单元J197内部的内容为要发出的信息，同时悬架控制单元J197用于监测发动机控制单元J220和底盘制动控制单元J104放在CAN总线上的信息。

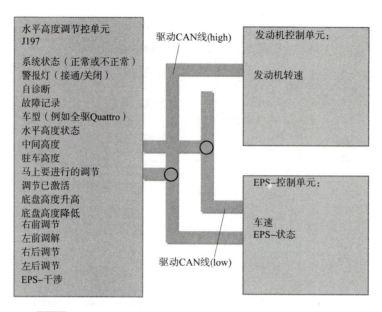

图 4-36　J197 与 J220 和 J104 通过 CAN 来实现网络信息共享

第五章

电控机械式自动变速器

一辆解放 J6 重型货车，配有全电控 AMT 变速器，出现车辆换挡困难现象，车主非常着急。

如果你是接车的修理技术人员，应如何检查，最可能是哪里被损坏了，如果是那里损坏了，修理方案应如何制定。

能说出电控 AMT 和传统手动变速器的区别。
能说出电控离合器是如何控制的。
能说出选挡和换挡分别是如何控制的。
能说出半自动 SAMT 的控制内容有哪些。

能够通过诊断仪读取离合器位置信息，判定故障。
能够通过诊断仪读取选挡和换挡传感器的信息，判定故障。

第一节 AMT 概述

一、AMT 简介

电控机械式自动变速器 AMT（Automated Mechanical Transmission）是在手动变速箱的基础上发展而来，保留了原来手动变速箱的换挡机构与离合器，配备一套电子控制的液压操纵系统或电控电动机操纵系统（卡车可以采用电控气动系统），主要改变手动换挡操纵部分，以达到换挡自动化的目的。

AMT 的关键部件主要有传感器、变速器控制单元和执行器三部分。工作原理是通过电脑控制的自动操作机构来完成离合器的分离或接合及变速器的横向选挡和纵向换挡两个动作。汽车在行驶过程中，变速器控制单元 TCU 根据加速踏板位置以及当前行车速度，利用加速踏板和车速两参数换挡规律判断车辆应处于的最佳挡位,决定升挡、降挡,或保持原挡位不变,从而达到加速或减速的目的。

二、AMT 分类

1)根据离合器数量可分为单离合器式和双离合器式。

2)根据离合器型式可分为湿式离合器和干式离合器,例如大众 6 速 DSG 湿式离合器和 7 速 DSG 干式离合器。

3)按照执行机构动力源不同,AMT 的选换挡系统可分为电控气动、电控液动和电控电动(全电式)三种类型。

4)根据自动化程度可分为半自动式 SAMT 和全自动式 AMT。全自动 AMT 操纵手柄位于 D 位时变速器控制单元控制自动换挡;而半自动仍要驾驶员控制换挡手柄换挡,只不过不用控制离合器。

三、半自动机械式变速器(也称为 SAMT)

半自动机械式变速器,也称为 SAMT,它是"单 H 型"换挡方式和"双 H 型"换挡方式的手动变速器和自动离合器相结合的变速系统。它的目的只是使离合器电控自动化,换挡还是要手动完成。半自动 AMT 变速系统结构是离合器踏板被一个电动机所取代,电动机会根据控制单元的命令来将液压系统加压和减压,使离合器分离和接合。传感器根据变速器挡位、车辆的速度、加速踏板位置以及驾驶员是否要换挡,等等,来决定离合器的分离和接合。发动机起动后,只需要挂上挡,等着加速踏板就行了,其换挡按普通的做法进行,因为在换挡时只要抬起加速踏板,系统会自动地将离合器分离开。控制单元监控车辆的速度及发动机的转速,阻止不合时宜的加挡或减挡,有些时候,如果有需要,还会提醒驾驶人选择较低的挡位。在车辆减速直到车完全停下来前才分离离合器,这可使发动机的制动效果达到最大,又可避免熄火。在国产车型之中,奥拓的"自动离合器"也采用了这种技术,这种技术可以在任何手动变速器上选装。譬如雷诺的 Easy System、萨博的 Sensonic、菲亚特的 Seicento 城市自动系统以及奔驰 A 级车都采用了这种技术。

在上述的基础上附加点动换挡。传统的换挡机构由换挡开关(一般是一个小杠杆或按键)和装在变速器上的电液执行器连接的导线代替,换挡时只需前后拨动小手柄就可以完成升挡和降挡操作。由于换挡手柄仅是一个电开关,所以它可以装在非常适合驾驶员操作的位置,且操纵的力很小。

【技师指导】半自动 AMT 的设计是利用了传统汽车抬加速踏板后踩离合器踏板这个连动动作,设计只要脚从加速踏板离开,离合器踏板就自动分开,驾驶员即可操纵变速杆换挡,即"抬加速踏板换挡"型。

图 5-1 所示为 AP Borg 与 Beck 开发的自动离合器和节气门系统(Automatic Clutch and Throttle System,ACTS)半自动变速器。ACTS 实现了换挡过程中离合器和发动机转速的自动控制,它用传统手动变速器附加电控单元,采用以下传感器和执行器元件:加速踏板位置传感器;节气门传感器和执行器;换挡杆载荷开关(用来检测驾驶员作用在手柄上的压力);

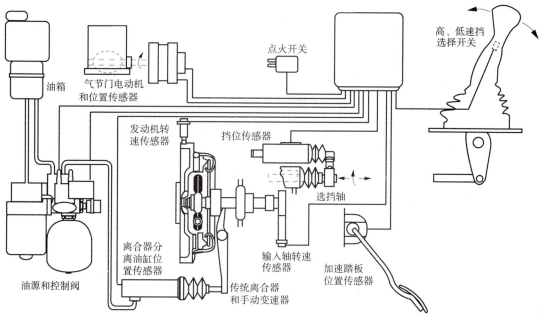

图 5-1 ACTS 半自动变速器功能简图

挡位传感器;电磁式发动机转速传感器;电磁式变速器输入轴转速传感器;由储油池、电动泵、储能器和电液控制阀组成的可控油源;带有位置传感器的离合器分离油缸。

液压系统用来操纵离合器分离油缸,通过传统分离杠杆的接合分离离合器。装在液压单元的电磁阀控制分离油缸的油压,电磁阀由传感器的信号通过控制单元控制。分离杠杆行程传感器和发动机、变速器、转速传感器构成的伺服回路,提供离合器摩擦片转速变化的精确控制,以保证接合平顺。

节气门电动机和反馈电位计装在一起将节气门开度传给控制单元。当正常驾驶时,电动机的位置由驾驶员通过另一个装在加速踏板上的电位计来控制;换挡时微机介入,以临时修改发动机转速。驾驶员的换挡意图通过安装在换挡手柄上的压力开关进行检测,然后发信号给控制器,使离合器分离。一旦完成换挡,挡位传感器给控制器发出数字代码,报告所选的挡位,然后发出指令接合离合器。

四、全自动 AMT

AMT 主要应用在重型货车和家用小型轿车上,中型轿车在国内基本处于无车状态。相对半自动而言,全自动 AMT 除了控制离合器以外,还控制选择轴和换挡轴的动作,完全模拟了驾驶员的动作。在控制离合器和选挡/换挡动作中可采用电动机控制、液压控制和气动控制三种控制方式,可根据方便程度和市场需求决定。

随着混合动力汽车的发展,AMT 在中型轿车的应用上迎来了曙光,图 5-2 所示为中国一汽红旗混合动力轿车整车主要结构示意图,其中变速器采用了 AMT 结构。

红旗混合动力汽车(纵置发动机)与奔腾混合动力(横置发动机)都采用了 AMT 变速器,这种 AMT 变速器在纯电驱动阶段离合器在分离轴承的作用下保持分离,只有发动机需要工作时,离合器才要接合,这与传统汽车是不同的。离合器控制采用电控电

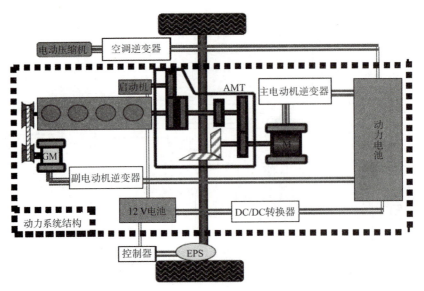

图 5-2　中国一汽红旗混合动力轿车整车主要结构示意图

动机控制离合器液压缸活塞工作，换挡操纵机构采用选挡电动机和换挡电动机完成。

五、单离合器 AMT 变速器优、缺点

1. 优点

AMT 操作与 AT 相当，比 MT 操作更便捷；传动效率与 MT 相当，但比 AT 高出 7% 以上；加速性能与 MT 相当，但比 AT 要好；燃油经济性方面低于 MT 或相当；生产成本比 AT 大约要低 20%；维护成本比 AT 低；重量仅比 MT 稍高，但低于 AT；维修成本低。

2. 缺点

AMT 的优点多，但缺点也不少。对变速器控制单元（TCU）的能力要求高，但由于其电子控制系统技术不成熟，导致换挡时机不及 AT 准确，但比手动换挡的换挡时机把握的要好；换挡的平顺性较差，比手动换挡要强很多，没有 AT 的接合好，限制了在商务车上的应用；由于没有液力变矩器的缓冲，换挡加速不如传统变速器柔和，因此适用于重型卡车和对换挡质量要求不高的轿车。但近来单离合器式 AMT 配合混合动力轿车电动机使用，大大提高了单离合器式 AMT 变速器的性能，有在混合动力汽车上广泛应用的迹象。

AMT 在欧系厂家中应用较多，如菲亚特、雪铁龙、欧宝旗下车辆。AMT 也多应用于一些强调运动性能的高端跑车品牌，如阿斯通马丁、法拉利、蓝博基尼和玛莎拉蒂。在强调舒适性的中、高端商务车中，AMT 应用较少。在北美以及日本市场，很难看见 AMT 变速箱的身影。奇瑞 QQ 是第一款采用 AMT 的国产车型，由于换挡不及时、顿挫感严重，QQ AMT 市场反应不佳。2008 年 9 月，威志 AMT 上市，它配备了马瑞利第三代 AMT 变速箱。

【技师指导】AMT 的机械部分维修和 MT 基本相同，多的维修项目除了电控元件本身外，注意在更换或拆下离合器、选挡/换挡的执行元件后，有些车要进行基本设定，以保证 ECU 能识别执行元件反馈的实际位置。

第二节 双离合器式自动变速器 DCT（DSG）

一、双离合式（DCT）AMT 变速器简介

DCT 是 Dual Clutch Transmission 的缩写，目前世界上先进的变速器，也是基于 AMT 变速箱的变速系统，组合了两组离合器和两套变速挡，两个离合器分别与奇数挡和偶数挡相连，通过离合器之间的切换完成偶数挡和奇数挡的快速切换。基于 DCT 技术的各公司不同，变速器有大众 DSG（Direct Shift Gearbox）、奥迪 S Tronic、宝马 M DKG（Doppel Kuppling Getriebe，M Double Clutch Gearbox）、福特、沃尔沃 Powershift、保时捷 PDK（Porsche Doppel Kupplungs Getribe）。大众汽车公司在我国对该技术应用较早，也比较广泛，但也是唯一的车辆因 DSG 故障而出现国家强制召回的汽车公司。

二、双离合式（DCT）AMT 变速器的优缺点

1. 优点

换挡平顺性好；换挡敏捷；换挡时动力损耗低于手动变速器；手动降挡时可以跳跃降挡；手动变速器的结构较自动变速器效率更高，能承受的扭矩也更大。

2. 缺点

制造及维修成本高；由于没有液力变矩器的缓冲，换挡加速不如传统变速器柔和，因此适用于注重加速和操控的跑车，而不适用于注重舒适性的豪华房车。目前在高、中、低档轿车中都有广泛应用。

三、双离合式（DCT）变速器分类

DCT 根据双离合器采用离合器片的形式可分为湿式和干式两种。湿式变速器油比较多，体积较大，可以承受较大的扭力；干式用的变速器油较少，体积更小，更紧凑，效率更高，适合小型车，但能承受的扭力不如湿式大。

四、大众 DSG 双离合器的结构

目前，无论是一汽大众还是上海大众，都采用了两种不同控制类型的 DSG 双离合变速器，即湿式（6 挡）和干式（7 挡），如湿式控制的 DQ250（02E）型 DSG 变速器（6 速）和干式控制的 DQ200（0AM）型 DSG 变速器（7 速）。图 5-3 所示为 02E 型 DSG 变速器结构，图 5-4 所示为 02 型 DSG 变速器各轴之间的关系。

图 5-5 所示为大众 02E 型 DSG 变速器齿轮变速机构和换挡拨叉机构，图 5-6 所示为大众 02E 型 DSG 变速器输入轴和二轴齿轮机构。换挡拨叉机构的端部有钩，电液控制的执行器活塞通过端部有钩的换挡拨叉机构控制拨叉的轴向运动。

五、大众 DSG 双离合器的工作原理

图 5-7 所示为大众 02E 型 6 速 DSG 变速器结构示意图。其工作原理如下：1 挡和 2 挡同时挂入，但只有 1 挡的离合器 K1（奇数挡）接合，当要升入 2 挡时，K1 离合器分离，K2 离合器接合，同时 3 挡和 1 挡都准备进入接合，以准备升挡或降挡，齿轮部分是挂入 3 挡还是挂入 1 挡取决于发动机转速和车速比值的发展趋势。依据上述原理，即可完成所有换挡。

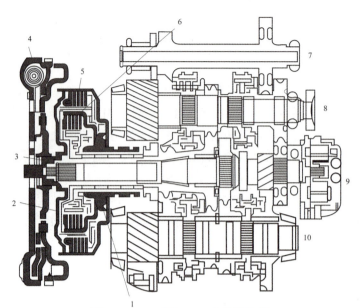

图 5-3　02E 型 DSG 变速器结构

1—主颈；2—壳体；3—轴颈；4—扭转减震器；5—离合器 K1；6—离合器 K2；7—倒挡轴；8—轴 2；9—油泵；10—轴 1

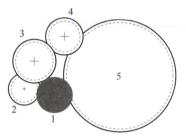

图 5-4　02E 型 DSG 变速器各轴之间的关系

1—轴 2；2—倒挡轴；3—输入轴；4—轴 1；5—主减速器从动齿轮

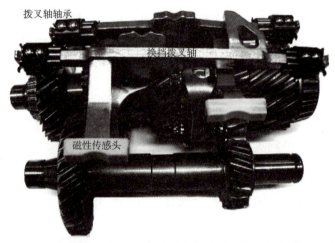

图 5-5　大众 02E 型 DSG 变速器齿轮变速机构和换挡拨叉机构

图 5-6　大众 02E 型 DSG 变速器输入轴和二轴齿轮机构

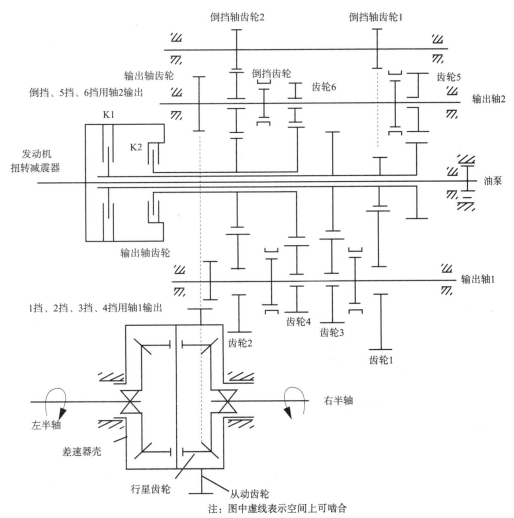

图 5-7　大众 02E 型 6 速 DSG 变速器结构示意图

六、大众 DSG 双离合器的重叠控制

1. 离合器在起步、制动停车时的控制

DSG 变速器就是在传统手动机械齿轮变速器的基础上增加了电子液压控制,以实现自动控制功能。DSG 变速器与传统电子液压控制自动变速器的区别在于,DSG 利用湿式摩擦片结构的离合器作为发动机的动力传送部件。

起动发动机,踩住制动器,将挂挡杆挂入前进挡或倒挡,电脑根据离合器控制所需的参数以及发动机载荷信息等,计算并设定出离合器待传递扭矩所需的工作压力。首先是基础压力的供给过程,此时离合器处于半接合的状态;然后是快速充油,离合器完成了其接合过程。但由于施加制动力以及车速为零,如果此时离合器无滑转地接合,将会导致发动机立即熄火,因此离合器完成第二次充油的瞬间又回到第一次充油状态,为下一步的起步做好准备。

1) 当松开制动踏板而未加速时,离合器传递扭矩足以使车辆有一个爬行过程,此时离合器完全处于微量打滑状态,车辆行驶后就进入到彻底无滑转接合状态。

2) 行驶后的制动停车过程中,离合器也是由完全接合到微量打滑接合,再到完全打滑状态(此时保持在第一次充油状态上)。

离合器工作过程在整个起步和制动停车控制上的要求是最高的:

1) 在安全控制方面,对离合器的要求是:原地挂挡不能让发动机熄火;紧急制动停车时不能让发动机熄火。

2) 在舒适控制方面,要求离合器在接合与分离的过程中不能出现冲击、耸动和颤抖,因此其执行器的控制电流与产生的控制压力之间的关系必须符合控制逻辑及控制策略要求。

3) 在时间控制上离合器的某些控制参数总是在变化的,例如摩擦系数的变化以及机械元件在摩擦过程中磨损程度的变化等,电脑应尽量在整个变速器使用寿命内都能够精准地完成其控制指令及控制要求。图 5-8 所示为大众 02E 型 DSG 变速器双离合器结构和双离合器控制曲线,一旦某一参数发生变化时,可能带来一些品质方面的变化。

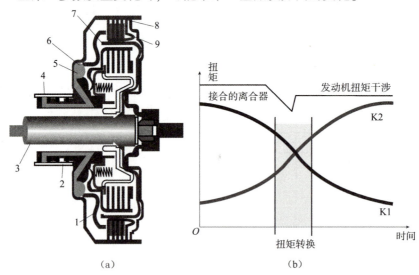

图 5-8 大众 02E 型 DSG 变速器双离合器结构和双离合器控制曲线

(a) 结构; (b) 控制曲线

1—胶膜弹簧; 2,4—油道; 3—输入轴; 5—油压腔; 6—活塞;
7—离合器片内支架; 8—离合器片外支架; 9—离合器

在道路拥堵的城市里使用时，变速器会频繁地进行挡位切换，使得湿式双离合器频繁地接合与分离，并形成不同的摩擦过程，从而导致变速器的油液温度急剧升高。在极端情况下，电脑便会启动一些备用程序，以防止可能会导致的一些故障现象的出现。

2. 离合器在换挡中的控制

（1）双离合器的切换控制

在02E变速器中，一个离合器可以完成1、3、5、R挡的动力传递，另一个离合器则可完成2、4、6挡的动力传递。因此，变速器执行换挡，两个离合器在切换控制时采用的是"重叠控制"，即一个降低接合压力和传递的扭矩，另一个增大接合压力和传递的扭矩，这样可以保证两者的合扭矩与一个离合器接合时相同，其目的是防止出现动力中断现象，避免发动机空转而引起离合器打滑。由于重叠时间短、重叠扭矩不高，因此对元件本身不会产生很大的危害，但重叠不足或过度重叠时，无论是对换挡品质还是对元件本身都会有很大的影响。

离合器的起步控制、制动停车控制，或是相互的切换控制，都会导致湿式离合器温度的升高，这直接会影响到对离合器的控制。因此，完全有必要对离合器采取温度控制。这样"离合器的冷却控制""离合器的过载保护控制""离合器的安全切断控制"等功能必须时时做好准备，以便对整个变速器及离合器起到保护作用。

（2）换挡同步器（拨叉）的切换控制

从原理上来说，DSG采用了两个功能完整的手动齿轮箱的形式，它们并排连接，共用一个差速器（两个齿轮箱放在一个壳子里）。发动机扭矩由两个变速箱通过两个离合器来分摊。一个齿轮箱选择偶数挡位，而另一个齿轮箱选择奇数挡位。每个挡位都配有一个传统的同步器和一个手动齿轮箱的挡位选择杆，这和普通的手动变速箱中使用的相同。挡位选择杆可以互相独立地变换挡位，这意味着挡位可以不受限制地进行选择，这包括从偶数挡转换到偶数挡，以及从奇数挡换到奇数挡的操作。

七、大众DCT双离合器控制

电液控制单元被集成在机电一体控制模块中，这些控制单元包括电磁阀、压力控制滑阀、液压选择阀及多路转换器。此外，有的液压模块中还有一个压力释放阀，用以防止油压升到足以损坏液压选择阀的程度。图5-9所示为大众02E型DSG变速器滑阀箱电磁阀位置。

图5-10所示为大众02E型6速DSG变速器电控单元，图5-11所示为大众02E型DSG变速器电磁阀与挡位的关系。电液系统的电磁阀作用如下：

N88换挡电磁阀：常闭型开关电磁阀，大约8Ω电阻，在1挡和5挡时传送油压。

N89换挡电磁阀：常闭型开关电磁阀，大约8Ω电阻，在3挡和空挡时传送油压。

N90换挡电磁阀：常闭型开关电磁阀，大约8Ω电阻，在2挡和6挡时传送油压。

N91换挡电磁阀：常闭型开关电磁阀，大约8Ω电阻，在4挡和倒挡时传送油压。

N92多路转换电磁阀：常闭型开关电磁阀，大约1 520Ω电阻，用来推动阀体中的多路转换阀，使挡位执行元件选择不同的挡位。

图 5-9　大众 02E 型 DSG 变速器滑阀箱电磁阀位置

1—K1 油压控制电磁阀（N215）；2—K2 油压控制电磁阀（N216）；3—主油压控制电磁阀（N217）；4—油压释放阀；5—4 挡油压控制电磁阀（N218）；6—多路转换电磁阀（N92）；7—5 挡油压控制电磁阀（N233）；8—2 号换挡电磁阀（N89）；9—1 号换挡电磁阀（N88）；10—3 号换挡电磁阀（N90）；11—6 挡油压控制电磁阀（N371）；12—4 号换挡电磁阀（N91）

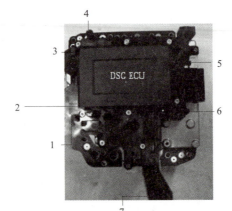

图 5-10　大众 02E 型 6 速 DSG 变速器电控单元

1—G487 行程传感器；2—G502 输入轴转速传感器；3—G488 行程传感器；4—G501 输入轴传感器；5—G489 行程传感器；6—G490 行程传感器；7—G195 和 G196 输出轴转速传感器

	N88	N89	N90	N91	EPC N217	EPC N215 K1	EPC N216 K2	N92
1挡	○				*	○		
2挡			○		*		○	○
3挡			○		*	○		
4挡				○	*		○	○
5挡	○				*		○	○
6挡				○	*	○		
R挡		○			*		○	
N挡			○		*			

图 5-11　大众 02E 型 DSG 变速器电磁阀与挡位的关系

N215 油压控制电磁阀（K1）：大约 5 Ω 电阻，用来调节 K1 离合器的油压，随发动机扭矩而变化。它的失效会导致离合器提前损坏。如在作用位置上失效，会在车辆制动时导致发动机熄火。

N216 油压控制电磁阀（K2）：大约 5 Ω 电阻，用于调节 K2 离合器的油压，随发动机扭矩而变化。它的失效会导致离合器提前损坏。如在作用位置上失效，则会在车辆制动时导致发动机熄火。

N217 油压控制电磁阀（主油压）：5 Ω 电阻，用于调节系统主油压，根据发动机转速和发动机温度来调节主油压。如失效，则会进入关闭位置，主油压会维持在最高值。

N218 油压控制电磁阀（冷却油）：5 Ω 电阻，用于调节 2 个离合器的冷却油压。离合器油温发送器 G509 作用在此电磁阀上。在最小流量位置上失效会使离合器过热，在最大流量位置上失效则会在周边温度较低时产生挂挡接合困难。

N233 油压控制电磁阀（安全阀1）：5 Ω 电阻，用来隔离第 1 部分齿轮传动系统的安全电磁阀，使这部分传动系统无法得到挡位。如失效，则只有 2 挡存在。

N371 油压控制电磁阀（安全阀2）：5 Ω 电阻，用来隔离第 2 部分齿轮传动系统的安全电磁阀，使这部分传动系统无法得到挡位。如失效，则只有 1 挡和 3 挡存在。

八、大众 7 速干式 DSG 简介

大众干式双离合变速器与湿式双离合变速器的区别包括离合器不同、拨叉的位置传感器不同和油泵驱动方式不同等。

1. 双干式离合器结构

大众在 6 速湿式双离合器的基础上装配了 7 速湿式双离合器 DSG 变速器，图 5 – 12 所示为大众 7 速 DSG 变速器 K1、K2 离合器的工作过程。

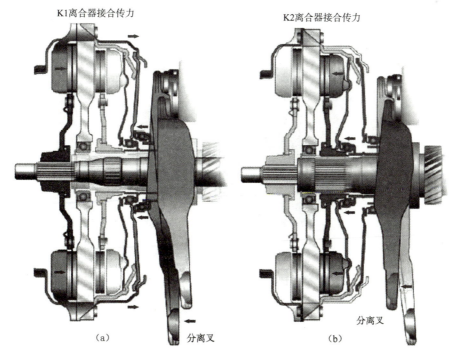

图 5 – 12　大众 7 速 DSG 变速器 K1、K2 离合器工作过程

2. 变压器式活塞位置传感器

为了精确确定离合器活塞的实际位置，在滑阀箱单元安装有离合器活塞位置传感器，传感器采用互感原理，在初级线圈里通入交流电，本应在次级线圈里能感应出固定幅值的电压，但由于永久磁铁的移动改变了磁路的磁阻，因此在次级线圈里感应出的不是固定幅值的电压，这种测量方法比霍尔测量精度要高。图5-13所示为7速DSG变速器测量离合器位置的互感电路原理。

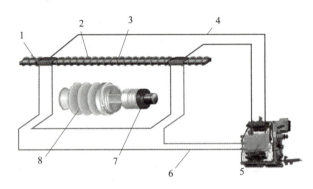

图5-13　7速DSG变速器测量离合器位置的互感电路原理

1—次级测量线圈；2—初级线圈；3—铁芯；4—交变电压；5—电子分析电路；6—测量电压；7—永久磁铁；8—离合器活塞

3. 电动机控制油泵

由于采用了干式离合器，实际控制油压控制的仅是换挡过程，故油压可降低。为节省能量，系统采用了三相永磁直流电动机带动油泵电动机，如图5-14所示。三相永磁直流电动机由定子和转子构成，是一个用ECU对直流12V电压进行电子换向的直流电动机，其中，定子由永久磁铁构成，转子由电磁铁构成。

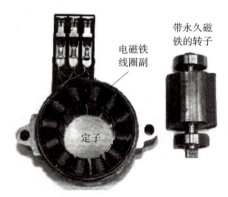

图5-14　7速DSG变速器驱动油泵的三相永磁直流电动机

【技师指导】由于大众DSG不允许维修，只能进行整体更换，故修理方法略。

第六章

液力自动变速器

一辆捷达配有 01M 自动变速器，开始换挡加速正常，在 4 挡时出现发动机空转打滑现象，情况很是吓人，车主非常着急。

如果你是接车的修理技术人员，应如何检查，最可能是哪里损坏了，如果是那里损坏了，修理方案应如何制定。

能说出电控 01M 变速器的传感器和执行器组成，并说出相关功能。
能说出拉维娜机构如何实现 4 个挡的机械传动。
能说出阀板是如何控制 4 个挡位实现液压供油的。
能说出锁止离合器是如何实现锁止和分离的。
能说出失速试验、手动换挡试验、油压试验、时滞试验和无负荷换挡试验的做法。

能够通过诊断仪读取 01M 变速器数据流，判定故障。
能够检修离合器、制动器和单向离合器的好坏。
能够正确装配离合器的间隙和密封。
能够正确装配单向离合器。
能够判断变速箱进入失效的手动换挡状态。
能够进行自动变速箱的换油操作。
能够装配自动变速箱，并进行间隙检查和调节工作。
能够清洗变速箱的阀板，并进行无负荷换挡试验。

无级变速器只能传递较小的扭矩，若采用无级结构串联有级结构形成传动比较宽的无级变速器，成本又是问题。液力自动变速器（AT）为有级自动变速器，尽管油耗高于手动变速器和无级变速器，但随着控制技术的进步和挡位的增加，这种差距已越来越小。目前配液力变扭器形式的行星齿轮形式有级变速器仍是市场的主流,并会在一定时间内保持(尽管双离合器式自动变速器发展势头很猛)。

第一节 自动变速器的控制面板和分类

一、自动变速器操纵手柄的使用

自动变速器是由驾驶员通过驾驶室内的操纵手柄来操作的。操纵手柄布置在转向柱、地板或表台上。无论布置在哪儿,操纵手柄一般都有 5~8 个挡位。

自动变速器操纵手柄挡位的含义与手动变速器有很大的不同。对于自动变速器来说,操纵手柄的挡位与自动变速器本身所处的挡位是两个完全不同的概念。实际上,操纵手柄只改变自动变速器阀板总成中手动阀的位置,相当于只控制空挡、前进挡和倒挡。而自动变速器本身的挡位则是由换挡执行机构的动作决定的,它除了取决于手动阀的位置外,还取决于汽车的车速及节气门开度等因素。

手柄位置挡位和变速器内所选实际挡位不相同,要正确操作自动变速器,首先应当了解自动变速器操纵手柄各个挡位的含义。

1. 停车挡(P 位)

P = Park,停车挡,通常位于操纵手柄的最前方。当操纵手柄位于该位置时,自动变速器中的停车锁锁住驻车棘轮,从而锁住驱动轮。

2. 倒挡(R 位)

R = Reverse,用于倒车,一般车辆只有一个倒挡,个别车辆 R 位有两个倒挡传动比,电脑根据不同模式选择不同的传动比。

3. 空挡(N 位)

N = Neutral,空挡,通常位于操纵手柄的中间位置,在倒车挡和前进挡之间。当操纵手柄位于空挡位置时,换挡执行机构与 P 位相同,也是处于空挡状态。此时,发动机的动力虽经输入轴输入,但只能使各齿轮空转,输出轴无动力输出。

4. 前进挡 D 位

D = Drive,D 位四挡变速器,在 D1 至 D4 之间换挡,不能间隔升挡,降挡时特殊条件的新款车可以间隔降挡。D 位用于正常行车,其中 4 挡一般为超速挡。只有少数车最高挡 4 挡为直接挡。例如:四挡位的奔驰 722.4 液控变速器 4 挡为直接挡;五挡变速器在 D1 至 D5 之间换挡,4 挡为直接挡。

5. 前进低挡(2 位和 L 位)

丰田车系前进低挡通常有 2 个位置,即 2 位和 L 位。当操纵手柄位于这两个位置时,自动变速器的控制系统将限制前进挡的变化范围,当操纵手柄位于 2 位时,因车而异,自动变速器在 1 挡、2 挡、3 挡之间自动变换挡位,而有的只能在 1 挡、2 挡之间自动变换挡位;当操纵手柄位于 L 位时,自动变速器在 1 挡、2 挡之间自动变换挡位,或固定在 1 挡。

【技师指导】 大众车系四挡 01M（见图 6-1（a）新款变速器典型操纵手柄）或 01N 变速器前进低挡通常有 3 个位置，即图 6-1（a）中的 3 位、2 位和 1 位。大众车的前进低挡数字表示手柄在此位置能升的最高挡位。当操纵手柄位于 3 位时，自动变速器在 1 挡、2 挡、3 挡之间自动变换挡位；当操纵手柄位于 2 位时，在 1 挡、2 挡之间自动变换挡位；当操纵手柄位于 1 位时，固定在 1 挡。国内在 1999 年生产的五挡奥迪 A6 01V 变速器前进挡为 4 位、3 位和 2 位，当操纵手柄位于这 3 个位置时，自动变速器的控制系统将限制前进挡的变化范围。在后来的改进中前进低挡已经取消，手柄变为 P、R、N、D、S，前进低挡功能由 Tiptronic 开关的手动换挡功能实现。Tiptronic 源于 Tip Electronic 两词的合成，译为点动电子开关。新款车在 D 位后加了一个换挡迟后的 S（SPORT 运动）位（见图 6-1（b）奥迪 A6 01V 五挡变速器典型操纵手柄）。S 挡除了换挡点迟后以外，与 D 位换挡范围相同。

(a) (b)

图 6-1 变速器操纵手柄

(a) 01M 变速器操纵手柄；(b) 奥迪 01V 五挡变速器操纵手柄

【完成任务】 掌握大众 01M 四挡变速器和奥迪 01V 五挡变速器的控制面板。

P 是什么的缩写：_____；作用是什么：_____。

R 是什么的缩写：_____；作用是什么：_____。

N 是什么的缩写：_____；作用是什么：_____。

D 是什么的缩写：_____；作用是什么：_____。

3 位的换挡范围：_____；2 位的换挡范围：_____；

1 位的换挡范围：_____。

Tiptronic 是哪两个词的缩写：_____；如何翻译：_____；如何使用：_____。

P 挡和驻车制动的区别：_____。

S 是什么的缩写：_____；作用是什么：_____。

从 01M 控制面板上可看到两个提示踩制动踏板的符号，其作用是什么：_____ _____。

二、自动变速器控制开关的使用

自动变速器除了可用操纵手柄进行换挡控制外，还可以通过操纵手柄或汽车仪表板上的一些控制开关来进行一些其他的控制。不同车型自动变速器的控制开关往往有不同的名称，其作用也不完全相同。常见的控制开关有以下几种。

1. 超速挡开关（O/D 开关）

这一开关用来控制自动变速器的超速挡。当这个开关打开后，超速挡控制电路接通，此时若操纵手柄位于 D 位，则当自动变速器随着车速的提高而升挡时，最高可升入 4 挡（即超速挡）。该开关关闭后，超速挡控制电路被断开，仪表盘上的 O/D OFF 指示灯随之亮起（表示限制超速挡的使用），当自动变速器随着车速的提高而升挡时，最高只能升入 3 挡，不能升入超速挡。在一部分丰田车里也用此灯来读取故障码。图 6-2 所示为丰田仪表指示，其开关模式如图 6-3 所示。

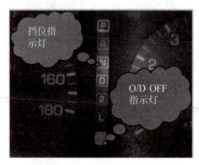

图 6-2　丰田仪表指示

图 6-3　丰田开关模式

超速挡开关的作用只是取消 4 挡，限制跳挡范围，和强制降挡开关是不一样的。强制降挡是通过电控变速器自动跳合开关或液控变速器阀板上拉索控制的强制降挡阀来实现的。

2. 模式开关

大部分电子控制自动变速器都有一个模式开关，用来选择自动变速器的控制模式，以满足不同的使用要求。所谓控制模式主要是指人为干预自动变速器的正常换挡规律。常见的自动变速器的控制模式有以下几种：

（1）经济模式

在经济模式中，是以获得最小的燃油消耗为目的进行换挡控制，因此换挡车速相对较低，动力性能稍差。当自动变速器在经济模式状态下工作时，其换挡规律较正常提前，使发动机在汽车行驶过程中经常处在经济转速范围内运转，从而提高了经济性。通常在良好路面条件下使用此开关。

（2）动力模式

这种控制模式是以汽车获得最大的动力性为目标来设计换挡规律的。在这种控制模式下，自动变速器的换挡规律较正常滞后，能使发动机在汽车行驶过程中经常处在大功率范围内运转，从而提高了汽车的动力性能及爬坡能力。其相当于运动模式。

（3）标准模式

标准模式的换挡规律介于经济模式和动力模式之间。它兼顾了动力性和经济性，使汽车既保证一定的动力性，又有较佳的燃油经济性。一般车辆只有动力性开关，没有经济性开关。电脑在未收到动力性开关信号时自动默认为标准模式。

大众1989年型的（德国原装）AG4（注：AG4 = AUTOMATIC GEAR 4，自动变速箱）引入了动力性和经济性换挡特性曲线，可以由驾驶员来进行选择。这两种换挡程序的切换通过选挡杆旁边的ECO - SPORT开关来实现。ECO为经济性换挡程序，它较早地升挡并较晚地降挡，因此使转速降低、燃料消耗减少。SPORT为动力性换挡程序，在同样的踏板位置时，它都在较高的车速下进行升挡和降挡，因此使转速和行驶功率提高。

电子控制自动变速器模式开关的缺点：驾驶员要"人为"地改变自动变速器的控制模式，通常选择经济模式、普通模式或动力模式。在驾驶员经验不足的条件下，反而不能满足不同的使用要求。目前一些新型的电子控制自动变速器取消了模式开关，由电脑进行自动模式选择控制。电脑通过各个传感器测得汽车行驶情况和驾驶员的操作方式，经过运算分析，自动选择采用经济模式、普通模式或动力模式进行换挡控制，以满足不同的驾驶操作要求。

电脑在进行自动模式选择控制时，主要参考换挡手柄的位置及加速踏板被踩下的速率，以判断驾驶员的操作目的。在前进挡（D）中，当加速踏板踩下的速率较低时，电脑选择经济模式；当加速踏板被踩下的速率超过控制程序中设定的速率时，电脑由经济模式转变为动力模式。在前进挡（D）中，电脑选择动力模式之后，一旦节气门开度低于1/8，电脑即由动力模式转换为经济模式。在这种选择控制中，电脑将车速和节气门开度的组合划分为一定数量的区域，每个区域有不同的节气门开启速率的程序值。当驾驶员踩下加速踏板的速率大于汽车行驶车速和节气门开度所对应区域的节气门开启速率程序值时，电脑即选择动力模式；反之，当踩下加速踏板的速率小于车速和节气门开度所对应区域的节气门开启速率程序值时，电脑即选择经济模式。这些区域中节气门开启速率程序值的分布规律是：车速越低或节气门开度越大，其程序值越小，即越容易选择动力模式。当操纵手柄位于前进低挡（2、L）时，电脑只选择动力模式。

大众1995年型的AG4自动变速箱控制单元根据车速、节气门开度、发动机转速和汽车加速度计算行驶阻力，该换挡程序识别行驶阻力，如上坡、下坡行驶，拖挂和逆风，并由此确定换挡点。根据加速踏板的操纵速度，控制单元获得一个动力性系数，由这个动力性系数可以在更趋向燃料消耗或更趋向行驶功率之间滑动地确定换挡点。因此，在ECO和SPORT换挡曲线之间可以有任意多的换挡点，可以对驾驶员的个性需求做出更灵敏的反应。

3. 丰田手动模式和尼桑保持开关

图6-4所示为丰田变速器模式指示灯。按下丰田车的MANUAL开关后，自动变速器便不能自动换挡，其挡位完全取决于操纵手柄的位置：D位只有4挡，2位只3挡，L位只有

图6-4 丰田变速器模式指示灯

1挡。马自达电子控制自动变速器设有保持开关（如日本马自达车系配JATCO公司生产的FN4A-EL自动变速器），这种开关通常位于操纵手柄上，当操纵手柄位于D位、S位（相当于丰田2位）、L位时，自动变速器分别保持在3挡、2挡、1挡。当汽车在雪地上行驶时，可以按下这个开关，用操纵手柄选择挡位，即3挡起步，以防止驱动轮打滑。由上述可知，手动模式和保持开关作用相同。

【完成任务】如果有了Tiptronic开关后，是否还有必要设计手动模式和保持开关：_____。

4. 冬季和雪地模式

对于奔驰722.6旧控制面板，倒挡有Winter和Standard标准（有的资料上把Standard的S错理解为Snow）两种模式，S模式下的倒挡输出扭矩大于W模式，W模式下的倒挡传动比小于S模式，即低附着系数路面用高挡便于冬季倒挡起步，以避免打滑。注：722.6为五挡变速器，在后边的传动章节有具体讲解。

图6-5所示为奔驰722.6旧控制面板。

5. 手自动一体模式

现在为了提高操作舒适性，2000年以后的奔驰722.6变速器控制面板（图6-6奔驰新控制面板）的"4""3""2""1"用手动换挡开关"touch shift"代替（翻译为点动换挡），在D位可以有5个前进挡，此外手柄向"+"方向横移，向前加1挡；向"-"方向横移，向后减1挡。所选实际挡位可以由仪表显示，功能实现由手动换挡控制模块完成（与变速器电脑不是一个元件）。

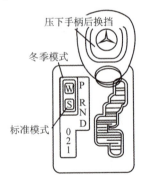 

图6-5　奔驰722.6旧控制面板　　图6-6　奔驰722.6新控制面板

三、不同工况下自动变速器的使用

由于自动变速器在结构和工作原理上与手动变速器有很大的不同，因此在使用操作上也有许多不同之处。此处提到的变速器若不特殊指出，全指四挡变速器。

1. 起动

（1）正常起动：起动发动机时，应拉紧手制动或踩住制动踏板，将自动变速器的操纵手柄置于P位或N位，此时将点火开关转至起动位置，才能使起动电动机转动。在操纵手柄位于P或N位之外的其他任何位置上时，将点火开关转至起动位置，起动电动机都不会转动。当装有自动变速器的汽车在行驶途中突然熄火时，操纵手柄仍处于行驶挡位置，此时若转动点火开关起动,起动电动机将不会转动,必须先将操纵手柄移到 P 或 N 位置后,才能起动发动机。在起动时也应踩住制动踏板或拉紧手制动,以防汽车在起动过程中溜车。

【技师指导】P/N 挡起动很简单,P/N 挡开关内部实现时在 P 和 N 挡都闭合,这样在 P 挡或 N 挡都可以接通,例如丰田车把这个开关串装在起动继电器线圈电路上,而美国通用别克车则把这个开关与继电器触点电路串联起来,所以易损坏。

2. 起步

1)发动机起动后,必须停留几秒等变速器内油压建立起来后才能挂挡起步。

2)起步时应先踩住制动踏板,按锁止按钮,然后再进行挂挡,并查看所挂挡位是否正确,最后松开手制动,抬起制动踏板,急速即可起步,缓慢踩下加速踏板可加速起步。

若踩住制动踏板,按锁止按钮手柄仍不能移动,说明换挡互锁电路有故障。应急时,可按下控制面板上的应急开关,也有车辆没有应急开关,必须用钥匙插在控制面板上的一个孔中并下压钥匙,手柄先移至于 N 挡再用钥匙起动车辆。大众车换挡锁止机构采用机械控制,一般不会失效,一旦失效只能等待修理。

3)必须先挂挡后踩加速踏板。不允许边踩加速踏板边挂挡,或先踩加速踏板后挂挡,或挂挡后踩着制动踏板或还未松开手制动就踩制动踏板。

3. 一般道路行驶

1)装有自动变速器的汽车在一般道路上向前行驶时,应将操纵手柄置于 D 位,并打开超速挡开关,这样自动变速器就能根据车速、行驶阻力、节气门开度等因素,在 1 挡、2 挡、3 挡及超速挡之中自动升挡或降挡,以选择最适合汽车行驶的挡位。

2)为了节省燃油,可将模式开关(如果有的话)设置在经济模式或标准模式位置上。加速时,应平稳缓慢地加大踩加速踏板的力度,并尽量让加速踏板开度保持在小于 1/2 开度的范围内。

也可以采用"提前升挡"的操作方法,即:汽车起步后,先重踩加速踏板将汽车迅速加速至 20~30 km/h,然后将加速踏板很快地松开,并持续 2~3 s,这时自动变速器就能立即从 1 挡升至 2 挡;当感觉到升挡后,再将加速踏板踩下,继续加速。从 2 挡升至 3 挡也可用这种方法。这种操作方法能让自动变速器较早地升高 1 个挡位,从而提高了发动机的负荷率,降低了发动机的转速,在一定程度上节省了燃油,同时还能降低发动机的磨损程度,减小噪声。

3)为了提高汽车的动力性,可将模式开关(如果有的话)设置在动力模式位置上。在急加速时,还可以采用"强制低挡"的操作方法,即:将加速踏板迅速踩到全开位置,此时,自动变速器会自动下降 1 个挡位,获得猛烈的加速效果。当加速的要求得到了满足之后,应立即松开加速踏板,以防止发动机转速超过极限转速而造成损坏。"强制低挡"目的是超车,在这种情况下,自动变速器中的摩擦片磨损、发热现象严重,很容易造成碎片或粘接。如非特殊需要,不宜经常使用。

4. 倒车

1)在汽车完全停稳后,将操纵手柄移至 R 位置。

2）在平路上倒车时，可完全放松加速踏板，以怠速缓慢倒车。

3）如倒车中要越过台阶或凸起物，则应缓慢踩下加速踏板，在越过台阶后要及时制动。

5. 坡道行驶

1）在一般坡道上行驶时，可按一般道路行驶的方法，将操纵手柄置于 D 位，用加速踏板或制动踏板来控制上下坡车速。

2）如果汽车以超速挡在坡道上行驶，因坡道阻力大于驱动力，导致车速下降到一定车速时自动变速器从超速挡降至 3 挡，到 3 挡后，又因驱动力大于坡道阻力，汽车被加速，到一定车速时又升挡至超速挡。这样，若坡道较长，将重复上述过程，即在超速挡减速降挡后在 3 挡加速，到一定车速又升至超速挡，形成"循环跳挡"，加剧了自动变速器中摩擦片的磨损。在这种情况下，可将超速挡开关关闭，限制超速挡的使用，汽车就能在 3 挡稳定地加速上坡。若坡道较陡，则汽车上坡时在 3 挡和 2 挡之间"循环跳挡"，只要将操纵手柄置于 2 挡位置，即可使自动变速器在 2 挡稳定地行驶。最终目的是防止阻力过大而循环跳挡。

6. 发动机制动

在汽车下长坡时，若完全松开加速踏板后车速仍然太高，则可将操纵手柄置于 2 位或 L 位，并将加速踏板松到最小（注意：禁止熄火），此时驱动轮经传动轴、变速器、变扭器反拖发动机运转，这样可利用发动机阻力让汽车减速，这种情况称为发动机制动。要注意不能在车速较高时将操纵手柄从 D 位拨至 2 位或 L 位，这样会使自动变速器中的摩擦片因急剧摩擦而受到损坏。当车速较高时，应先用制动器将汽车减速至较低车速，再将操纵手柄从 D 位换至 2 位或 L 位。

在汽车高速时，若完全松开加速踏板，则该发动机应降至怠速转速。但实际上是由汽车车身推车轴，车轴推车轮，车轮通过主减速器、变速器、变扭器及离合器反回来带动发动机转动。注意是车轮帮助发动机转动，而不要理解成把发动机制动熄火了，更不要理解成在前进低挡时松开加速踏板传动轴反转。此时，发动机是由怠速的燃料做功和车轮传来的动力驱动转动，宏观表现为车速表指针下降、发动机转速表指针上摆。发动机制动挡位越低，车轮带动发动机的能力越强。

【技师指导】无论是上大坡还是下大坡都用前进低挡，坡的坡度越大，驾驶员采用的挡位要越低。

7. 雪地和泥泞路面行驶与冰雪路面行驶

在雪地或泥泞路面上行驶时，操纵手柄置于 D 位，如果驾驶员经验不足踩下加速踏板较重，则驱动轮开始打滑，汽车实际提速慢且磨损轮胎。另外车轮的高转速会使变速器升挡，虽然升挡会使车轮的驱动力变小，打滑有所减小，但上述这些是不利的，此时可将操纵手柄置于 2 位或 L 位，限制自动变高挡位，也可利用加速踏板开度来控制车轮的驱动力，防止驱动轮打滑。设有保持开关或手动模式或手自一体开关的自动变速器最好采用与操纵手动变速器一样的方法，用操纵手柄来选择适当的高挡起步行驶，以防止打滑。对于有雪地模式的也可按下 Snow 开关，在 D 位自动高挡起步。不过在现在的车上是不必要的，因为底盘制动的 ABS 系统都扩展集成了 ASR 驱动防滑功能，当驱动轮发生滑转时，发动机电脑通过减小电子节气门的开度（也可由 TRC 电脑控制减小副节门的开度）阻止发动机吸入过多气体，从而在不改变混合气浓度的情况下减小喷油量，从而降低发动机（动力源头）的牵引力。若不明显，则再通过底盘制动系统介入制动打滑的驱动轮。

想一想，我们在冰上骑自行车时，用很小的力即可行驶，当用力过大时自行车反而原地打滑了。因此，汽车行驶条件必须是牵引力大于阻力，但牵引力也必须小于附着力。雪地或泥泞路面与冰雪路面共有的特点是地面附着能力差，雪地或泥泞路面是轮胎驱动力大于地面的抗剪切能力。车轮推地面时，雪或泥已被轮胎甩溅至汽车后方，地面耐不住车轮，从而车轮不能以地面为反作用力推自己起步。多冰少雪路面和沥青路面相比都很硬，当然抗剪切的能力很强，但由于多冰少雪路面附着力小，轮胎抓不住地，所以易打滑；沥青路面行驶阻力大，但附着力更大，不易打滑。

8. 临时停车

当汽车在交叉路口等待交通信号或因堵车等原因而需要临时停车时，若停车时间较短，则可让操纵手柄保持在 D 位，只用脚制动停车，这样一放松制动踏板汽车就可以重新起步；若停车时间稍长，也可以让操纵手柄保持在 D 位，但最好同时用脚制动和手制动，以免不小心松开制动踏板时汽车向前闯动而发生意外；若停车时间较长，最好把操纵手柄换到 N 位，拉紧手制动停车，以免造成自动变速器液压油温度过高。

9. 停放

汽车停放好后，应踩住制动踏板，将操纵手柄移至停车挡位置，并拉紧手制动，然后关闭点火开关，熄火，拔钥匙。

自动变速器车的钥匙锁设有联锁装置，只有将手柄推至 P 位时方可将钥匙拔出。联锁装置可以使手柄连拉索控制锁芯回位（大众车系），也可在 P 位时使电子控制模块控制电磁阀断电解除对锁芯回位的阻止（丰田车系）。

有的驾驶员在 D 位熄火后，钥匙拔不出来，不得不求助服务站，因而多付了不少拖运费，实际上只要向前把手柄推回 P 位，钥匙就能拔下来。

也有不少驾驶员在 D 位熄火后，不拔钥匙下车，上车后打火，没有反应，不得不求助服务站。实际只要向前把手柄推回 P 位或 N 位即可起动车辆。

四、自动变速器使用注意事项

为充分发挥自动变速器的性能优势，防止因操作不当而造成早期损坏，在驾驶装有自动变速器的汽车时应注意以下几点：

1）在驾驶时，如无特殊需要，不要将操纵手柄在 D 位、2 位、L 位之间来回拨动，特别要禁止在行驶中将操纵手柄拨至 N 位（空挡）或在下坡时用空挡滑行。否则，由于发动机怠速运转，自动变速器内由发动机驱动的油泵出油量减少，而自动变速器内的齿轮等零件在汽车的带动下仍做高速旋转，这样这些零件会因润滑不良而损坏。绝对禁止发动机熄火后空挡滑行，此时变速器没有润滑油，车轮带动变速器从动件高速旋转会烧行星齿轮、铜套、调速器、轴承和止推垫。

2）车辆在很冷的冬季起动时应预热 1 min，保证发动机和变速器进入正常工作温度。

挂上挡行驶后，不应立即一脚将加速踏板踩到底。在行驶中，在自动变速器自动升挡或降挡的瞬间，不应再猛烈地踩加速踏板，否则会使自动变速器中的摩擦片、制动带等受到严重损坏。

3）当汽车还没有完全停稳时，不允许从前进挡换至倒挡，也不允许从倒挡换到前进挡，否则会损坏自动变速器中的摩擦片和制动带。

现在的车辆，一般在车速高至一定时，由电脑控制控制面板下的电磁阀，阻止手柄由 D 位移至 R 位或由 R 位移至 D 位，直至车速下降至一定时才允许手柄由 D 位移至 R 位或由 R 位移至 D 位。

4）一定要在汽车完全停稳后才能将操纵手柄拨入停车挡位置，否则自动变速器会发出刺耳的金属撞击声（类似于大众车拉手制动的声音），并损坏停车锁止机构。此种声音为棘爪与棘轮的撞击声，严重时会损坏变速器壳体。

5）要严格按照标准调整好发动机怠速，怠速过高或过低都会影响自动变速器的使用效果。

怠速过高，会使汽车在挂挡起步时产生强烈的闯动；怠速过低，在坡道上起步时，若松开制动后没有及时踩加速踏板，汽车会后溜，增加了坡道起步的操作难度。现在车辆全是电喷车，怠速有些能调整（日本车系），有些不能调整（大众车系）。

6）为了防止不正确的操作而造成自动变速器损坏，大部分车型的自动变速器操纵手柄上都有一个锁止按钮。对于手柄无锁止按钮的车辆可以下压手柄后再移动手柄，下压过程相当于按锁止按钮。

在进行下列换挡操作时，必须按下锁止按钮，否则操纵手柄将被锁止而不能移动。此外，在汽车行驶中若要在 D 位、2 位、L 位等前进挡中变换挡位，按"L 位→2 位→D 位"的顺序进行变换（即由低挡位换至高挡位），可以不受任何车速条件的限制，也就是说，不论车速高低都可按此顺序改变操纵手柄的位置。但是，如果要按"D 位→2 位→L 位"的顺序（即由高挡位换至低挡位）变换操纵手柄的位置，则必须让汽车减速。例如：将操纵手柄从 D 位换至 2 位，必须在车速降至低于 2→3 挡的升挡车速后才能进行。如果将操纵手柄由高挡位换至低挡位时车速过高，就相当于人为地手动强制降挡，这样在车速过高时进行强制降挡，不但汽车会受到发动机的强烈制动作用，而且相应的低挡执行机构将因急剧摩擦而损坏。因此，有些车型在进行"D 位→2 位→L 位"的降挡操作时，也必须按下锁止按钮，否则操纵手柄将被锁住而无法由高挡位向低挡位移动。

7）被牵引时注意事项。

变速杆置于 N 挡，牵引速度小于 50（也有规定 80）km/h，距离小于 50（也有规定 80）km。若需长距离牵引，则要将前轮（驱动轮）置于牵引车上。

五、液力自动变速器分类

不同车型所装用的自动变速器在型式、结构上往往有很大的差异，下面按不同的角度对自动变速器进行分类。

1. 按汽车驱动方式分类

自动变速器按照汽车驱动方式的不同，可分为后驱动自动变速器和前驱动自动变速器两种。这两种自动变速器在结构和布置上有很大的不同。前驱动汽车的发动机有纵置和横置两种。纵置发动机前驱动自动变速器的结构和布置与后驱动自动变速器基本相同，只是在前端增加了一个差速器，如大众奥迪01V或帕萨特01N变速器。图6-7所示为大众四轮驱动变速器，通过它能反映大众前驱、后驱和四驱的结构。在大众四驱结构中要有托森式轴间差速器。

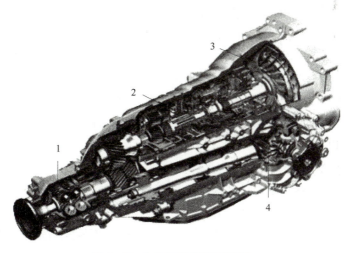

图6-7 大众四轮驱动变速器

1—托森式轴间差速器；2—齿轮变速器；3—变扭器；4—主减速器及差速器

横置发动机的前驱动自动变速器由于汽车横向尺寸的限制，要求有较小的轴向尺寸，因此通常将输入轴和输出轴设计成两个轴线的方式（图6-8所示为三菱F4A33自动变速器），变扭器和齿轮变速器输入轴布置在上方，输出轴则布置在下方。这样的布置减少了变速器总

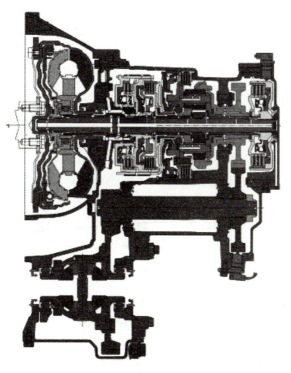

图6-8 三菱F4A33自动变速器

体的轴向尺寸，但增加了变速器的高度，因此美国车系常将阀板总成布置在变速器的侧面。尼桑车系常将阀板总成布置在变速器的上方，以保证汽车有足够的最小离地间隙，同时不易因掉下的污染物而导致阀板卡滞。

2. 按自动变速器前进挡的挡位数分类

自动变速器按前进挡挡位数的不同，可分四挡、五挡、六挡、七挡、八挡、九挡变速器。轿车装用的自动变速器基本上都是4个前进挡，4挡为超速挡。对于五挡变速器，4挡为直接挡，5挡为超速挡；而六挡变速器通常5挡为直接挡；七挡变速器（例如奔驰E280），5挡为直接挡，6、7挡都为超速挡，七挡变速器722.9是奔驰针对宝马六挡变速器和大众01J无级变速器推出的，2003年开始上市销售。目前国内变速器的最高挡位为九挡，挡数再继续增高的可能性不大。

3. 按齿轮变速器的类型分类

自动变速器按其齿轮变速器的类型不同，可分为普通齿轮式和行星齿轮式两种。普通齿轮式自动变速器体积较大，最大传动比较小，只有少数几种车型使用（如本田 ACCORD 轿车，奔驰新款也有采用五速普通齿轮式变速器的）。行星齿轮式自动变速器结构紧凑，能获得较大的传动比，为绝大多数轿车所采用，按其组合型式可以分为辛普森式、改进辛普森式、拉维娜式，以及类拉维娜式（奔驰车系应用）等四种。

4. 按变扭器的类型分类

20世纪80年代，变扭器的类型是无锁止离合器和有锁止离合器共同存在的时代，现代汽车已全有锁止离合器，按有无锁止离合器这种分类方式已没有意义了。

5. 按控制方式分类

20世纪90年代，控制系统是电控和液控共同存在的时代，现代汽车全为电子控制，液控方式已没有意义了。

✿ 第二节 变扭器结构与检修

现代汽车自动变速器中所用的变扭器（变矩器）都是"带锁止离合器的综合式液力变扭器"，由于名字太长，一般简称为变扭器，这种变扭器综合利用了液力偶合器（无导轮）和液力变扭器（有导轮，但固定不动）的优点。自动变速器的变扭器的三个工作特性——偶合特性、变扭特性和锁止特性，按液力传动装置在汽车上演变的先后顺序来学习，即通过产品的出现过程来讲解。要明确现在的汽车上没有纯偶合器，也没有纯变扭器。汽车从起步到高速行驶发生的特性变化为变扭特性、偶合特性和锁止特性。

一、液力偶合器结构与工作原理

液力偶合器主要由壳体、泵轮、涡轮三个部分组成，如图6-9所示。壳体安装在发动机飞轮上；泵轮与壳体焊接在一起，随发动机曲轴一同旋转，是液力偶合器的主动部分；涡轮和输出轴连接在一起，是液力偶合器的从动部分。泵轮和涡轮相对安装，统称为工作轮。在泵轮和涡轮上安装有径向排列的平直叶片，泵轮和涡轮互不接触，两者之间有一定的间隙（3~4mm）；液力偶合器壳体内充满了液压油。当发动机运转时，曲轴带动液力偶合器的壳体和泵轮一同转动,泵轮叶片内的液压油在泵轮的带动下随之一同旋转。在离心力的作用下,液压油被甩向泵轮叶片外缘处,并在外缘处冲向涡轮叶片,使涡轮在液压油冲击力的作用下旋转。冲向涡轮叶片的液压油沿涡轮叶片向内缘流动,又返回到泵轮的内缘,被泵轮再次甩向外缘,液压油就这样从泵轮流向涡轮,又从涡轮返回泵轮而形成循环的液流。

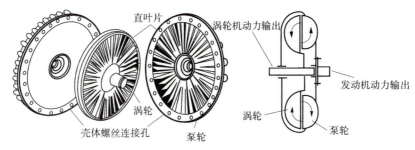

图 6-9 液力偶合器

在液力偶合器泵轮和涡轮叶片内循环流动的液压油,在从泵轮叶片内缘流向外缘的过程中泵轮对其做功,其速度和动能逐渐增大;而在从涡轮叶片外缘流向内缘的过程中,液压油对涡轮做功,其速度和动能逐渐减小。

因此液力偶合器的传动原理是:发动机的动能通过泵轮传给液压油,液压油在循环流动的过程中又将动能传给涡轮输出。由于在液力偶合器内只有泵轮和涡轮两个工作轮,故液压油在循环流动的过程中除了泵轮和涡轮之间的作用力之外,没有受到其他任何附加的外力。根据作用力与反作用力相等的原理,液压油作用在涡轮上的扭矩应等于泵轮作用在液压油上的扭矩,即发动机传给泵轮的扭矩与涡轮上输出的扭矩相等。这就是液力偶合器的传动特点,即 $M_p = M_t$,变扭比 $K = 1$。

变扭比即扭矩放大倍数,例如手动变速器 1 挡传动比为 3,则扭矩放大 3 倍,变扭比 $K = 3$。

设涡轮转速为 n_t,泵轮转速为 $n_p = n_e$,那么 n_t/n_p 为液力偶合器的传动比 i 的倒数。根据液力偶合器的传动特点,可以计算出其传动效率(η)。

根据效率公式 $\eta = P_t/P_e = (M_t \times n_t)/(M_e \times n_e)$,且 $P = M \times n/9\,550$,分子和分母中的 9 550 已约去。因 $M_p = M_t$,故 $\eta = n_t/n_e$(下脚标表示谁的什么参数,例如 n_t 表示涡轮的转速)。所以

$$\eta = P_t/P_e = n_t/n_e$$

式中:η——传动效率;

P_p——发动机传给泵轮的功率(注意:式中大写 P 为功率);

P_t——涡轮的输出功率;

M_p——泵轮的输入扭矩(即发动机扭矩 M_e,$M_p = M_e$);

M_t——涡轮的输出扭矩。

由上述计算式可见,液力偶合器的传动效率等于涡轮转速与泵轮转速之比。涡轮与泵轮的转速差越大,传动比越小,传动效率就越低;反之,涡轮与泵轮的转速差越小,传动比越大,传动效率就越高。

具体来说,在刚刚挂上挡而汽车未起步时,涡轮转速为 0,液力偶合器的传动效率为 0;汽车刚起步时,车速较低,涡轮转速也低,因而传动效率也较低;随着汽车加速,涡轮转速

逐渐提高，涡轮与泵轮的转速差逐渐减小，因而液力偶合器的传动效率亦随之增高。理论上，当涡轮转速等于泵轮转速时，传动效率应为100%；但实际上，若涡轮转速等于泵轮转速，则泵轮与涡轮叶片外缘处液压油的压力相等，导致泵轮上的液压油不能冲向涡轮，液力偶合器内的液压油没有循环流动，从而不能将泵轮上的动能传递给涡轮输出，液力偶合器将失去传递扭矩的作用。因此，液力偶合器正常工作时，涡轮的转速必须小于泵轮的转速，也就是说，液力偶合器的效率永远达不到100%。

液力偶合器曾在少数汽车上使用过，由于其在遇到阻力减速时不能起增加扭矩作用，而且在汽车低速行驶时传动效率很低，所以早已无车采用，但在高车速时传动效率高且扭矩大小不变，这是优点，所以应设计新的液力传动装置，让它高车速体现偶合器的偶合特性即可，但低车速效率低和扭矩不可变的问题仍需解决。

二、液力变扭器结构与工作原理

液力变扭器的出现就是为了解决偶合器低车速效率低和扭矩不可变的问题，但它却在高车速时出现了缺点，让我们来看一看。

液力变扭器的结构与液力偶合器相似，它有3个工作轮，即泵轮、涡轮和导轮，其中泵轮和涡轮的构造与液力偶合器基本相同。导轮则位于泵轮和涡轮之间，并与泵轮和涡轮保持一定的轴向间隙，通过导轮固定套固定于变速器壳体。发动机运转时带动液力变扭器的壳体和泵轮与之一同旋转，泵轮内的液压油在离心力的作用下由泵轮叶片外缘冲向涡轮，并沿涡轮叶片流向导轮，再经导轮叶片流回泵轮叶片内缘，形成循环的液流。导轮的作用是改变涡轮上的输出扭矩。由于从涡轮叶片下缘流向导轮的液压油仍有相当大的冲击力，故只要将泵轮、涡轮和导轮的叶片设计成一定的形状和角度，就可以利用上述冲击力来提高涡轮的输出扭矩。

在汽车起步之前，涡轮转速为0，发动机通过液力变扭器壳体带动泵轮转动，并对液压油产生一个大小为 M_p 的扭矩，该扭矩即为液力变扭器的输入扭矩。液压油在泵轮叶片的推动下，以一定的速度冲向涡轮上缘处的叶片，对涡轮产生冲击扭矩，该扭矩即为液力变扭器的输出扭矩。此时涡轮静止不动，冲向涡轮的液压油沿涡轮叶片流向涡轮下缘，在涡轮下缘以一定的速度沿着与涡轮下缘出口处叶片相同的方向冲向导轮，对导轮也产生一个冲击力矩，并沿固定不动的导轮叶片流回泵轮。当液压油对涡轮和导轮产生冲击扭矩时，涡轮和导轮也对液压油产生一个与冲击扭矩大小相等、方向相反的反作用扭矩 M_t 和 M_s，其中 M_t 的方向与 M_p 的方向相反，而 M_s 的方向与 M_p 的方向相同。根据液压油受力平衡原理可得

$$M_p = M_e + M_s$$

由于在变扭器外缘传动力和偶合器相同，涡轮对液压油的反作用扭矩 M_t 与液压油对泵轮的 M_p 冲击扭矩大小相等、方向相反，即在变扭器外缘仍然是 $M_t = M_p$，因此可知，液力变扭器的输出扭矩 $M_t = M_p = M_e + M_s$ 在数值上等于输入扭矩与导轮对液压油的反作用扭矩之和。显然这一扭矩要大于输入扭矩，即液力变扭器具有增大扭矩的作用。液力变扭器输出扭矩增大的部分即为固定不动的导轮对循环流动的液压油的反作用力矩，其数值不但取决于由涡轮冲向导轮的液流速度，也取决于液流方向与导轮叶片之间的夹角。当液流速度不变时，叶片与液流的夹角越大，反作用力矩亦越大，液力变扭器的增扭作用也就越大。一般液力变扭器的最大输出扭矩可达输入扭矩的2.6倍左右。

图6-10所示为液力变扭器起步时增扭的工作原理。

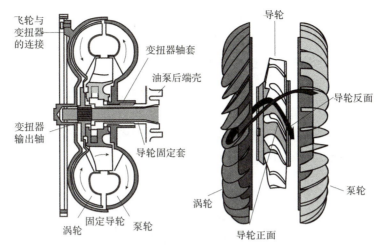

图6-10 液力变扭器起步时增扭的工作原理（图中为便于理解已经把外壳脱去）

当汽车在液力变扭器输出扭矩的作用下起步后,与驱动轮相连接的涡轮也开始转动,其转速随着汽车的加速不断增加。这时由泵轮冲向涡轮的液压油除了沿着涡轮叶片流动之外,还要随着涡轮一同转动,使得由涡轮下缘出口处冲向导轮的液压油的方向发生变化,不再与涡轮出口处叶片的方向相同,而是顺着涡轮转动的方向向前偏斜了一个角度,使冲向导轮的液流方向与导轮叶片之间的夹角变小,导轮上所受的冲击力矩也减小,液力变扭器的增扭作用亦随之减小。车速越高,涡轮转速越大,冲向导轮的液压油方向与导轮叶片的夹角就越小,液力变扭器的增扭作用亦越小;反之,车速越低,液力变扭器的增扭作用就越大。因此,与液力偶合器相比,液力变扭器在汽车低速行驶时有较大的输出扭矩,在汽车起步、上坡或遇到较大行驶阻力时,能使驱动轮获得较大的驱动力矩。

当涡轮转速随车速的提高而增大到某一数值时,冲向导轮的液压油的方向与导轮叶片之间的夹角减小为0°,这时导轮将不受液压油的冲击作用,液力变扭器失去增扭作用,其输出扭矩等于输入扭矩。

若涡轮转速进一步增大,冲向导轮的液压油方向继续向前偏斜,使液压油冲击在导轮叶片的背面(图6-11中未画出),这时导轮对液压油的反作用扭矩 M_s 的方向与泵轮对液压油的扭矩 M_e 的方向相反,故此涡轮上的输出扭矩为二者之差,即 $M_t = M_p = M_e - M_s$。液力变扭器的输出扭矩比输入扭矩小,其传动效率也随之减小。

涡轮上的输出扭矩与泵轮上的输入扭矩之比,称为液力变扭器的变扭系数,或称变扭比,一般用 K 表示,即

$$K = M_t/M_e = (M_e \pm M_s)/M_e$$

根据液力变扭器传动效率的计算公式,可得

$$\eta = P_t/P_e = (M_t \times n_t)/(M_e \times n_e) = [(M_e \pm M_s)/M_e] \times (n_t/n_e) = K \times n_t/n_e$$

由上述分析可知,当涡轮转速较低时,变扭系数 K 大于1,液力变扭器的传动效率高于液力偶合器的传动效率;当涡轮转速增加到某一数值时,变扭系数 K 等于1,液力变扭器的传动效率等于液力偶合器的传动效率。此后,若涡轮转速继续增大,液力变扭器的传动效率将小于液力偶合器的传动效率,其输出扭矩也随之下降。

因此,上述这种液力变扭器是不适合实际使用的。但我们马上会想到若把固定导轮的变

扭器改成沿发动机旋转方向可转动而反向不能转动的单向可滑转的导轮,就把偶合器和变扭器的优点全兼顾了。

三、综合式液力变扭器结构与工作原理

目前装用自动变速器的汽车上,使用的变扭器都是综合式液力变扭器,它和液力变扭器的不同之处在于它的导轮不是完全固定不动的,而是通过单向超越离合器(又称单向啮合器或自由轮离合器)支撑在固定于变速器壳体的导轮固定套上(图6-11所示为综合式液力变扭器)。这一单向超越离合器使导轮可以朝顺时针方向旋转(从发动机前面看),但不能朝逆时针方向旋转。

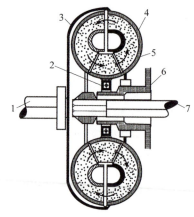

图6-11 综合式液力变扭器

1—发动机曲轴;2—单向离合器;3—涡轮;4—泵轮;5—导轮;6—导轮支撑套;7—涡轮轴

【技师指导】导轮在变扭器内与发动机同向转动,而反向锁止不动。

当涡轮转速较低时,从涡轮流出的液压油从正面冲击导轮叶片正面(图6-12),对导轮施加一个朝逆时针方向旋转的力矩,但由于单向超越离合器在逆时针方向具有锁止作用,将导轮锁止在导轮固定套上固定不动,因此这时该变扭器的工作特性和液力变扭器相同,即

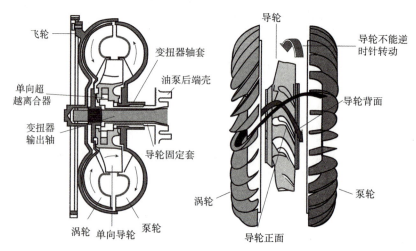

图6-12 综合式液力变扭器工作原理

具有一定的增扭作用（变扭系数 K 大于1）。当涡轮转速增大到某一数值时，液压油对导轮的冲击方向与导轮叶片之间的夹角为 0°，此时变扭系数 K 等于1。

若涡轮转速继续增大，液压油将冲击导轮叶片的背面，对导轮产生一个顺时针方向的扭矩。由于单向超越离合器在顺时针方向没有锁止作用，可以像轴承一样滑转，所以导轮在液压油的冲击作用下开始朝顺时针方向旋转。由于自由转动的导轮对液压油没有反作用力矩，液压油只受到泵轮和涡轮的反作用力矩的作用，因此这时该变扭器不能起增扭作用，其工作特性和液力偶合器相同。这时涡轮转速较高，该变扭器亦处于高效率的工作范围。

导轮开始空转的工作点称为偶合点。由上述分析可知，综合式液力变扭器在涡轮转速为 0 至偶合点的工作范围内按液力变扭器的特性工作，在涡轮转速超过偶合点转速之后按液力偶合器的特性工作。因此，这种变扭器既利用了液力变扭器在涡轮转速较低时所具有的增扭特性，又利用了液力偶合器在涡轮转速较高时所具有的高传动效率的特性。

综合式液力变扭器在发展过程中曾出现过许多很复杂的类型，这些类型可以用变扭器的元件数、级数和相数来表示。

1. 变扭器的元件数

变扭器的元件数是指变扭器中泵轮、涡轮、导轮的总个数，如 3 元件、4 元件、5 元件等。4 元件的液力变扭器包括 1 个泵轮、1 个涡轮、2 个带单向超越离合器的导轮。

2. 变扭器的级数

变扭器的级数是指涡轮的列数。只有 1 列涡轮的称为单级变扭器，有 2 列以上涡轮的称为多级变扭器。

3. 变扭器的相数

由于变扭器中离合器或制动器的作用，使变扭器在不同的工作范围内具有不同的工作特性，这种不同工作特性的个数就称为变扭器的相数。例如：综合式液力变扭器由于导轮中单向超越离合器的锁止和滑转而使变扭器的工作特性发生变化，以偶合点为界，分别具有液力变扭器和液力偶合器两种工作特性，因此可称为 2 相变扭器。变扭器还可以通过增加带有单向超越离合器的导轮或泵轮的个数以及采用锁止离合器等方式，而成为 3 相、4 相变扭器。

尽管各种结构复杂的变扭器在汽车自动变速器中曾有过成功的应用，但由于制造成本高，而且元件数多，引起的液力损失也较大，故其最高效率不如简单的 3 元件单级 2 相变扭器。

目前轿车自动变速器上使用的变扭器都是 3 元件 2 相综合式液力变扭器，即我们讲的综合式液力变扭器。

四、带锁止离合器的综合式液力变扭器

变扭器是用液力来传递汽车动力的，而液压油的内部摩擦会造成一定的能量损失，因此传动效率较低。为提高汽车的传动效率，减少燃油消耗，现代轿车自动变速器都采用带锁止离合器的综合式液力变扭器。锁止离合器又分为单片压盘式和多片式两种。外装式是 20 世纪 80 年代末大众把锁止离合器设计在变速器内的型式，2005 年以后就见不到这种结构的身影了。

1. 单片压盘式

单片压盘式变扭器内有一个由液压油操纵的锁止离合器，锁止离合器的主动盘即为变扭器壳体。从动盘是一个可做轴向移动的压盘，它通过花键套与涡轮连接。压盘背面后腔

（图6-13中右侧）的液压油道 B 与变扭器泵轮、涡轮中的液压油道相通，并保持一定的油压（该压力称为变扭器压力，由阀体内变扭器调压区控制）；压盘左侧前腔（压盘与变扭器壳体之间）的液压油通过变扭器输出轴中间的控制油道 A 与阀板总成上的锁止控制阀相通。在非锁止工况（即变扭和偶合工况），压盘前面（图 6-13 中压盘左侧）的液压油从 A 油道进入 B 油道并流入散热器，从而冲开压盘，使压盘向右移，处于分离工况。当锁止条件成熟时，控制系统控制阀板的锁止区元件把 A 和 B 油道切换，即 B 油道进油、A 油道泄油（泄油和出油不一样）。B 油道进油时压盘后的压力高于压盘前的压力，压盘左移，压盘摩擦材料和变扭器前壳的缝隙变小，节流作用更强，前、后压力差增大。在前、后两面压力差的作用下使压盘压紧在主动盘（变扭器壳体）上（图 6-13），这时输入变扭器的动力通过锁止离合器的机械连接，由压盘经减震盘直接传至涡轮输出，传动效率为 100%。另外，锁止离合器在接合时还能减少变扭器中的液压油因液体摩擦而产生的热量，有利于降低液压油的温度。现在车型的液力变扭器的锁止离合器压盘上还装有减震盘（与手动变速器离合器从动盘扭转减震器相同），以减小锁止离合器在接合的瞬间产生的冲击力。压盘式锁止离合器只有 A 和 B 两条油道。图 6-14 所示为带减震弹簧的压盘式锁止离合器。

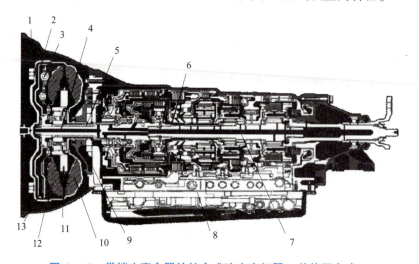

图 6-13　带锁止离合器的综合式液力变扭器（单片压盘式）

1—前腔；2—压盘；3—减震盘；4—A 油道；5—B 油道；6—齿轮变速机构；7—润滑油道；8—阀体；9—油泵；10—泵轮；11—导轮；12—涡轮；13—后腔

图 6-14　带减震弹簧的压盘式锁止离合器

1—变扭器前壳；2—锁止离合器；3—扭转减震器；4—涡轮；5—泵轮

2. 多片式

现代变速器中采用片式锁止离合器的综合式液力变扭器在增多，这种变扭器的特征是在变扭器前壳上呈碗形，图6-15所示为奔驰722.6变速器的片式锁止离合器结构。片式锁止离合器有A、B和C三条油道。

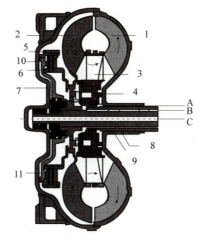

图6-15 奔驰722.6变速器的片式锁止离合器结构
1—泵轮；2—涡轮；3—导轮；4—单向自由轮；5，6—多片式离合器鼓；
7—变扭器壳；8—输出轴；9—导轮轴；10—摩擦片；11—活塞

锁止离合器分离：A油道进油入变扭器，B油道出油至散热器，C油道泄油。此时可以完成变扭器的变扭工况和偶合工况。

锁止离合器锁止：A油道仍然进油入变扭器，B油道仍然出油至散热器，C油道进油至活塞11左侧，推动活塞右移将摩擦片10压紧。此时动力经变扭器壳7—多片式离合器鼓5—摩擦片10—多片式离合器鼓6—涡轮2传至输出轴。

变速器锁止离合器的锁止时机与变速器电脑的控制软件有关。锁止控制阀由自动变速器电脑通过锁止电磁阀来控制，若是液控变速器，则由调速器油压控制。自动变速器电脑根据车速、节气门开度、发动机转速、自动变速器液压油温度、操纵手柄位置、控制模式等因素，按照设定的锁止控制程序向锁止电磁阀发出控制信号，操纵锁止离合器锁止。

五、液力变矩器故障的判断与更换

自动变速器从修理角度上看，入门并不是很难，这主要表现在它的拆装比较好学。修一台自动变速器的时间和修一台手动变速器的时间大体相同。手动变速器修理很少有返工的，而对于自动变速器返工的事件经常有。自动变速器的难度不仅表现在它结构的复杂上，而且还表现在它富于变化。有些故障的现象不好捕捉，实物检查也困难，好不容易将汽车的宏观现象和坏的实物联系上了，换了实物后过一段时间，可能实物又坏了，这就导致我们需再找到导致实物快速损坏的原因，而这个原因几乎通过检查实物是非常难发现的，有些甚至是不可能的。

1. 单向离合器故障

（1）汽车低速时车速上不去，加速不良

汽车低速时车速上不去，加速不良。在低速区域车速上升非常缓慢，如20～30 km/h或20～40 km/h（因车型不同，速度区域的宽度略有不同）时速度上不去，过了低速区，到了中、高速区后汽车加速正常。这是典型的变矩器内单向离合器打滑的故障。

液力变矩器能否取得增矩效果、汽车低速行驶时的加速性能如何，主要取决于固定导轮的单向离合器。单向离合器只要不打滑，液力变矩器的增矩效果就可以得到保证，汽车低速时就会增速良好。

在增矩工况时，液流冲击导轮的正面，负责固定导轮的单向离合器一旦打滑，导轮就发生逆时针旋转，导致导轮改变液流方向的任务无法实现。导轮作用的消失使液力变矩器变成液力偶合器，丧失了增矩作用。

检修时，将手指从变矩器驱动毂处伸入，用手指直接旋转导轮的花键。因为本田汽车发动机为逆时针转动，所以导轮外圈应逆时针转动、顺时针锁止；其余所有的汽车发动机都是顺时针转动，所以导轮外圈应顺时针转动、逆时针锁止。如逆时针能转动，说明单向离合器滚柱或楔块磨损，锁止作用失效，必须更换液力变矩器总成。

(2) 汽车中、高速时车速上不去

汽车低速时加速良好，到了中、高速后车速上升缓慢，到了70～90 km/h时车速就几乎不再上升了。出现这种故障的原因很多，但属于液力变矩器的故障只有一种，就是支撑导轮的单向离合器发生卡滞。

液力变矩器进入偶合区后，涡轮和泵轮转速相等，油液流动角度到了最小点，由冲击导轮的正面改为冲击导轮的背面，这时导轮应进行旋转。如果此时导轮不旋转，导轮就成了障碍物，阻碍了油液的流动，也就阻碍了车速的提高。单向离合器卡滞得越严重，对汽车中高速时车速提速的阻碍就越大。

由于偶合区只发生在汽车中、高速行驶时，所以单向离合器卡滞后，汽车在低速区域仍然能保持良好的加速性能，只有到中、高速后，才会出现加速性能不足的故障。判断单向离合器是否发生卡滞，最简单的方法就是用手指沿单向离合器旋转方向（除本田汽车外，其余均为顺时针方向）旋转导轮花键。对于比较严重的卡滞现象，这种判断方法是很灵的。但任何故障的发展都有一个过程，单向离合器的卡滞也是逐渐加重的。在单向离合器发生轻微卡滞时，手感往往不准。

单向离合器在轻微卡滞阶段会和导轮发生摩擦，而产生过热，在液力变矩器驱动毂上能看见蓝色的过热斑迹。单向离合器无论是发生卡滞还是打滑，都必须更换整个液力变矩器。用手指检查单向离合器是否发生故障的方法非常简单，但使用此法必须先拆下变速器。拆装变速器非常麻烦，下面介绍一种不拆变速器就可以检查出单向离合器故障的方法，即失速试验法。

2. 失速试验

(1) 失速概念

如果涡轮固定不动，只有泵轮在旋转，这种工况称为失速。失速转速是当涡轮处于静止状态时，发动机所能达到的最高转速（在汽车没有行驶时，加速踏板踩到底时发动机所能达到的最高转速）。汽车的车型不同，发动机的功率不同，失速转速标准值也不同。汽车变扭器设计的变扭比不同，则失速转速标准值也不同。具体是发机动机功率大，则此值高；变扭器的变扭比 K 大，则此值高。失速转速标准值比较低的只有 1 200 r/min 左右，而失速转速标准值比较高的能达到 2 800 r/min 以上。大部分汽车液力变矩器失速转速为 2 000 ~ 2 500 r/min。

为什么发动机功率大则失速转速标准值值高，变扭器的变扭比 K 大则此值也高呢？因为涡轮不动时，可以认为阻力扭矩一定，发动机功率大时带动泵轮运动，即 $P = M \times n$，故功率 P 大时，失速转速 n 也跟着变大。注意到变扭器在涡轮不动时是增扭阶段，变扭比 K 最大，若设计上 K 很大，则从导轮正面叶片返回的液流的增扭作用就强，而高强度回液流会使泵轮速转速升高，所以正常的失速转速 n 也跟着变大。

（2）失速试验的目的

失速试验的目的是不拆下变速器而判断故障的具体部位，如到底是变矩器、发动机还是变速器，是机械部分还是液压控制部分，是倒挡还是前进挡，以及是前进挡中哪个具体环节。另外，失速试验也用于修复故障重新装配后检查故障是否已经排除。

【技师指导】很多人认为失速试验对变速器的前进挡离合器片或倒挡离合器片有损害，而不敢去做这样的试验，其实一点都不用担心，过去一台丰田汽车共计做了将近 100 次试验也没有任何问题，注意每次只要能读出数值即可，不要一次连续时间太长。

（3）失速试验前的检查

1）发动机本身不应有故障，否则不要做失速试验。

2）首先热车，达到自动变速器标准的工作温度（60℃ ~ 80℃）。

3）在温度正常的前提下检查自动变速器油的液面高度，其高度应在油尺 HOT 标记处，同时还应检查发动机润滑油液面的高度是否正常。

4）因为发动机和自动变速器冷却较慢，因此不要在多于两个挡位上做失速试验。

5）试验完成后要急速运转几分钟，使自动变速器油在熄火前冷却下来。

（4）失速试验

拉紧驻车制动器，用三角木塞住车轮，起动发动机，将制动踏板踩到底保持踏住不放松。挂上驱动挡 D 挡，在 D 位试前进挡位离合器，在 R 位试倒挡位离合器。把加速踏板踩到底，迅速观察转速表转速，然后立即放松节气门踏板（从踩到底到放松最好不要超过 5 s），使发动机急速运转。若在节气门全开位置上滞留时间过长，则容易造成离合器和制动器烧蚀。

如图 6 – 16 所示，用三角木塞住所有的车轮，拉紧驻车制动，踩住制动踏板，起动发动机，用眼睛盯住发动机转速表，挂 D 挡，然后迅速将加速踏板踩到底。实际上若制动系统的制动和手制动良好，则可以不用三角木塞住车轮，只要车前和车后宽敞即可。

将加速踏板踩到底后，如失速转速明显超过上限值，则应立即放松加速踏板，终止该项试验；节气门在全开位置上的时间为 3 s，不要超过 5 s。若失速转速过高，则说明变速器内部的离合器或制动器已经发生打滑，继续试验会造成打滑的摩擦件烧蚀。

【完成任务】要进行失速试验的车型：＿＿＿＿＿＿；发动机排量：＿＿＿＿＿＿；标准发动机失速转速：＿＿＿＿＿＿；实际的失速转速：＿＿＿＿＿＿；可能产生的故障的原

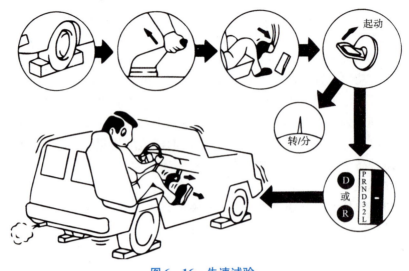

图 6-16 失速试验

因（可以写无故障）：_____。

失速试验时是否有金属噪声：_____。

(5) 失速试验结果的判断

1) 失速转速在上下限之间，说明发动机动力足，变扭器无导轮打滑故障，变速器内部主要元件也没有打滑。

2) 失速转速低于指标，说明液力变矩器输出转矩不足。故障起因可能源于两个方面：固定导轮的单向离合器打滑，或发动机自身输出动力不足。

(6) 液力变矩器内部干涉的检查

发动机在 P 位或 N 位起动时，若听到变速器内有异响声，应首先检查变矩器（此时为空挡位，变速器传动机构还未参与工作）。

1) 检查导轮和涡轮间是否发生干涉。

将变矩器输出端向上放在工作台上，将涡轮轴（变速器输入轴）插入变矩器，并确保完全入位。将油泵输出端向上装入涡轮轴，在油泵完全装配到位后用手固定住变矩器和油泵，使它们保持不动。分别顺时针和逆时针在两个方向上旋转涡轮轴，如图 6-17 所示。如转不动涡轮轴，或手感发紧，或转动时能听到变矩器内部的刮碰声，说明该变矩器内部的导轮和涡轮发生了运动干涉。变矩器不允许打开（打开会破坏动平衡），只能整个更换变矩器。

2) 检查导轮和泵轮是否发生干涉。

将油泵输入端向上放在工作台上，并将变矩器输出端向下装入油泵，待油泵完全装配到位（油泵输出端缺口已卡入油泵驱动键，导轮的花键也与油泵的支撑花键连接）后用手固定住油泵，使其保持不动。逆时针旋转变矩器，如图 6-18 所示，如变矩器转动不畅，或产生干涉噪声，则这个变矩器必须更换。

图 6-17　检查导轮和涡轮间干涉　　图 6-18　检查导轮和泵轮间干涉

在检查导轮与涡轮、导轮与泵轮是否发生干涉的过程中，用手固定油泵，实际就是固定住导轮。检查导轮与涡轮是否发生干涉时，旋转涡轮轴，实际上就是旋转涡轮；检查导轮与泵轮是否发生干涉时，旋转变矩器，实际上就是旋转泵轮。

【完成任务】根据图 6-17 和图 6-18 中提示，完成下面任务。

检查导轮和涡轮间的干涉时是否感觉阻力不均：_____。

检查导轮和泵轮间的干涉时是否感觉阻力不均：_____。

（7）维修液力变矩器时需注意的事项

1）液力变矩器的动平衡。

液力变矩器充当发动机的飞轮，所以它的动平衡非常重要。维修时需注意以下两点：

①拆变矩器前，在飞轮壳和变矩器间作装配记号。装配时按原角度装配，最大限度地保证变矩器的动平衡。

②飞轮齿圈损坏，起动时起动机齿轮不能与齿圈正常啮合，如果齿圈是焊在挠性板上的，则齿圈和挠性板一起更换；若齿圈是焊在变矩器壳上的，则齿圈和变矩器壳一起更换。在实际中也有挠性板变形或开裂导致动不平衡或加减速时开裂的挠性板异响。

2）手工冲洗变矩器的方法。

驱动毂面朝下，将变矩器里的脏油尽量倒干净。驱动毂面朝上倒入新自动变速器油，再将涡轮轴插到位，用手尽量快速地旋转涡轮轴（涡轮随轴旋转），然后将输出端向下，用双手摇晃变矩器，将变速器油尽量倒干净；倒入新的自动变速器油，重复上述工作，再次将变速器油尽量倒干净；然后倒入洁净的自动变速器油，重复上述工作，把清洗后的自动变速器油也尽量倒干净。

3）变矩器装配前需先加自动变速器油。

变速器的自动变速器油是装车后才加的，而变矩器在装车前必须先加自动变速器油，如装车后再加自动变速器油，则在发动机工作时，因变矩器内缺油，容易造成锁止离合器烧蚀，同时伴随"嗡嗡"的变扭器缺油声。装配时一部分变速器油从变扭器内流出是正常的。

4）液力变矩器径向圆跳动检查。

把液力变矩器和曲轴连接好，将表架固定在发动机后端，百分表触针垂直打在变矩器的输出端上，并压缩 1 mm，用棘轮扳手将曲轴旋转 360°，看百分表针的摆动量。将液力变矩器输出端插在油泵内齿轮上,油泵内齿轮和外齿轮的工作间隙通常小于 0.15 mm。如变矩器输出端径向圆跳动量过大,就会造成工作时油泵内齿轮和外齿轮间的冲击,导致油泵齿轮早期磨损,同时也会损坏泵前的油封。变矩器输出端(驱动毂)径向圆跳动量不得大于 0.20 mm,检查方法如图 6-19 所示。如变矩器输出端径向圆跳动量过大,原因很可能是挠性板变形或与变扭器之间的连接螺栓力矩不一致,最后才是变扭器变形。

图 6-19　变矩器输出端径向圆跳动检查方法

【完成任务】根据图 6-19 提示,完成下列任务。

检查变矩器输出端径向圆跳动量：＿＿＿＿＿＿；此数值大对哪个液压元件损害最大：＿＿＿＿＿＿。

5) 液力变矩器装配时的注意事项。

在拆装变矩器时严禁使用气动扳手。使用气动工具,控制不好,挠性板和变矩器的连接螺栓有时会顶坏变矩器外壳,使锁止离合器不能正常锁止,造成变矩器损坏。

实践中修理人员在修理时丢了一个变扭器和挠性板之间的连接螺栓,只好用其他螺栓替代,不过长度却长了一点,结果使变扭器前壳被顶坏变形,导致变扭器报废。

若安装新变矩器到飞轮上,在安装自动变速器时,应先将变速器向前推到推不动的位置,然后在发动机前旋盘转发动机曲轴,使变矩器输出端的缺口和油泵上的驱动键完全对正(飞轮壳与发动机壳体后平面之间没有间隙),再拧紧飞轮壳和发动机壳体间的连接螺栓。其优点是可以检查液力变矩器的径向圆跳动,缺点是可能损坏油泵的前油封。

实际修理中也可以先把变扭器和变速器上油泵转子间的花键拼装到位,然后把带变扭器的变速器整体抬上车。其优点是不损坏油泵前油封,缺点是液力变矩器径向圆跳动检查不了。

6) 更换新变矩器时的注意事项。

更换变矩器时,要注意它的外形尺寸应与车上拆下的一致,因此更换用的变矩器必须与旧的型号相同。

以好的旧变扭器替换坏变扭器时,观察变扭器的整体高度与坏的是否一致;油泵驱动花键宽度、深度是否相同;油泵驱动轴套的直径是否一致;变速器输入轴前的花键与现在的变扭器内的涡轮能否配合;导轮支承套与现在变扭器的导轮花键能否配合;导轮支承套和涡轮轴之间的支承类型是否相同等。

六、变扭器液压油的供给与冷却

变扭器的传动效率总是低于100%，也就是说在传递动力的过程中总有一定的能量损失。事实上这部分能量损失很大，而且危害很大。这些损失的能量绝大部分都被变扭器中的液压油以内部分子摩擦的形式转化为热量，并使变扭器中液压油的油温升高。例如排量3.0 L的发动机，当将加速踏板踩到底时（当然，平时并不总是将加速踏板踩到底）功率约为150 kW，若效率是97%，则有4.5 kW的能量损失，相当于4.5个电热棒，试想用电热棒给几升水加热，温度很快会升高至100℃，那给油加温岂不更快。再想一想大功率发动机又会怎样。为了防止液压油因温度过高而变质，必须将受热后的液压油送至冷却器进行冷却，同时不断地向变扭器输入冷却后的液压油。

变扭器中的液压油是由自动变速器中的油泵提供的，从油泵输出的液压油有一部分经过变扭器轴套与导轮固定套之间的间隙进入变扭器内，受热后的液压油经过导轮固定套与变扭器输出轴之间的间隙或中空的变扭器输出轴流出变扭器，经油管进入布置在发动机散热器附近或散热器内的自动变速器液压油冷却器，经冷却后流回自动变速器的油底壳。图6-20所示为丰田佳美A540E变速器的散热系统。

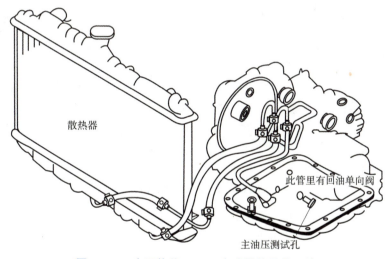

图6-20　丰田佳美A540E变速器的散热系统

【技师指导】当汽车使用时间过长时，发动机的散热系统会形成外部或内部堵塞，而散热器外部堵塞会更明显。首先柳絮和泥土堵塞进气格栅处的散热器翅片，造成散热器堵塞，可用高压水枪清洗散热器翅片，但压力和距离要控制好，防止造成翅片变形，导致散热器通风能力下降；其次只有发动机水冷和风冷系统正常才能保证变速器的散热器正常散热。

【完成任务】在一辆已行驶一段时间的车上找到液压自动变速器油的散热器，测量一下散热器输入端的温度是：_____；输出端的油温是：_____；温差是：_____。

第三节　油泵结构与检修

油泵是自动变速器最重要的组成之一。油泵由变扭器后驱动轴套上的缺口或花键驱动，一些前驱车也有的在变扭器内伸出一根油泵轴驱动。在发动机运转时，无论汽车是否行驶，油泵都在运转，为自动变速器中的变扭器、换挡执行机构、液压控制阀等提供所需的一定压力的液压油，以保证它们正常工作。常见的自动变速器油泵有五种类型，即外啮合齿轮泵（本田车用）、内啮合齿轮泵、摆线转子泵、双行程叶片泵及变量泵等，本节只讲其中的三种。

一、内啮合齿轮泵结构与工作原理

内啮合齿轮泵是自动变速器中应用最多的一种油泵，各种丰田汽车自动变速器都采用这种油泵。它具有结构紧凑、尺寸小、重量轻、自吸能力强、流量波动小、噪声低等特点。内啮合齿轮泵主要由小齿轮、内齿轮、前端盖和后端盖四部分组成，如图6-21所示。

图6-21　内啮合泵实物

【技师指导】油泵前壳体上的其余三条油道为：控制锁止离合器锁止的锁止油道、控制锁止离合器分离的分离油道、直接挡离合器接合油道。

小齿轮为主动齿轮，由变扭器后的花键槽驱动。内齿轮为从动齿轮，它通常安装在变扭器的后方。月牙板的作用是将小齿轮和内齿轮之间的工作腔分隔为吸油腔和压油腔，使彼此不通。泵壳上有进油口和出油口。

发动机运转时，变扭器壳体后端的轴套带动小齿轮和内齿轮一起朝顺时针方向旋转。此时，在吸油腔，由于小齿轮和内齿轮不断退出啮合，容积不断增加，以致形成局部真空，将液压油从进油口吸入，且随着齿轮的旋转，齿间的液压油被带到压油腔；在压油腔，由于小齿轮和内齿轮不断进入啮合，故容积不断减少，将液压油从出油口排出。这就是内啮合齿轮泵的泵油过程。

油泵的理论泵油量等于油泵的"排量与油泵转速"的乘积，"排量"是油泵转一周排出液体的量。内啮合齿轮泵的排量取决于小齿轮的齿数、模数及齿宽，但实际上这些都是生产厂家设计的，不用我们考虑。

油泵的实际泵油量通常会小于理论泵油量，因为油泵的出油口总和进油口有一定的连通，导致泄漏，其泄漏量与连通间隙的大小及输出压力有关，间隙越大，输出压力越高，泄漏量就越大。

二、摆线转子泵结构与工作原理

摆线转子泵是一种特殊齿形的内啮合齿轮泵，它具有结构简单、尺寸紧凑、噪声小、运转平稳、高转速性能良好等优点；其缺点是流量脉动大，加工精度要求高。

摆线转子泵由一对内啮合的转子及泵壳、泵盖等组成，如图 6-22 所示。内转子为外齿轮，其齿廓曲线是外摆线；外转子为内齿轮，其齿廓曲线是圆弧曲线。内、外转子的旋转中心不同，两者之间有偏心距 e。一般内转子的齿数可以为 8、10 等，而外转子比内转子多 1 个齿。内转子的齿数越多，出油脉动就越小。通常自动变速器上所用的摆线转子泵的内转子都是 10 个齿。

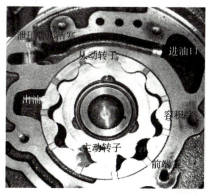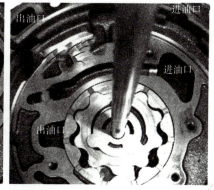

图 6-22 摆线泵实物

发动机运转时，带动油泵内、外转子朝相同的方向旋转。内转子为主动齿，外转子的转速比内转子每圈慢 1 个齿。内转子的齿廓和外转子的齿廓是一对共轭曲线，它能保证在油泵运转时，不论内、外转子转到什么位置，各齿均处于啮合状态，即内转子每个齿的齿廓曲线上总有一点和外转子的齿廓曲线相接触，从而在内、外转子之间形成与内转子齿数相同个数的工作腔。这些工作腔的容积随着转子的旋转而不断变化，当转子朝顺时针方向旋转时，内、外转子中心线右侧各个工作腔的容积由小变大，以致形成局部真空，将液压油从进油口吸入；在内、外转子中心线左侧各个工作腔的容积由大变小，将液压油从出油口排出。这就是摆线转子泵的泵油过程。

摆线转子泵的排量取决于内转子的齿数、齿形、齿宽及内、外转子的偏心距。齿数越多，齿形、齿宽及偏心距越大，排量就越大。

有人说，摆线转子泵和内啮合泵一样，只是齿形不同，这种认识是错误的，实际差别很大。第一是内齿轮和小齿轮的齿数相差数目不同；第二是运油方式不同，一个是内齿轮与小齿轮共同形成的运油腔运油，另一个是内齿轮和小齿轮必须有月牙板才能形成运油腔。

三、变量泵结构与工作原理

排量固定不变的油泵称为定量泵。为保证自动变速器正常工作，油泵的排量应足够大，以便在发动机怠速运转的低速工况下也能为自动变速器各部分提供足够大流量和压力的液压油。

定量泵的泵油量是随转速的增大而成正比地增加的，发动机怠速一般为 750 r/min，高速一般为 6 000 r/min。当发动机在中、高速运转时，油泵的泵油量将大大超过自动变速器的实际需要，此时油泵泵出的大部分液压油将通过阀板上的主调压阀泄油返回油底壳，油泵泵油量越大，发动机拖动油运转时的阻力也越大，试想一个排量小的泵和一个排量大的泵产生同样的压力时哪个做功要多一些，因此这种定量泵在高转速时，过多的泵油量将使阻力增大，从而增加了发动机的负荷和油耗，造成了一定的动力损失。

为了减小油泵在高速运转时由于泵油量过多而引起的动力损失，目前用于汽车自动变速器的叶片泵大部分设计成排量可变的形式（称为变量泵或可变排量式叶片泵），采用这种油泵车型的有福特、马自达和大宇等轿车。

这种叶片泵的定子不是固定在泵壳上，而是可以绕一个销轴做一定的摆动，以改变定子与转子的偏心距（图 6-23），从而改变油泵的排量。在油泵运转时，定子的位置由定子侧面控制腔内油压调节阀的反馈油压来控制。当油泵转速较低时，泵油量较小，油压调节阀将反馈油路关小，使反馈压力下降，定子在回位弹簧的作用下绕销轴向右摆动一个角度，加大了定子与转子的偏心距，油泵的排量随之增大；当油泵转速增高时，泵油量增大，出油压力随之上升，推动油压调节阀（主调压阀，用于控制油泵泵口油压）将反馈油路油压变大，使控制腔内的反馈油压上升，定子在反馈油压的推动下绕销轴向左摆动，定子与转子的偏心距减小，油泵的排量也随之减小，从而降低了油泵的泵油量，直到出油压力降至原来的数值。

图 6-23　马自达车系变量泵实物

定量泵的泵油量和发动机转速成正比，并随发动机转速的增加而不断增加。变量泵的泵油量在发动机转速超过某一数值后就不再增加，保持在一个能满足油路压力的水平上，从而减少了油泵在高转速时的运转阻力,提高了汽车的燃油经济性。

【技师指导】省力杠杆上有一个长条形棕色油封和两个短条黑色油封,一旦损坏,则不能变量。

四、油内啮合泵的检修

1. 油泵的分解

1)拆下油泵后端轴颈上的密封环。

2)按照对称交叉的顺序依次松开油泵螺栓,打开油泵。

3)用油漆在小齿轮和内齿轮端面上作一标记,取出小齿轮及内齿轮。一些自动变速器厂家在齿轮的端面上用圆形坑、方形坑或三角形坑来作标记。

4)拆下油泵前端盖上的唇形油封,装时别忘在唇口上涂自动变速器油。

在分解油泵时应注意,油泵壳体为铝材料,如宝马车系的一些油泵壳,不要损伤铝合金的油泵前端盖,且不可用冲子在油泵齿轮和油泵壳上作记号。

2. 油泵零件的检修

1)用厚薄规分别测量油泵内齿轮外圆与油泵壳体之间的间隙或内齿轮齿顶与月牙板之间的间隙(两数值一样,见图6-24)、小齿轮与月牙板之间的间隙(图6-25)、小齿轮及内齿轮端面与泵壳平面的端隙(图6-26),将测量结果与表6-1对照,如不符合标准,应更换齿轮、泵壳或油泵总成。

2)检查油泵小齿轮、内齿轮、泵壳端面有无肉眼可见的磨损痕迹,特别是油泵前、后端盖的端面沟状磨损情况,这是不能通过端面间隙测量得到的,但实际中会影响泵油量,如有应更换新件。

表6-1 油泵测量标准　　　　　　　　　　　　　　　　　　　　mm

检查项目	标准间隙	最大间隙
内齿轮与月牙板之间的间隙	0.07~0.15	0.30
小齿轮齿顶与月牙板之间的间隙	0.11~0.14	0.30
齿轮端隙	0.02~0.05	0.10

图6-24 内齿轮与月牙板之间的间隙

图6-25 小齿轮齿顶与月牙板之间的间隙

图 6-26 齿轮端隙测量

以上检查是针对影响泵油量的因素的检修，实际在修理中还要检查和更换一些相关部件。

3）检查导轮支承套是否变蓝（见图 6-27），即检查变扭器导轮是否有烧蚀，这样检查有利于预见性修理或提醒。检查导轮支承套管内前后铜套内径是否正确，有无严重的偏磨损。导轮支承套管内前后铜套是用于密封锁止离合器分离油压的，即通往变扭器锁止离合器前部分离油压，一旦泄漏量过大，将导致进入变扭器的油压过低，从而影响变扭器的传动效率，使油温升高、氧化变质，同时导致润滑压力过低，烧蚀各个单向离合器及行星排齿轮。

4）检查油泵前壳内铜套内径是否正确，有无严重的偏磨损。油泵前壳内铜套（见图 6-27）是用于密封锁止离合器锁止油压的，一旦泄漏量过大，将会使锁止离合器因锁止压力不足而打滑。

【技师指导】在图 6-27 和图 6-28 中，进、出油口之间的分隔平面若有制动盘一样的圆形沟，测端隙方法不能检出，但也应更换，因为出油口的高压油会从圆形沟返回进油口。

图 6-27 油泵后端盖

图 6-28 油泵前端盖

5）油泵前壳唇形油封（见图 6-29），每次抬变速器后必须更换。因油封在抬变速器时很容易损坏，加之它与变扭器后轴套之间的磨损很容易造成前油封漏油，所以必须更换。有的人可能会有疑问，此油封能密封从铜套和变扭器驱动轴套之间渗出的油吗？在设计时已充分考虑过这个问题，设计上在此油封和铜套之间做了个回油孔，渗出的油会从回油孔回油，一般不会渗出油来。一旦出现上面说的唇口损坏，则油会在旋转力的作用下飞溅出来。

6）油泵前壳 O 形油封（见图 6-30）在每次抬变速器后必须更换。尽管油泵和变速器壳体之间有螺栓紧固，但也会在油泵和变速器壳体（无论两者之间有无密封纸垫）之间渗出油来，因向外渗时有油封密封，故只能向油泵和变速器壳体间隙内渗油。一旦此油封损坏，则很容易造成前油封漏油，所以必须更换。

图 6-29 油泵前端盖内部铜套

图 6-30 O 形油封

7）油泵后端轴颈上的密封环。除铸铁密封环可以反复使用外，其他密封环需要更换。

【完成任务】请在相应自动变速器油泵拆装手册的指导下进行拆装，并按本节讲解的内容进行检修，试从表面粗糙度角度确定部件是否可用。

第四节　齿轮变速器结构与检修

自动变速器中的变扭器虽然能够在很大的范围内实现无级变速，但由于变扭器只有在输出转速接近于输入转速时才具有较高的传动效率，而且它的增扭作用不够大，只能增加 2~4 倍，此值远不能满足汽车起步后迅速加速到高车速的使用要求。因此，它在自动变速器中的主要作用是使汽车起步平稳，并在换挡时减缓传动系统的冲击负荷。

汽车在行驶过程中主要是靠自动变速器中的齿轮变速器实现变速的，它能使扭矩再增大 3~5 倍。自动变速器中的齿轮变速器和传统的手动齿轮变速器一样，具有空挡、倒挡及 4~7 个不同传动比的前进挡，只不过它的挡位变换不是由驾驶员直接控制，而是由自动变速器的电控系统或液控制系统（液控自动变速器已淘汰）来控制，通过换挡执行机构动作来改变齿轮变速机构的传动比，从而实现自动换挡。

自动变速器中的齿轮变速器所采用的变速齿轮有普通齿轮和行星齿轮两种。目前绝大多数轿车自动变速器中的齿轮变速器采用的是行星齿轮，这种齿轮变速器也称为行星齿轮变速器。本书主要介绍这种型式的自动变速器。

离合器片内支架 K1 行星齿轮变速器由行星齿轮机构和换挡执行机构两部分组成。行星齿轮机构的作用是改变传动比和传动方向，即构成不同的挡位；换挡执行机构的作用是控制行星齿轮机构实现挡位的变换。

本节先讲行星齿轮机构如何改变传动比（理论重点），再讲执行元件的结构和工作原理（实践修理重点），最后详讲辛普森式、改进辛普森式、拉维娜式及类拉维娜机构四种主要形式的变速器。

一、行星齿轮机构结构与变速原理

1. 行星齿轮机构类型和示意画法

行星齿轮机构有很多类型，其中最简单的行星齿轮机构是由 1 个太阳轮、1 个齿圈、1 个行星架和支承在行星架上的 3 个或 4 个行星齿轮组成的，图 6-31 所示为单行星轮行星排模型。

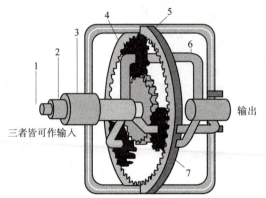

图 6-31 单行星轮行星排模型
1—驱动太阳轮；2—驱动行星架；3—驱动内齿圈；4—太阳轮；5—行星轮；6—行星架；7—内齿圈

太阳轮、内齿圈及行星架有一个共同的固定轴线，也就是太阳轮的中心线；行星齿轮支承在固定于行星架的行星齿轮轴上，并同时与太阳轮和内齿圈啮合。当行星齿轮机构运转时，空套在行星架行星齿轮轴上的几个行星轮一方面可以绕着自己的轴线（行星架）旋转，另一方面又可以随着行星架一起绕着太阳轮回转，就像天上行星的运动一样，兼有自转和公转两种运动状态，行星齿轮的名称即由此而来。

在行星排中，具有固定轴线的太阳轮、内齿圈和行星架称为行星排的 3 个基本元件，只有基本元件之间做主动和从动运动才能实现变速。图 6-31 中行星轮没有固定的参考轴线，它的轴线就是行星架，大家在阅读时应注意。

如图 6-32 所示，在太阳轮中心、行星轮中心和内齿圈构成的半径上，若内齿圈和太阳轮之间有一个行星轮，则称为单行星轮行星排；在这个半径方向上，若内齿圈和太阳轮之间有两个行星轮，则称为双行星轮行星排。单行星轮行星排和单行星轮行星排组合称为辛普森机构，单行星轮行星排和双行星轮行星排组合称为拉维娜机构。

实际中我们不可能每次都画出和图 6-33（a）所示一样的行星排，所以必须学会行星排的示意画法，这样才能从侧面观看整个变速器从前到后的每一部分。图 6-33（b）所示为齿轮变速机构的示意画法，只画行星排的上半部分。注意：下边示意图对应下半部分，但下半部分省略，知道了示意画法我们就可以在很短的时间内，用简单的线条明确整个变速器的内部结构了。图中 C = Clutch（英语）或 K = Klutch（德语）代表离合器；B = Brake 代表

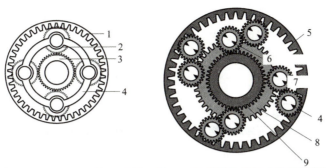

图 6–32　单行星轮行星排和单、双行星排前后组合的拉维娜机构

1—内齿轮；2—行星齿轮；3—太阳轮；4—行星架；5—内齿圈；6—内（短）行星齿轮；7—长行星齿轮；
8—大太阳轮；9—小太阳轮

制动器；F = Free wheel 代表单向离合器；C、K、B、F 字母的下脚标数字，例如 C_0 和 C_1，0 和 1 下标数字表示它们是不同位置的离合器。

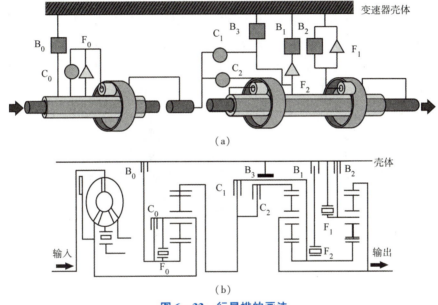

图 6–33　行星排的画法

(a) 理想的行星排画法　(b) 凌志 A341E 变速器行星齿轮机构的示意画法

多个行星排可按不同的方式组合分类：

按照行星排的组合方式不同，行星齿机构可以分为单行星轮行星排和单行星轮行星排之间组合式及一个单行星轮行星排和一个双行星轮行星排组合式。如图 6–34 所示，辛普森机构是两个单行星轮行星排组合，特点是前后排共用太阳轮，前排行星架和后排内齿圈与输出轴相连并作为输出。图中前、后行星排可以互换位置，变成前排内齿圈和后排行星架与输出轴相连并作为输出。如图 6–35 所示拉维娜机构是由单行星轮行星排与双行星轮行星排组合而成，特点是一个单行星轮行星排和一个双行星轮行星排组合，前后排共用内齿圈，前排及后排长短行星轮共用行星架。图中前后排也可以互换位置，不过互换后应以内齿圈和行星架分别作为输出，具体结构参考本书奔驰车系。

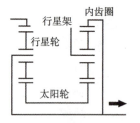
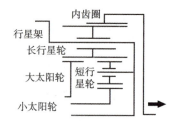

图 6-34　辛普森机构（前架后圈输出）　　图 6-35　拉维娜机构（内齿圈输出）

2. 行星齿轮变速的基础知识

（1）"马拉车"和"自行车"的运动

1）太阳轮固定时，行星轮自转方向和行星架旋转方向相同。

2）内齿圈固定时，行星轮自转方向和行星架旋转方向相反。

如图 6-36 所示，人骑自行车时，车轮先转动，车轴后平动。如图 6-37 所示，马拉车时是车轴先平动，车轮后转动。首先明确，轮转动先于轴平动就叫自行车运动，而轴平动先于轮转动就叫马拉车运动。我们在骑自行车时，车轮在绕车轴顺时针自转。假设绕地球一周，车轴在地球外缘顺时针自转了一周，所以可以联想地球为太阳轮，车轮为行星轮，车轴为行星架。可以看出，太阳轮固定时，行星轮自转方向和行星架的旋转方向相同。马在拉车时，假设也绕地球一周，则轴在绕地球顺时针自转时轮也在绕轴顺时针自转（当然得转若干周）。

图 6-36　自行车运动　　　　　　图 6-37　马拉车运动

在图 6-38 中可以看出，太阳轮固定时，行星轮自转方向和行星架旋转方向相同。可见马拉车原理和自行车原理结论相同。

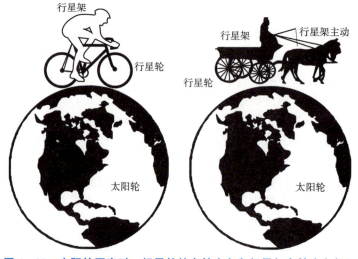

图 6-38　太阳轮固定时，行星轮的自转方向和行星架自转方向相同

如图 6-39 所示，人在内齿圈里骑自行车、马在内齿圈里拉车时又会怎样？用笔在纸上画一下，人在内齿圈里逆时针骑自行车时（仍是车轮先动），车轮在车轴上顺时针转动，马在内齿圈里也逆时针拉车，车轮在车轴上顺时针转动，所以可以联想车轮为行星轮，车轴为行星架，故可以得出，内齿圈固定时，行星轮自转方向和行星架旋转方向相反。马拉车原理和自行车原理结论相同，主要用于行星架初始方向的判别。

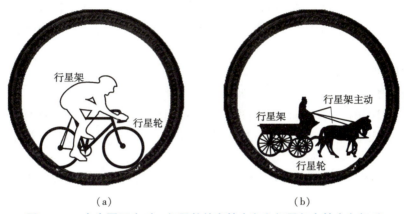

图 6-39　内齿圈固定时，行星轮的自转方向和行星架自转方向相反

（2）轴和轮同时运动的分析

行星架自转方向与行星轮自转方向相同时，内齿圈的运动要加速。如图 6-40 所示轴不动，行星轮 1 s 顺时针自转一周时，传动带（内齿圈）转过 1 m。

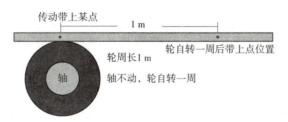

图 6-40　仅轮自身运动

如图 6-41 所示，1 s 轴向右平动 0.5 m，同时伴随在这 1 s 内行星轮顺时针自转一周时，传动带（内齿圈）转过 1.5 m。

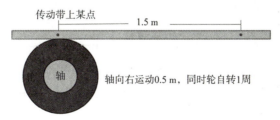

图 6-41　轴和轮同时运动

由以上两例对比，我们可得出：行星架自转方向与行星轮自转方向相同时，内齿圈的运动要加速。这一点也可用下面的转速关系式证明。

(3) 行星排三个基本元件的转速关系

1) 单行星轮行星排：
$$n_1 + \alpha n_2 = (1 + \alpha) n_3 \tag{1}$$

2) 双行星轮行星排：
$$n_1 - \alpha n_2 = (1 - \alpha) n_3 \tag{2}①$$

式中，α——内齿圈齿数和太阳轮齿数比，说明跟行星排本身的结构特征有关系，很显然 α 大于1，实际中 α 有一个范围值，不能过大也不能过小，一般为在 1.5~4.5；

n_1——太阳轮转速；

n_2——内齿圈转速；

n_3——行星架转速。

公式在单排中用于一者转速为0时求输入与输出的转速之比，即剩余两者的比值；在复合排中用于列方程组，消去不是输入和输出的转速项，再求比值，即复合排传动时机构的传动比。

公式的证明。在一般书上只说"根据分析"一句话直接得出，单行星齿轮单排的三个基本元件转速关系方程为
$$n_1 + \alpha n_2 = (1 + \alpha) n_3$$

式中，n_1——太阳轮转速；

n_2——内齿圈转速；

n_3——行星架转速。

式中含有 α，说明跟行星排本身的特征有关系。

那么大家一定会问，上面的这个公式是如何导出的呢？我告诉大家这个公式的导出和应用对理解美国车系及日本车系的自动变速器工作原理至关重要。千万不要认为麻烦，也不要见到带字母的公式就蒙，其实你只要有初中二年级的水平即可，下面你可要认真了。

单行星轮行星排转速关系式证明：现在想，固定行星架时（即定轴）太阳轮 z_1 带动内齿圈 z_2 传动的活动比是多少（别被蒙住了），对了是 z_2/z_1，即 α，但显然主动和从动反向，所以传动比为 $-\alpha$，这负号代表主动和从动部分方向相反。

由于这个传动比也可以用转速比 n_1/n_2 得出（这里 n_1 和 n_2 本身已是矢量，矢量本身已有正负之分，即实际代入 n_1 和 n_2 转速数值时要带正负号，本书规定顺时针为正）。由转速比求得的传动比很显然要和齿数比求得的传动比相等，即 $n_1/n_2 = -z_2/z_1 = -\alpha$，这个式子的导出是非常关键的。

在实际中，行星架是可以运动的，即动轴，但假设你站在行星架上，观察太阳轮转速就为 $n_1 - n_3$，内齿圈的转速就为 $n_2 - n_3$。你站在行星架上相对行星架不动，即定轴系。此时可以应用上面定轴的式子得 $(n_1 - n_3)/(n_2 - n_3) = -z_2/z_1 = -\alpha$，把式子打开得 $n_1 - n_3 = -\alpha(n_2 - n_3)$，再打开得 $n_1 + \alpha n_2 = (1 + \alpha) n_3$。

此式的证明利用相对运动的原理，即把转动的行星架看成不动的，即以行星架为参照物观察太阳轮转速和内齿圈转速来把动轴系转化为定轴系。

---

① 公式（2）的推导是在作者2008年编写的《自动变速器原理与检修》中第一次写出了公式（2）和其证明过程，现在公式（2）已为广泛使用。

那么大家一定又会问，上面的这个公式我已经弄明白了，那双行星齿轮单排是如何导出的呢，2005 年以前双行星轮行星排的转速关系统书中是没有的，经过推导先给出双行星轮行星排转速关系公式的证明：

在双行星轮单排中，由于双行星轮共用同一个行星架，所以定轴时太阳轮传动内齿圈时传动比同向，大小就为 $z_2/z_1 = \alpha$，以动轴（行星架）为参照物可得

$$(n_1 - n_3)/(n_2 - n_3) = z_2/z_1 = \alpha$$

把式子打开即得

$$(n_1 - n_3) = \alpha(n_2 - n_3)$$

再打开得

$$n_1 - \alpha n_2 = (1 - \alpha) n_3 \qquad (2)$$

式中，n_1——太阳轮转速；
n_2——内齿圈转速；
n_3——行星架转速。

式中含有 α，说明跟行星排本身的特征有关系。

从这个式子可以看出，相对双行星轮单排就是把单行星轮单排公式里的 α 前加了个负号，或者说直接把 α 换成 $-\alpha$。

刚开始入门的同学一般硬套公式，经常犯下列错误：

①假设太阳轮转速设为 n_3，内齿圈转速仍为 n_2，n_1 为行星架转速。列式时仍用 $n_1 + \alpha n_2 = (1 + \alpha) n_3$，错误，正确的列式应为

$$n_3 + \alpha n_2 = (1 + \alpha) n_1$$

式中，第一个 n 必须是太阳轮转速，第二个 n 必须是内齿圈转速，第三个 n 必须是行星架转速，而与 n 的下脚标没有关系，只与你的假设有关。

②公式（1）和公式（2）的乱用，例如单行星轮行星排公式用成公式（2），双行星轮行星排用了公式（1）。

(4) 行星排三个基本元件的齿数关系

1) 行星轮行星排：

行星架虚拟齿数 z_3 = 内齿圈齿数 z_2 + 太阳轮齿数 z_1
行星架虚拟齿数 z_3 > 内齿圈齿数 z_2 > 太阳轮齿数 z_1

2) 双行星轮行星排：

行星架虚拟齿数 z_3 = 内齿圈齿数 z_2 - 太阳轮齿数 z_1
内齿圈齿数 z_2 > 行星架虚拟齿数 z_3 > 太阳轮齿数 z_1

由于设内齿圈齿数 z_2/太阳轮齿数 z_1 为 α，所以在假设太阳轮为一个齿时，内齿圈就为 α 个齿，那行星架就为 $1 + \alpha$ 个齿，三个基本元件的齿数比已固定。在单排中转速为 0 时，可直接口算传动比。

公式（1）的证明（单行星轮行星排齿数关系证明）：假设 $n_2 = 0$，代入公式式（1）得太阳轮传行星架的传动比为

$$n_1 = (1 + \alpha) n_3$$

所以

$$n_1/n_3 = 1 + \alpha = 1 + z_2/z_1$$

由转速的传动比应得齿数比 z_3/z_1（注意：z_3 现在不知道多少个齿），所以

$$1 + z_2/z_1 = z_3/z_1$$

即

$$(z_1 + z_2)/z_1 = z_3/z_1$$

式中，分母相等，则分子也必应相等，即

$$z_3 = z_1 + z_2$$

证毕。

双行星轮行星排齿数关系证明：假设 $n_2 = 0$，代入式（2），得

$$n_1 = (1 - \alpha)n_3$$

所以太阳轮传行星架的传动比为

$$n_1/n_3 = 1 - \alpha = 1 - z_2/z_1$$

由转速得的传动比可得齿数比为 $-\dfrac{z_3}{z_1}$（行星架是反向运动），所以

$$1 - z_2/z_1 = -z_3/z_1$$

即

$$(z_1 - z_2)/z_1 = -z_3/z_1$$

式中，分母相等，则分子也必应相等，故

$$z_3 = z_1 + z_2$$

证毕。

(5) 力矩比例关系

在单行星轮行星排中，太阳轮、内齿圈、行星架上的力矩分别为（规定顺时针为正力矩）

$$m_1 = f_1 r_1, \quad m_2 = \alpha f_1 r_1, \quad m_3 = -(1+\alpha)f_1 r_1$$

式中，m_1——太阳轮扭矩；
m_2——内齿圈扭矩；
m_3——行星架扭矩；
r_1——行星轮半径；
f_1——齿轮啮合边界切向力。

力矩比为

$$m_1 : m_2 : m_3 = 1 : \alpha : -(1+\alpha) \tag{3}$$

公式（3）的证明：当行星轮在行星架上不自转，而行星架本身也不自转时，行星架的力矩与内齿圈和太阳轮两个作用在行星轮上的力矩之和相平衡。r_1、r_2、r_3 分别分太阳轮、内齿圈、行星架的节圆半径。由于内齿圈和太阳轮的齿数比等于半径比，即 $\alpha = z_2/z_1 = r_2/r_1$，所以 $r_2 = \alpha r_1$，且 $2r_3 = (r_1 + r_2)$，式中 r_3 为行星架与太阳轮的中心距。由行星轮 2 在水平方向上力的平衡条件可知：

$$f_1 = f_2, \quad -f_3 = (f_1 + f_2)$$

因此，太阳轮、内齿圈、行星架上的力矩分别为

$$m_1 = f_1 r_1, \quad m_2 = \alpha f_1 r_1, \quad m_3 = -(1+\alpha)f_1 r_1$$

所以 $m_1 : m_2 : m_3 = 1 : \alpha : -(1+\alpha)$，证毕。

继续往下推可得另一个结论，如不考虑摩擦损失，根据能量守恒定律，三个元件上输入和输出的功率代数和应等于0，即

$$p_1 + p_2 - p_3 = 0$$

$m\omega$ 相当于 mn ($p = mn/9\ 550$ 且 $\omega = 2\pi n$)，所以

$$m_1\omega_1 + m_2\omega_2 - m_3\omega_3 = 0$$

式中，ω_1，ω_2，ω_3——太阳轮、内齿圈、行星架的角速度。

$$f_1 r_1 \omega_1 + \alpha f_1 r_1 \omega_2 - (1+\alpha) f_1 r_1 \omega_3 = 0$$

约去 $f_1 r_1$，得

$$\omega_1 + \alpha\omega_2 - (1+\alpha)\omega_3 = 0$$

把式中 ω 换成转速 n 得

$$n_1 + \alpha n_2 = (1+\alpha) n_3$$

说明也可以推出公式（1）。

（6）单排行星齿轮机构有两个自由度

理解为一个行星排中的三个基本元件，一个作为动力输入，一个作为动力输出。由于实际工作中，输出肯定是接有负载的，即输出一定接有阻力的元件上起拖动作用。此时若第三者不受控制，因输出上接有负载，动力会定向传给第三者，因此不能直接用于变速。为了组成具有一固定传动比的传动机构，且动力输出定向，故自由度必须限制成1。

限制方法在变速器内只有以下三种：第一种方法是将太阳轮、内齿圈和行星架这3个基本元件中的第三者加以固定，即使其转速为0，也称为制动。这个比较容易理解，三个基本元件中一者作为输入，被固定的一者不消耗动力，也不传递动力，所以只能从剩下的一个基本元件输出。第二种方法是将第三者与输入或输出互相连接在一起（即两者转速相同），使行星排变为只有1个自由度的机构，获得确定的传动比，它的传动比是1:1，我们称它为直接挡。第三种方法是使第三者的运动受到一定约束，即让第三者与输出或输入在转速上有一定的比例关系。上边三种限制自由度的方法，第一种和第二种事实上是第三种方法的特例。第三种方法较难理解，只适用于双排传力的情况。

行星排在运转时，由于行星齿轮存在着自转和公转两种运动状态，因此其传动比的计算方法和普通的定轴式齿轮传动机构不同。为了计算各种行星齿轮机构的传动比，下面先分析最简单的单排行星齿轮机构传动比的计算方法，其他各种型式的行星齿轮机构的传动比可以用同样的方法导出。由于在单排行星齿轮机构中，行星齿轮只起中间轮（惰轮）的作用，因此单排行星齿轮机构的传动比取决于太阳轮齿数 z_1 和齿圈齿数 z_2，而与行星齿轮的齿数无关。

假设行星架不运动，很显然当太阳轮带动内齿圈运动时传动比大小为 z_2/z_1，方向相反。那么设 $z_2/z_1 = \alpha$，事实上，一旦一个行星排从工厂生产出来，这个 α 值就是个定值，可以通过数内齿圈齿数和太阳轮齿数作比实际求出某个行星排的 α 值。明确 α 是一个大于1的一个具体数，我们以后就用这个 α 来代表 z_2/z_1 的比值，进而反映这个行星排的特征。

由公式（1）或公式（2）可以看出，在太阳轮、内齿圈和行星架这3个基本元件中，可以任选其中两个基本元件分别作为主动件和从动件，只要第三个基本元件有确定的转速（0或某一数值），即可计算出该机构的传动比。下面分别讨论单行星轮行星排各种可能的情况。

3. 单排行星齿轮传动比计算巩固性练习

1）将内齿圈固定（暗含 $n_2=0$），以太阳轮为主动件，行星架为从动件，即可获得减速传动（图 6-42），其传动比为多少？

按公式（1）的转速设法，得

$$n_1 + \alpha \times 0 = (1+\alpha)n_3$$

推出

$$i = n_1/n_3 = 1 + \alpha$$

由于齿圈的齿数 z_2 大于太阳轮的齿数 z_1，α 大于 1，因而 $1+\alpha$ 这一传动比的数值要大于 2。

【技师指导】若假设太阳轮一个齿，则可知内齿圈为 α 个齿，行星架为 $1+\alpha$ 个齿，根据传动比齿数比计算公式，可直接口答传动比：第 1 例为 $z_3/z_1 = (1+\alpha)/1 = 1+\alpha$。以下 3 例也可直接口算。

2）将太阳轮固定，以内齿圈为主动件，行星架为从动件，即可获得减速传动（图 6-43），其传动比为

$$i = n_2/n_3 = (1+\alpha)/\alpha = (z_1+z_2)/z_2: = 1 + z_1/z_2$$

由于太阳轮的齿数 z_1 小于齿圈的齿数 z_2，因而这个传动比 i 大于 1，但小于 2。

 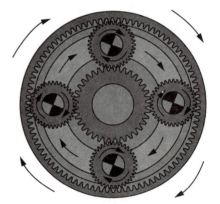

图 6-42　太阳轮传行星架　　　　图 6-43　内齿圈传行星架

3）将太阳轮固定，以行星架为主动件，齿圈为从动件，此时传动比为 $i = n_3/n_2 = \alpha/(1+\alpha) = z_2/(z_1+z_2)$，该值小于 1，因此是增速传动（图 6-44），相当于超速挡。

4）若将行星架固定，则行星齿轮的轴线亦被固定，行星齿轮只能自转，不能公转，行星排成为一个定轴式齿轮传动机构，而且太阳轮和齿圈的转向相反。此时若以太阳轮为主动件，齿圈为从动件，即可获得反向减速传动，其传动比为 $i = n_1/n_2 = -z_2/z_1$。此时，相当于倒挡（除奔驰车系以外，都适用）（图 6-45）。

5）若 3 个基本元件都没有被固定，各个基本元件都可以自由转动，则此时该机构具有两个自由度，因此不论以哪两个基本元件为主动件或从动件，都不能获得动力传递，即此时该机构失去传动作用而处于空挡状态。

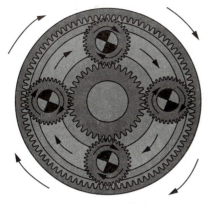 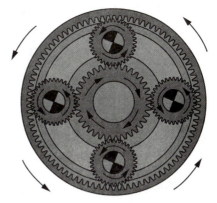

图 6-44　行星架传内齿圈　　　图 6-45　太阳轮传内齿圈

6）若将任意两个基本元件互相连接起来，也就是说使 n_1 等于 n_2 或 n_2 等于 n_3，则由行星排的运动特性方程可知，第三个基本元件的转速必与前两个基本元件的转速相同，即 3 个基本元件将以同样的转速一同旋转。此时不论以哪两个基本元件为主动件或从动件，其传动比都是 1，这种情况相当于直接挡。

仅靠单排行星齿轮机构是不能满足汽车在不同运行工况下对传动比的要求的，用于汽车自动变速器的行星齿轮机构通常是由 2~3 个单排行星齿轮机构组成的，这种行星齿轮机构同样也具有两个以上的自由度。为了使其具有确定的传动比，同样也要对它的某些基本元件的运动进行约束（即固定或互相连接），使它变为只有 1 个自由度的机构。当被约束的基本元件或约束的方式不同时，该机构的传动比也会随之不同，从而组成不同的挡位，通常可以有 4~7 个不同传动比的前进挡和 1 个或 2 个倒挡。当所有的基本元件都没有被固定时，即可得到空挡。上述单排行星齿轮机构的变速原理和传动比的计算方法同样适用于这种多排行星齿轮机构。只要该机构经约束后的自由度为 1，其传动比都可以通过解由各个单排行星齿轮机构的运动特性方程组成的联立方程组来得到。

单行星轮行星排我们以上举了很多例子，希望对大家有所启发。对于双行星排共同变速传动比计算方法应把握以下几点：

1）列两个行星排的转速关系式；
2）确定通过哪两个转速（输入和输出转速）的比值来求传动比；
3）消去共用速度项；
4）乘积化交叉求出传动比。

在后边具体变速器传动中有例子，可根据所列方法推演，这里不再赘述。

二、换挡执行机构结构与工作原理

行星齿轮变速器的换挡执行机构和传统的手动齿轮变速器不同，行星齿轮变速器中的所有齿轮都处于常啮合状态，它的挡位变换不是通过移动齿轮使之进入啮合或脱离啮合来进行的，而是通过以不同执行元件（离合器、制动器、单向离合器）对行星齿轮机构的基本元件（太阳轮、内齿圈、行星架）进行约束（即通过制动器固定某一个基本元件于壳体上或用离合器连接另一个基本元件）来实现的。通过适当地选择被约束的基本元件和约束的方式，就可以使该机构具有不同的传动比，从而组成不同的挡位。

行星齿轮变速器的换挡执行机构由离合器、制动器和单向超越离合器 3 种不同的执行元件组成，它有3个基本作用，即连接、固定和锁止。所谓连接是指将行星齿轮变速器的输入轴与行星排中的某个基本元件连接，以传递动力，或将前一个行星排的某一个基本元件与后一个行星排的某一个基本元件连接，以约束这两个基本元件的运动；所谓固定是指将行星排的某一个基本元件与自动变速器的壳体连接，使之被固定住而不能旋转；所谓锁止是指把某个行星排3个基本元件中的2个连接在一起，从而将该行星排锁止，使其3个基本元件以相同的转速一同旋转产生直接传动。换挡执行机构各执行元件是通过按一定规律对行星齿轮机构的某些基本元件进行连接、固定或锁止，让行星齿轮机构获得不同的传动比，从而实现挡位的变换的。

1. 离合器结构与工作原理

离合器的作用是连接，即将行星齿轮变速器的输入轴和行星排的某个基本元件连接或将行星排的某两个基本元件连接在一起，使之成为一个整体。它是自动变速器中最重要的换挡执行元件之一。作为自动变速器换挡执行元件的离合器是一种多片湿式离合器（没油时反而不能正常工作）。

图6-46所示为离合器结构，离合器活塞安装在离合器鼓内，它是一种环状活塞，由活塞内外圆的密封圈保证其密封，从而和离合器鼓一起形成一个封闭的环状液压缸，并通过离合器鼓内圆轴颈上的进油孔和控制油道相通。钢片和摩擦片交错排列，两者统称为离合器片。钢片的外花键齿安装在离合器鼓的内花键齿圈上，可沿齿圈键槽做轴向移动；摩擦片由其内花键齿与离合器毂的外花键齿连接，也可沿键槽做轴向移动；摩擦片的两面均为摩擦系数较大的铜基粉末冶金层或合成纤维层，现在几乎都是合成纤维层的。

离合器鼓或离合器毂分别以一定的方式和变速器输入轴或行星排的某个基本元件相连接，一般离合器鼓为主动件，离合器毂为从动件，离合器毂与基本元件相连。本例中毂与内齿圈做成一体。当来自控制阀的液压油进入离合器液压缸时，作用在离合器活塞上的液压油的压力推动活塞，使之克服回位弹簧的弹力而移动，将所有的钢片和摩擦片相互压紧在一起；钢片和摩擦片之间的摩擦力使离合器鼓和离合器毂连接为一个整体，分别与离合器鼓和离合器毂连接的输入轴或行星排的基本元件也被连接在一起，此时离合器处于接合状态。

当液压控制系统将作用在离合器液压缸内的液压油的压力解除后，离合器活塞在回位弹簧的作用下被压回液压缸的底部，并将液压缸内的液压油从进油孔排出。此时钢片和摩擦片相互分离，两者之间无压力，离合器鼓和离合器毂可以朝不同的方向或以不同的转速旋转，离合器处于分离状态。此时，离合器活塞和离合器片或离合器片和卡环之间有一定的轴向间隙，以保证钢片和摩擦片之间无任何轴向压力，这一间隙称为离合器的自由间隙，如图6-47所示，其大小可以用挡圈的厚度来调整。一般离合器自由间隙的标准值为0.7~2.0 mm。离合器自由间隙标准值的大小取决于离合器片的片数和工作条件。通常离合器片数越多或该离合器的交替工作越频繁，其自由间隙就越大（因为行驶时摩擦片会膨胀，使自由间隙过小）。

有些离合器在活塞和钢片之间有一个碟形环，它具有一定的弹性，可以减缓离合器接合时的冲击力。当离合器处于分离状态时，其液压缸内仍残留少量液压油。由于离合器鼓是随同变速器输入轴或行星排某一基本元件一同旋转的，残留在液压缸内的液压油在离心力的作用下会被甩向液压缸外缘处，并在该处产生一定的油压。若离合器鼓的转速较高，这一压力

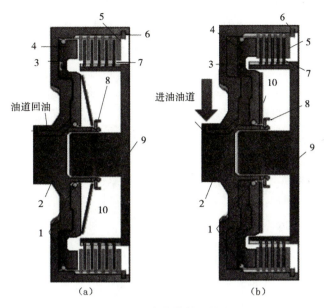

图 6-46 离合器的工作原理

(a) 分离；(b) 接合

1—O 形油封圈；2—主动鼓；3—单向阀；4—活塞；5—铜片；
6—卡环；7—摩擦片；8—弹簧座；9—从动鼓；10—膜片弹簧

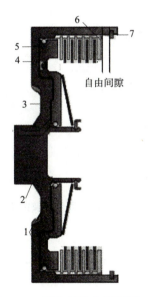

图 6-47 离合器的自由间隙

1—O 形油封圈；2—主动鼓；3—油道回油；4—单向阀；5—活塞；6—铜片；7—卡环

有可能推动离合器活塞压向离合器片，使离合器处于半接合状态，导致钢片和摩擦片因互相摩擦而产生不应有的磨损，影响离合器的使用寿命。为了防止这种情况发生，应在离合器活塞或离合器鼓的液压缸壁面上设一个由钢球组成的单向阀。当液压油进入液压缸时，钢球在油压的推动作用下压紧在阀座上，使单向阀处于关闭状态，保证了液压缸的密封；当液压缸内的油压被解除后，单向阀的钢球在离心力的作用下离开阀座，使单向阀处于开启状态，残留在液压缸内的液压油在离心力的作用下从单向阀的阀孔中流出，保证了离合器彻底分离。

当离合器处于接合状态时，互相压紧在一起的钢片和摩擦片之间要有足够的摩擦力，以保证传递动力时不产生打滑现象。离合器所能传递的动力大小主要取决于摩擦片的面积、片数及钢片和摩擦片之间的压紧力。钢片和摩擦片之间压紧力的大小由作用在离合器活塞上液压油的油压和活塞的面积决定。当压紧力一定时，离合器所能传递的动力大小就取决于摩擦片的面积和片数。在同一个自动变速器中通常有几个离合器，它们的直径、面积基本上相同或相近，但它们所传递的动力大小往往有很大的差异。为了保证动力的传递，每个离合器所使用的摩擦片的片数也各不相同。离合器所要传递的动力越大，其摩擦片的片数就应越多，一般离合器摩擦片的片数为 2~6 片。离合器钢片的片数应等于或多于摩擦片的片数，以保证每个摩擦片的两面都有钢片。此外，同一厂家生产的同一类型的自动变速器可以在不改变离合器外形和尺寸的情况下，通过增减各个离合器摩擦片的片数来形成不同型号的自动变速器，以满足不同排量车型的使用要求。在这种情况下，当减少或增加摩擦片的片数时，要相应增加或减少钢片的个数或调整垫片的厚度，以保证离合器的自由间隙不变。因此，有些离合器在相邻两个摩擦片之间装有两片钢片，这是为了保证自动变速器在改型时的灵活性。检查离合器主动片和从动片是否变形时，可以把两个片叠在一起，看看它们中间是否有缝隙；检查压盘和锥盘是否变形时，可以把它们放在平台上用高度尺多角度进行测量。

离合器活塞回位弹簧有 4 种型式，即圆周均布螺旋弹簧（见图 6-48）、中央螺旋弹簧（见图 6-48）、波形弹簧和膜片弹簧（见图 6-48）。

图 6-48　回位弹簧的类型

圆周均布螺旋弹簧式具有压力分布均匀、轴向尺寸小、成本低等优点，为绝大多数自动变速器的离合器所采用；其缺点是要占据较大的径向空间。

中央螺旋弹簧式的轴向尺寸较大，而且压力分布不够均匀，因此较少采用。

膜片弹簧式是一个由薄弹簧钢板制成的碟形膜片弹簧作为离合器活塞的回位弹簧。膜片弹簧的外圆被一个卡环固定在离合器鼓上，以此作为膜片弹簧工作的支点，并依靠自身的弹力使内圆端面压在离合器活塞上，从而使活塞靠向离合器鼓液压缸的底部，此时离合器处于分离状态。当液压油进入液压缸推动活塞时，膜片弹簧的内圆端面被活塞压向离合器压盘，使膜片弹簧变形，并通过膜片弹簧内外圆之间的一个环形部分推压离合器压盘，将离合器片压紧在一起。由于活塞的推力是通过膜片弹簧传给离合器压盘的，因此此时膜片弹簧相当于一个支点位于离合器鼓上的杠杆。根据杠杆原理，作用在离合器压盘上的压力将大于液压油作用在离合器活塞上的压力。因此，膜片弹簧式允许活塞有较小的尺寸。此外，膜片弹簧还具有理想的非线性弹性特性，液压油在推动活塞移动时要克服回位弹簧弹力较小的问题，而且随着活塞的移动，回位弹簧的弹力基本保持不变，使液压油的压力得到充分的利用，并且有省力杠杆的作用，所以液压油对活塞用很小的力，即可使活塞对钢片产生很大的压力。实际中很多制动器中也采用膜片弹簧的杠杆原理。波形弹簧式在国内很少见。

20世纪90年代末，在一些汽车的变速器上出现了离心平衡式离合器。离心平衡式离合器在设计上取消了在活塞（或离合器鼓）上的单向阀，增加了密封片，如图6-49所示。除了在液压油路上有离合压力供给油道外，还增加了用润滑油路为平衡室供油，所以分离后活塞内、外两侧的离心液压相互平衡，使离合器活塞在回位弹簧的作用下完全回位，增强了离合器的控制能力。

工作原理如下：无离合器压力及离合器转动时，活塞液压室剩余的变速器油液在离心力的作用下推压活塞，同时在平衡室油液离心力的作用下使之向相反方向推压活塞，结果是两力相抵，弹簧向左推动活塞回位。有离合压力及离合器室受到离合压力时，离合压力大大超过对面的离心平衡室中弹簧的作用力和离心压力，推动活塞，离合器接合。因为作用于离合器室油液的离心力与作用于离心器平衡室中油液的离心力相互抵消，因此由离合鼓转动速度而产生的离心力影响消失，结果是在整个转动过程中都能得到稳定的活塞推力，使减少换挡振动成为可能。

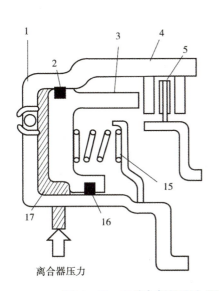 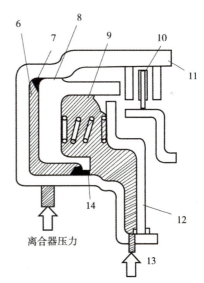

图 6-49 有单向阀的离合器和取消了单向阀离心平衡式离合器结构对比

1—活塞阀；2,7,12,14,16—密封件；3—离合器活塞；4,11—离合器鼓；5,10—离合器；6,17—离合器室；8—连接的密封活塞；9—平衡室；10—离合；13—润滑管；15—弹簧

3. 制动器的结构与工作原理

制动器的作用是将行星排中的太阳轮、内齿圈和行星架这3个基本元件之一固定到变速器壳上，使之不能旋转。在自动变速器中作为换挡执行机构的制动器的结构形式较多，目前最常见的是带式制动器和片式制动器两种。

（1）带式制动器结构与工作原理（相当于鼓式制动）

如图 6-50 所示，带式制动器又称制动带，它由制动鼓、制动带、液压缸及活塞等组成。制动鼓与行星排的某一基本元件连接，并随之一同旋转。制动带的一端支承在变速器壳体上的制动带支架或制动带调整螺钉上，另一端与液压缸活塞上的推杆连接。制动带内表面为一层摩擦系数较高的摩擦衬片。制动带的工作由作用在活塞上的液压油压力控制。当液压缸的施压腔无液压油时，带式制动器不工作，制动带与制动鼓之间有一定的间隙，制动鼓可以随着与它相连接的行星排基本元件一同旋转。

当液压油进入制动器液压缸的施压腔时，作用在活塞上的液压油压力推动活塞，使之克服回位弹簧的弹力移动，活塞上的推杆随之向外伸出，将制动带箍紧在制动鼓上，于是制动鼓被固定住而不能旋转，又制动鼓与基本元件相连，则太阳轮相对变速器壳体不动，此时制动器处于制动状态。油液从制动缸内来油道泄出后，制动带释放。

也有一些车在需要分离时控制系统控制液压油进入活塞左腔（释放腔），马自达车系和尼桑车系多用这种控制释放的方法。由于释放腔活塞面积大于施压腔一侧的活塞面积，活塞两侧所受的液压油压力不相等，释放腔一侧的压力大于施压腔一侧的压力，因此活塞在这一压力差及回位弹簧弹力的共同作用下向后移，推杆随之回缩，制动带被放松，使制动器由制动状态转变成释放状态。

制动带和制动鼓装配时必须先装制动带，后装制动鼓，如先装了制动鼓，制动带就装不进去了。有的制动带的对面有一个可调的推杆，当自由间隙不正确时，可以调整推杆，待鼓完全装配到位后再装制动间隙调整装置（有的为横销）和伺服装置。注意推杆必须完全入位，如有一侧推杆不能入位，则说明制动带已经变形失圆，必须更换新的制动带。除倒挡制动带（工作压力大）拧到头需退回 5 圈外，其余制动带拧到头只需退回 2 圈左右，用手转动一下制动鼓没有丝毫卡滞才行。有的车系里活塞回位只靠弹簧，不设调节螺钉，这种控制方式可以使靠油压回位的控制系统得到简化。这种车的自由间隙调整一般为换新推杆，其变速器大修包里有几种不同长度的推杆。

带式制动器结构简单、轴向尺寸小、维修方便，在早期的自动变速器中应用较多，但它的工作平顺性较差。为克服这一缺陷，可在控制油路中设置缓冲阀或减震阀，使之在开始接合时液压缸内的油压能缓慢上升，以缓和制动力的增长速度，改善工作平顺性。

（2）片式制动器结构与工作原理（相当于盘式制动）

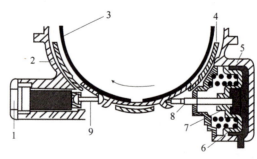

图 6-50　带式制动器

1—调节螺丝；2—变速器壳体；3—制动鼓；4—双边制动带；5—制动器缸；6—活塞；7—回位弹簧；8—推杆；9—支杆

片式制动器由制动器鼓、制动器活塞、回位弹簧、钢片和摩擦片等组成。

它的工作原理和多片湿式摩擦离合器基本相同。但片式制动器的制动鼓（相当于离合器鼓)是固定在变速器壳体上的,钢片通过外花键齿安装在固定于变速器壳体上的制动鼓内的花键齿圈中,或直接安装在变速器壳体上的内花键齿圈中,摩擦片则通过内花键齿和制动鼓上的外花键齿连接。

如图6-51(a)所示,当制动器不工作时,钢片和摩擦片之间没有压力,制动鼓可以自由旋转。如图6-51(b)所示,当制动器工作时,来自控制阀的液压油进入制动器鼓内的液压缸中,油压作用在制动器活塞上,推动活塞将制动器摩擦片和钢片紧压在一起,与行星排某一基本元件连接的制动鼓就被固定住而不能旋转。

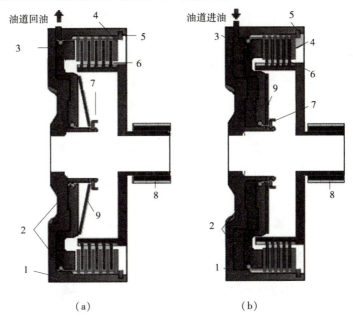

图6-51 片式制动器结构与工作原理
(a)片式制动器不工作;(b)片式制动器工作
1—变速器壳体;2—O形油封圈;3—活塞;4—钢片;5—卡环;6—摩擦片;7—弹簧座;8—太阳轮;9—膜片弹簧

片式制动器的工作平顺性优于带式制动器,因此近年来在轿车自动变速器中采用片式制动器的越来越多,就跟汽车采用的盘式制动器越来越多一样。另外,片式制动器也易于通过增减摩擦片的片数来满足不同排量发动机的要求。片式制动器的检修参考离合器即可。

三、单向超越离合器结构与工作原理

单向超越离合器在行星齿轮变速器中的作用和离合器及制动器相同,也是用于固定或连接几个行星排中的某些太阳轮、行星架和齿圈等基本元件,让行星齿轮变速器组成不同传动比的挡位。因此,它也是行星齿轮变速器的换挡元件之一。不同之处在于,它是依靠其单向锁止原理来发挥固定或连接作用的,但其连接和固定也只能是单方向的。当与之相连接的元件受力方向与锁止方向相同时,该元件即被固定或连接;当受力方向与锁止方向相反时,该元件即被释放或脱离连接。

单向超越离合器无须控制机构,其工作完全由与之相连接的元件的受力方向来控制。它

能随着行星齿轮变速器挡位的变换，在与之相连接的基本元件受力方向发生变化的瞬间产生接合或脱离，可保证换挡平顺无冲击（想想自行车的单向离合器是不是很平顺），同时还能大大简化液压控制系统。

单向超越离合器有多种型式，目前最常见的是滚柱斜槽式和楔块式两种。

1. 滚柱斜槽式单向超越离合器

滚柱斜槽式单向超越离合器由外环、内环、滚柱和滚柱回位弹簧等组成，如图 6-52 所示。内环通常用内花键和行星排的某个基本元件连接或者和变速器壳体连接，外环则通过外花键和行星排的另一个基本元件连接或者和变速器外壳连接。在外环的内表面制有与滚柱相同数目的楔形槽，内、外环之间的楔形槽内装有滚柱和弹簧。弹簧的弹力将各滚柱推向楔形槽较窄的一端。当外环相对于内环朝顺时针方向转动时，在开始转动的瞬间，滚柱便在摩擦力和弹簧力的作用下被卡死在楔形槽较窄的一端，于是内、外环互相连接为一个整体，不能相对转动，此时单向超越离合器处于锁止状态，与外环连接的基本元件便被固定住或者和与内环相连接的元件连成一个整体。当外环相对于内环朝逆时针方向转动时，滚柱在摩擦力的作用下克服弹簧的弹力，使其滚向楔形槽较宽的一端出现打滑现象，外环相对于内环可以做自由滑转，此时单向超越离合器脱离锁止而处于自由状态。

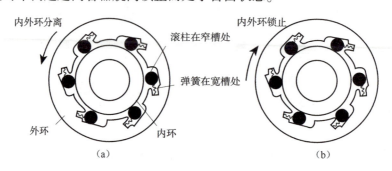

图 6-52 滚柱斜槽式单向超越离合器
（a）自由状态；（b）锁止状态

单向超越离合器的锁止方向取决于外环上楔形槽的方向。在装配时不可装反，否则会改变其锁止方向，使行星齿轮变速器不能正常工作，切记装配前一定要判断好方向。有些单向超越离合器的楔形槽开在内环上，但其工作原理和楔形槽开在外环上的相同。

2. 楔块式单向超越离合器

楔块式单向超越离合器的构造和滚柱斜槽式单向超越离合器相似，也有外环、内环、滚子（楔块）等，如图 6-53 所示。不同之处在于，它的外环或内环上都没有楔形槽，其滚子不是圆柱形的，而是特殊形状的楔块。楔块在 A 方向上的尺寸略大于内外环之间的距离 B，而在 C 方向上的尺寸则略小于 B。当外环相对于内环朝顺时针方向旋转时，楔块在摩擦力的作用下立起，因自锁作用而被卡死在内、外环之间，使内环和外环无法相对滑转，此时单向超越离合器处于锁止状态；当外环相对于内环朝逆时针方向旋转时，楔块在摩擦力的作用下倾斜，脱离自锁状态，内、外环可以相对滑转，此时单向超越离合器处于自由状态。

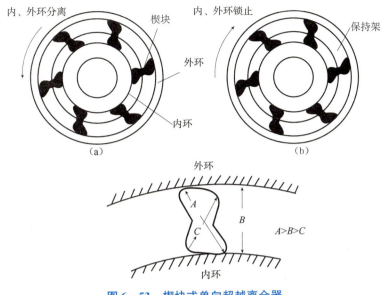

图 6-53 楔块式单向超越离合器
(a) 自由状态；(b) 锁止状态；(c) 楔块尺寸

楔块式单向超越离合器的锁止方向取决于楔块的安装方向，在维修时不可装反，以免影响自动变速器的正常工作。日本车系和美国车系多用此种结构。

1. 单向离合器维修时的注意事项

单向离合器的使用寿命主要取决于润滑的效果。由于单向离合器大部分时间都是满负荷工作的，所以自动变速器油一旦供应不足就可能导致单向离合器早期磨损。

对于结构为滚柱式的单向离合器，由于其旋转时易将自动变速器油抛出，而经常处于半干润滑状态，易发生损坏，所以检修时应拆开检查滚柱式离合器的每一个零件，特别是要注意滚柱表面应光滑，没有局部磨平的痕迹，与之配合的座圈也应光滑，没有任何剥落的痕迹，在旋转方向上不应有丝毫的卡滞。在行驶中放松节气门踏板时，单向离合器在运动方向上如发生卡滞，就会导致和它配套的行星齿轮机构也停止运动，而发出严重的异响声。

有部分变速器内的滚柱式单向离合器的骨架是塑料的，如奥迪等。塑料骨架的单向离合器是不能维护的，维修时只需检查它在运动方向上有无卡滞、在非运动方向上能否锁止就行了。塑料骨架的单向离合器如随意分解，重新组装后往往会出现离合器打滑的现象。此种单向离合器如出现故障应整体更换。

楔块式单向离合器使用寿命比滚柱式单向离合器要长。楔块式单向离合器上有自动变速器油油孔，在配支柱式单向离合器的前后离合器的花键毂上各有一个自动变速器油油孔。变速器长期在恶劣环境下使用，工作温度过高或自动变速器油使用的时间过长，氧化的自动变速器油产生的积炭一旦堵塞了单向离合器上的自动变速器油油孔，单向离合器就会因半干摩擦而早期磨损。所以维修时要反复地用化油器清洗剂冲洗自动变速器油油孔，使其恢复完全畅通。

欧美的自动变速器单向离合器装错方向后通常装不进去。日韩自动变速器上的单向离合器装错了方向时比正确装配方向时显得略感费劲，新手往往感觉不出来，但能够装配到位，装好旋转时能听到轻微的"咔咔"声,拆下检查时可以看见部分滚柱已经发生弯斜。

滚柱式单向离合器由于和它所固定的件间隙非常小,装配时稍有歪斜就很难入位。装配时最好用双手(保持平行)一边旋转一边往里压,待压入一小部分后即可用离合器鼓底部压它(接触面积大,容易保持平行),一边旋转一边往下压,可轻松地装配到位。

若仍下不进去,可用下面的牙签法协助下入,比如,大众车系和奔驰车系的滚柱式单向离合器,采用此法效果非常理想。图6-54为牙签法下滚柱式单向离合器,图6-55为牙签法下滚柱式单向离合器实物。

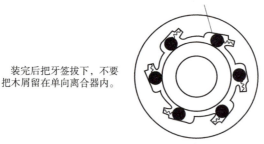

图6-54 牙签法下滚柱式单向离合器

图6-55 牙签法下滚柱式单向离合器实物

金属的滚柱式单向离合器,上、下平面大多是薄铜片的。装配时严禁敲打,只要打出一个小凹坑,汽车在这个单向离合器负责的挡位上行驶时一收节气门就可以听到"嗡嗡"声。在缺少经验时,这类故障很难找到。

四、典型行星齿轮变速器结构与工作原理

不同车型自动变速器在结构上往往有很大差异,主要表现在:前进挡的挡数不同;离合器、制动器及单向超越离合器的数目和布置方式不同;所采用的行星齿轮机构的类型不同。现在的自动变速器的行星齿轮变速器常采用4个前进挡,新型轿车自动变速器的行星齿轮变速器大部分采用5、6、7个前进挡。前进挡的数目越多,行星齿轮变速器中的离合器、制动器及单向超越离合器的数目就越多,但单向离合器有减少的趋势,现在一般只用一个,只有美国车和日本车仍很多采用单向离合器。离合器、制动器及单向超越离合器的布置方式主要取决于行星齿轮变速器前进挡的挡数及所采用的行星齿轮机构的类型。对于行星齿轮机构类型相同的行星齿轮变速器来说,其离合器、制动器及单向超越离合器的布置方式及工作过程基本上是一致的。因此,了解各种不同类型行星齿轮机构

所组成的行星齿轮变速器的结构和工作原理，是掌握各种不同车型自动变速器结构和工作原理的关键。目前轿车自动变速器所采用的行星齿轮机构的类型主要有四类，即辛普森式行星齿轮机构、改进辛普森式行星齿轮机构、拉维娜尔赫式行星齿轮机构及类拉维娜尔赫式行星齿轮机构。

辛普森式行星齿轮机构主要应用于丰田车系、宝马车系；改进辛普森式行星齿轮机构主要应用于马自达、尼桑、通用、福特等车系；拉维娜尔赫式行星齿轮机构主要应用于国内大众捷达、宝来、高尔夫的01M变速器，帕萨特的01N变速器，奥迪A6的01V变速器等，以及新型宝马6速，现代索纳塔的KM175、KM176、KM177，三菱的F4A33/32等；类拉维娜尔赫式行星齿轮机构主要应用在奔驰四挡变速器722.3、722.4，五挡变速器722.5、722.6及七挡变速器722.9（奔驰没有六挡变速器）。

1. 辛普森式行星齿轮变速器结构与工作原理

辛普森式行星齿轮变速器是由辛普森式行星齿轮机构和相应的换挡执行元件组成的。辛普森式行星齿轮机构是一种十分著名的双排行星齿轮机构，它是由两个内啮合式单排行星齿轮机构组合而成的，其结构特点是：前后太阳轮连接成一个整体，一个行星排的行星架和另一个行星排的内齿圈相连，输出轴通常与一个排的行星架和后齿圈组件连接，一个行星架自成一体。经过上述的组合后，该双行星排便成了具有4个独立元件的变速机构（我们仍然可以称6个基本元件）。图6-56所示为辛普森式两种行星齿轮机构啮合方式。

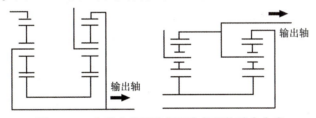

图6-56 辛普森式两种行星齿轮机构啮合方式

辛普森式行星齿轮变速器是由辛普森式行星齿轮机构和相应的换挡执行元件组成的，目前丰田轿车自动变速器都采用这种行星齿轮变速器。辛普森式行星齿轮机构是一种十分著名的双排行星齿轮机构，它是由两个内啮合式单排行星齿轮机构组合而成的，其结构特点是：前、后两个行星排的太阳轮连接为一个整体，称为前后太阳轮组件；前一个行星排的行星架和后一个行星排的齿圈连接为另一个整体，称为前行星架和后齿圈组件；输出轴通常与前行星架和后齿圈组件连接。经过上述的组合后，该机构成为一种具有4个独立元件的行星齿轮机构。这4个独立元件分别是前齿圈、前后太阳轮组件、后行星架及前行星架和后齿圈组件。根据前进挡的挡数不同，可将辛普森式行星齿轮变速器分为辛普森式三挡行星齿轮变速器、辛普森式四挡行星齿轮变速器及辛普森式五挡行星齿轮变速器三种。

（1）辛普森式三挡行星齿轮变速器结构与工作原理

辛普森式三挡行星齿轮变速器在现实中车型已经没有，但本部分知识作者认为相当重要，它是我们理解复杂变速器的基础。

在辛普森式行星齿轮机构中设置5个换挡执行元件（2个离合器、2个制动器和1个单向超越离合器），即可成为一个具有3个前进挡和1个倒挡的行星齿轮变速器。这5个换挡执行元件的布置如图6-57所示。离合器C_1用于连接输入轴和前后太阳轮组件，离合器 C_2 用于连接输入轴和前齿圈，制动器 B_1 用于固定前后太阳轮组件，制动器 B_2 和单向超越离合器 F_1 都用于固定后行星架。制动器 B_2 和 B_1 可以采用带式制动器，也可以采用片式制动器。

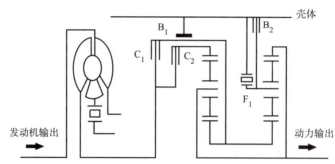

图 6-57　辛普森式三挡行星齿轮变速器结构示意图

这 5 个换挡执行元件在各挡位的工作情况见表 6-2。由表 6-2 可知，当行星齿轮变速器处于停车挡和空挡之外的任何一个挡位时，5 个换挡执行元件中都有两个处于工作状态（接合、制动或锁止状态），其余 3 个不工作（分离、释放或自由状态）。处于工作状态的两个换挡执行元件中至少有一个是离合器 C_1 或离合器 C_2，以便使输入轴与行星排连接。当变速器处于任一前进挡时，离合器 C_2、C_1 处于接合状态，此时输入轴与行星齿轮机构的前齿轮圈接合，使前齿圈成为主动件，因此，离合器 C_2 也称为前进离合器。倒挡时，离合器 C_1 接合，C_2 分离，此时输入轴与行星齿轮机构的前后太阳轮组件接合，使前后太阳轮组件成为主动件。另外，离合器 C_1 在 3 挡（直接挡）时也接合，因此，离合器 C_1 也称为倒挡及高挡离合器。制动器 B_1 仅在 2 挡时才工作，故称为二挡制动器。制动器 B_2 在 1 挡和倒挡时都有工作，因此称为低挡及倒挡制动器。由此可知，换挡执行元件的不同工作组合决定了行星齿轮变速器的传动方向和传动比，从而决定了行星齿轮变速器所处的挡位。

下面分析辛普森式三挡行星齿轮变速器各挡的传动路线和传动比：

表 6-2　辛普森式三挡行星齿轮变速器换挡执行元件工作规律

操纵手柄位置	挡位	换挡执行元件				
		C_1	C_2	B_1	B_2	F_1
D	1 挡		○			○
	2 挡		○	○		
	3 挡	○	○			
R	倒挡	○			○	
2 或 L	1 挡		○		○	
	2 挡		○	○		

注：○—接合、制动或锁止。

1）1 挡：此时前进离合器 C_2 接合，使输入轴和前齿圈连接，同时单向超越离合器 F_1 处于自锁状态，后行星架被固定。来自液力变扭器的发动机动力经输入轴及前进离合器 C_2 传给前齿圈，使前齿圈朝顺时针方向转动。在前行星排中，由于前行星架经输出轴和汽车驱动轮连接，在汽车起步之前其转速为 0，汽车起步后以 1 挡行驶时其转速也很低，因此前行星轮在前齿圈的驱动下一方面朝顺时针方向做公转，带动前行星架朝顺时针方向转动；另一方面做顺时针方向的自转，并带动前后太阳轮组件朝逆时针方向转动。在后行星排中，由于和输出轴连接的后齿圈转速很低，当后行星轮在后太阳轮的驱动下朝顺时针方向做自转时，对后行星架产生一个逆时针方向的力矩，而低挡单向超越离合器 F_1 对后行星架在逆时针方向具有锁止作用，因此后行星架固定不动，使后齿圈在后行星轮的驱动下朝顺时针方向转动，如图 6–58 所示。由此可知，在前进 1 挡时，由输入轴传给行星齿轮机构的动力是经过前后行星排同时传给前行星架和后齿圈组件，再传给与之相连接的输出轴，从而完成动力输出的。

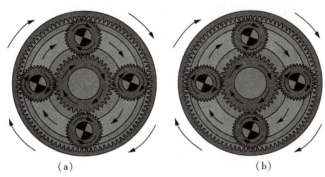

图 6–58　1 挡时前后行星排的工作原理示意图
(a) 前行星排飘；(b) 后行星排

设前齿圈、前后太阳轮组件、后行星架、前行星架和后齿圈组件的转速分别为 n_1、n_2、n_3、n_4，并设前后行星排的齿圈和太阳轮的齿数之比分别为 α_1 和 α_2，根据单排行星齿轮机构的运动特性方程，可以分别得出前后行星排的运动特性方程。求 $i = n_1/n_4$。

前行星排运动特征方程：

$$n_2 + \alpha_1 \times n_1 = (1 + \alpha_1) \times n_4 \qquad 式（1）$$

后行星排运动特征方程：

$$n_2 + \alpha_2 \times n_4 = (1 + \alpha_2) \times n_3 \qquad 式（2）$$

由于后行星架的转速 $n_3 = 0$，故式（1）–式（2）消去 n_2 得

$$\alpha_1 \times n_1 - \alpha_2 \times n_4 = (1 + \alpha_1) \times n_4$$
$$\alpha_1 \times n_1 = (1 + \alpha_1 + \alpha_2) \times n_4$$

乘积化交叉得

$$n_1/n_4 = (1 + \alpha_1 + \alpha_2)/\alpha_1$$

因此，可以得到 1 挡的传动比为 $i = (1 + \alpha_1 + \alpha_2)/\alpha_1$

当汽车在行驶中处于 1 挡工作状态时，若驾驶员突然松开加速踏板，发动机转速将立即降至急速，此时汽车在惯性的作用下仍以原来的车速前进，即车身推车轴、车轴推车轮。驱动轮将通过主减速器增速后再经自动变速器输出轴顺时针（从变速器前向后看）向前带动行星齿轮变速器运转，行星齿轮机构的前行星架和后齿圈组件成为主动件，前齿圈则成为从动件。

当前行星架朝顺时针方向带动前行星轮转动时，由于前齿圈转速较低，前行星轮在向顺时针方向做公转的同时也朝逆时针方向做自转，从而带动前后太阳轮组件以较高转速向顺时针方向转动，导致后太阳轮和后齿圈同时以较高的转速朝顺时针方向带动后行星齿轮转动，

使后行星轮在自转的同时对后行星架产生一个顺时针方向的力矩。

由于低挡单向超越离合器 F_1 对后行星架在朝顺时针方向旋转时无锁止作用，后行星架在后行星轮的带动下朝顺时针方向自由转动，在这种情况下，辛普森式行星齿轮机构的 4 个独立元件中有两个处于自由状态，使行星齿轮机构失去传递动力的作用，与驱动轮连接的输出轴的反向驱动力无法经过行星齿轮变速器传给变速器输入轴，此时汽车相当于做空挡滑行。这种情况在一般使用条件下有利于汽车的乘坐舒适性和燃油经济性，但在汽车下陡坡时却无法利用发动机的怠速运转阻力来实现发动机制动，让汽车减速。为了使装用自动变速器的汽车也能在下坡和平道滑行时实现发动机制动，必须让它的前进 1 挡或 2 挡有两种不同的选择状态，即无发动机制动和有发动机制动两种。这两种状态的选择通常通过改变自动变速器操纵手柄的位置来实现。当操纵手柄位于 D 位时，自动变速器的 1 挡处于不能产生发动机制动作用的状态；当操纵手柄位于 L 位或 1 位时，自动变速器的 1 挡处于能产生发动机制动作用的状态。

具有发动机制动作用的 1 挡是由低挡及倒挡制动器 B_2 来实现的。当操纵手柄位于 L 位或 1 位而行星齿轮变速器处于 1 挡时，前进离合器 C_2 和低挡及倒挡制动器 B_2 同时工作，此时行星齿轮变速器的工作状态和传动比与 1 挡相同。但由于低挡及倒挡制动器 B_2 处于制动状态，不论是踩下加速踏板加速还是松开加速踏板滑行，后行星架都是固定不动的，因此行星齿轮变速器的传动比也都是固定不变的。当汽车滑行，并且发动机处于怠速工况而车速仍较高时，驱动轮在汽车惯性的作用下通过变速器输出轴和行星齿轮变速器，驱动行星齿轮变速器输入轴以原来的转速旋转，导致与行星齿轮变速器输入轴连接的涡轮的转速高于与发动机曲轴连接的泵轮的转速，来自汽车驱动轮的反向驱动力通过变扭器作用于发动机曲轴。同样，发动机怠速运转的牵制阻力通过变扭器和行星齿轮变速器作用于驱动轮，使驱动轮转速下降，汽车随之减速，实现了发动机制动。

2）2 挡：当前进离合器 C_2 和二挡制动器及 B_1 同时工作时，行星齿轮变速器处于 2 挡。此时输入轴仍经前进离合器 C_2 和前齿圈连接，同时前后太阳轮组件被二挡制动器 B_1 固定，如图 6-59 所示。发动机动力经液力变扭器和行星齿轮变速器输入轴传给前齿圈，使之朝顺时针方向转动。由于前太阳轮转速为 0，因此前行星轮在前齿圈的驱动下一方面朝顺时针方向做自转，另一方面朝顺时针方向做公转，同时带动前行星架及输出轴朝顺时针方向转动。此时后行星排处于自由状态，后行星轮在后齿圈的驱动下朝顺时针方向一边做自转一边做公转，带动后行星架朝顺时针方向空转。由此可知，2 挡时发动机的动力全部是经前行星排传至输出轴。

前行星排的运动特性方程为

$$0 + \alpha_1 \times n_1 = (1 + \alpha_1) \times n_4$$

故 2 挡的传动比为

$$i = (1 + \alpha_1)/\alpha_1$$

在上述 2 挡状态下，汽车滑行时驱动轮的反向驱动力可经过行星齿轮变速器传至发动机，因此具有发动机制动作用。

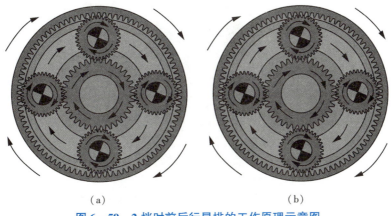

图 6-59　2 挡时前后行星排的工作原理示意图
(a) 前行星排；(b) 后行星排

3) 3 挡：当行星齿轮变速器处于 3 挡时，前进离合器 C_2 和倒挡及高挡离合器 C_1 同时接合，把输入轴与前齿圈及前后太阳轮组件连接为一个整体，如图 6-60 所示。

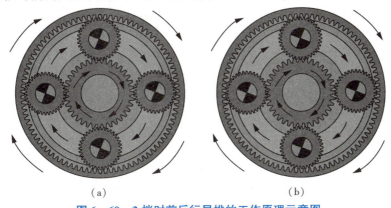

图 6-60　3 挡时前后行星排的工作原理示意图
(a) 前行星排；(b) 后行星排

由于这时前行星排中有两个基本元件互相连接，从而使前行星排固定的连成一体而旋转。输入轴的动力通过前行星排直接传给输出轴，其传动比 i 等于 1，即为直接挡。此时后行星排处于自由状态。后行星轮在后齿圈的驱动下向顺时针方向一边自转一边公转，带动后行星架朝顺时针方向空转，松开加速踏板时，在 3 挡状态下的发动机制动效果已经非常不明显。

4) 倒挡：倒挡时，倒挡及直接挡离合器 C_1 接合，使输入轴与前后太阳轮组件连接，同时低挡及倒挡制动器 B_2 产生制动，将后行星架固定，如图 6-61 所示。此时发动机动力经输入轴传给前后太阳轮组件，使前后太阳轮朝顺时针方向转动，由于后行星架固定不动，因此在后行星排中，后行星轮在后太阳轮的驱动下朝逆时针方向转动，并带动后齿圈朝逆时针方向转动，与前行星架和后齿圈组件连接的输出轴也随之朝逆时针方向转动，从而改变了转动方向。此时，前行星排中由于前齿圈可以自由转动，因此前行星排处于自由状态，前齿圈在前行星轮的带动下朝逆时针方向自由转动。

图6-61 倒挡时后行星排的工作原理示意图

倒挡时的动力是由后行星排传给输出轴的,根据单排行星齿轮机构的运动特性方程,可得

$$n_2 + n_1 \times \alpha_2 = (1 + \alpha_2) \times n_3$$

由于 $n_3 = 0$,解得倒挡传动比 $i = -\alpha_2$。

(2) 改进后的辛普森式三挡行星齿轮变速器结构与工作原理

当辛普森式三挡行星齿轮变速器由2挡换至3挡时,一方面,二挡制动器 B_1 要释放,另一方面倒挡及高挡离合器 C_1 要接合,这两个换挡执行元件的工作交替应及时准确,太快或太慢都会影响换挡质量和变速器的使用寿命。例如:若二挡制动器 B_1 释放后倒挡及高挡离合器 C_2 来不及接合,会使行星齿轮变速器出现打滑现象,发动机出现空转,并出现换挡冲击;若二挡制动器 B_1 未完全释放,倒挡及高挡离合器 C_1 便过早接合,则行星齿轮机构各独立元件之间会产生运动干涉,迫使换挡执行元件打滑,加剧摩擦片或制动带的磨损。

为了防止出现上述情况,改善2挡至3挡的换挡平顺性,可在前后太阳轮组件和二挡制动器 B_1 之间串联一个单向超越离合器 F_2,称为二挡单向超越离合器,如图6-62所示。其内环和前后太阳轮组件连接,外环和二挡制动器 B_1 连接,在逆时针方向对前后太阳轮组件具有锁止作用。当行星齿轮变速器处于2挡时,前进离合器 C_2 和二挡制动器 B_1 仍同时工作。汽车加速时,前后太阳轮组件的受力方向为逆时针方向,由于二挡单向超越离合器 F_2 的外环被二挡制动器 B_1 固定,因此前后太阳轮朝逆时方向的旋转趋势被二挡制动器 B_1 及单向超离合器锁止,使2挡得以实现。当行星齿变速器由2挡换至3挡时,即使倒挡及直接挡离合器 C_1 在二挡制动器 B_1 释放之前就已接合,但由于在倒挡及直接挡离合器 C_1 接合之后,前后太阳轮组件的受力方向改变为顺时针方向,而在顺时针方向上二挡单向超越离合器 F_2 对前后太阳轮组件没有锁止作用,前后太阳轮组件仍可以向顺时针方向旋转,因此换挡得以顺利进行。

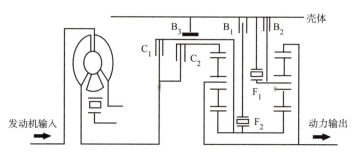

图6-62 2挡单向超越离合器的布置

增加了二挡单向超越离合器之后，若汽车在行星齿轮变速器处于 2 挡时松开加速踏板减速或下坡，则在汽车惯性的作用下，驱动轮将通过变速器输出轴反向带动行星齿轮机构的前行星架和后齿圈组件以较高的转速旋转。由于此时发动机处于怠速运转状态，因此在汽车滑行时前齿圈转速较低。前行星轮在前行星架的带动下朝顺时针方向做公转的同时，对前后太阳轮组件产生了一个顺时针方向的力矩，而在顺时针方向上二挡单向超越离合器 F_1 对前后太阳轮组件没有锁止作用，因此即便二挡制动器 B1 仍处于制动状态，前后太阳轮组件还是可以朝顺时针方向自由旋转。这样，在辛普森行星齿轮机构的 4 个独立元件中就有 2 个处于自由状态，从而使该行星齿轮机构失去传递动力的能力，驱动轮和发动机脱离连接关系，不能产生发动机制动作用。改进后的辛普森三挡式行星齿轮变速器各换挡执行元件的工作情况见表 6 – 3。

表 6 – 3　改进后的辛普森式三挡行星齿轮变速器换挡执行元件工作规律

操纵手柄位置	挡位	换挡执行元件						
		C_1	C_2	B_1	B_2	B_3	F_1	F_2
D	1 挡		○				○	
	2 挡		○	○				○
	3 挡	○	○					
R	倒挡	○			○			
2 或 L	1 挡		○		○			
	2 挡		○			○		

注：○—接合、制动或锁止。

为了在需要时让 2 挡也能产生发动机制动作用，必须在前后太阳轮组件和变速器壳体之间另外设置一个制动器 B_3，即二挡强制制动器。制动器 B_3 在 2 挡时是否工作是由操纵手柄的位置决定的，当操纵手柄位于前进挡位置（D）时，制动器 B_3 不工作；当操纵手柄位于前进低挡位置（2 或 L）而行星齿轮变速器处于 2 挡时，制动器 B_3 工作。这样不论汽车加速还是减速，前后太阳轮组件都被该制动器固定，此时的 2 挡在汽车松开加速踏板减速或下坡时能产生发动机制动作用。目前大多数轿车自动变速器已采用这种结构。

（3）四挡辛普森式行星齿轮变速器结构与工作原理

早期的轿车自动变速器多采用三挡行星齿轮变速器，其最高挡 3 挡是传动比为 1 的直接挡。进入 20 世纪 90 年代后，随着发达国家对汽车燃油经济性的要求日趋严格，越来越多的轿车自动变速器采用了四挡和五挡行星齿轮变速器。对于四挡变速器，最高挡 4 挡是传动比小于 1 的超速挡；对于五挡变速器，5 挡为超速挡。这种自动变速器的优点除了能降低汽车燃油消耗外，还可以使发动机经常处于较低转速的运转工况，以减小运转噪声，延长发动机的使用寿命。

辛普森式四挡行星齿轮变速器是在辛普森式三挡行星齿轮变速器的基础上发展起来的，它有两种类型：一种是在辛普森式三挡行星齿轮变速器原有的双排行星齿轮机构的基础上再增加一个单排行星齿轮机构，用 3 个行星排组成四挡行星齿轮变速器；另一种是对辛普森式双排行星齿轮机构进行改进，通过改变前后行星排各基本元件的组合方式和增加换挡执行元件，使之成为带有超速挡的四挡行星齿轮变速器（也就是改进辛普森机构）。

3个行星排辛普森式四挡行星齿轮变速器结构与工作原理：这种四挡行星齿轮变速器是在不改变原辛普森式三挡行星齿轮变速器的主要结构和大部分零部件的情况下，另外再增加一个单排行星齿轮机构和相应的换挡执行元件来产生超速挡的。这个单排行星齿轮机构称为超速行星排，它安装在行星齿轮变速器的前端，如图6-63所示，行星架是主动件，与变速器输入轴连接；齿圈则作为被动件，与后面的双排行星齿轮机构连接。超速行星排的工作由直接离合器C_0和超速制动器B_0来控制，直接离合器C_0用于超速行星排的太阳轮和行星架连接，超速制动器B_0用于固定超速行星排的太阳轮。根据行星齿轮变速器的变速原理，当超速制动器B_0放松、直接离合器C_0接合时，超速行星排处于直接传动状态，其传动比为1；当超速制动器B_0制动、直接离合器C_0放松时，超速行星排处于增速传动状态，其传动比小于1。

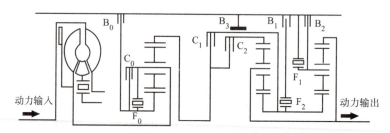

图6-63　3个行星排的辛普森式四挡行星齿轮变速器

图6-62中元件名称：C_0为直接离合器、C_1为倒挡及高挡离合器、C_2为前进离合器、B_0为超速制动器、B_1为二挡制动器、B_2为低挡及倒挡制动器、B_3为二挡强制制动器、F_0为直接单向超越离合器、F_1低挡单向超越离合器、F_2为二挡单向超越离合器。

图6-62中的后两排有这样的特点：双星排的前后太阳轮共用，行星架和内齿圈共同作为输出，前内齿圈独立，后行星架独立。凡是有上述特点的双行星排就称为辛普森机构，把含有辛普森机构的变速器称为辛普森式变速器。由3个行星排组成的辛普森四挡行星齿轮变速器各换挡执行元件在不同挡位的工作情况见表6-4。

当行星齿轮变速器处于1挡、2挡、3挡或倒挡时，超速行星排中的超速制动器B_0放松，直接离合器C_0和F_0接合（加油时C_0和F_0的作用是使行星架和太阳轮同步，松加速踏板时仅由C_0产生发动机制动），使超速行星排处于传动比为1的直接传动状态。更准确地说是内齿圈有阻力时，行星架使太阳轮顺时针加速转动，太阳轮通过F_1主动去锁止行星架。在发动机顺时针带动自动变速器输入轴转动时，它就让超速行星排的太阳轮和行星架锁止为一个整体，就可以实现传动比为1（注：但不能实现发动机制动）。由于直接离合器C_0在自动变速器处于超速挡之外的任何挡位（包括停车挡、空挡和倒挡）都处于接合状态，因此有了发动机制动。看起来似乎可以把F_0拿掉，但当发动机刚起动而油泵尚未建立起正常的油压时，直接离合器C_0就已处于半接合状态，这样容易使其摩擦片因打滑而加剧磨损。为了防止出现这种情况，在直接离合器C_0并列的位置上布置一个直接单向超越离合器F_0，使超速行星排的行星架能在逆时针方向上对太阳轮产生锁止作用，防止直接离合器C_0的摩擦片在半接合状态下打滑。但记住最终设计C_0的目的是实现动力可以由车轮反传回发动机，进而实现发动机制动。F_0 设计的目的主要是实现直接传动，而防止直接离合器 C_0 的摩擦片在半接合状态下打滑是它的一个连带效果。

表 6-4　3 行星排辛普森式四挡行星齿轮变速器换挡执行元件工作规律

操纵手柄位置	挡位	C₁	C₂	B₁	B₂	B₃	F₁	F₂	C₀	B₀	F₀	停车锁
P	P								○			○
R	R	○				○			○	○		
N	N								○			
D	D₁		○				○		○			
D	D₂		○					○	○			
D	D₃	○	○	●					○			
D	D₄		○	●						○		
2	2₁		○				○		○			
2	2₂		○	●	○				○			
2	2₃		○	●					○			
L	L₁		○		○				○			
L	L₂		○	●	○	○			○			

注：○：接合、制动或锁止；●：接合或制动，在汽车滑行时不传递动力。

直接单向超越离合器 F_0 的另一个作用是改善 3 挡升至超速挡的换挡平顺性。在 3 挡升至超速挡的换挡过程中，若超速制动器 B_0 制动晚和直接离合器 C_0 释放早，则会造成超速行星排各基本元件之间的空转，使发动机转速升高，同时伴随换挡冲击；反之超速制动器 B_0 制动过早和直接离合器 C_0 释放晚，则必然造成运动干涉，从而损坏超速制动器 B_0 和直接离合器 C_0。为了防止发动机空转和运动干涉，设计上可以让直接离合器 C_0 释放早些，再让超速制动器 B_0 接合，这样直接离合器 C_0 释放后超速制动器 B_0 若仍来不及接合而使行星齿轮变速器出现打滑现象，直接单向超越离合器 F_0 仍可以在直接离合器 C_0 已释放而超速制动器 B_0 尚未完全接合时代替直接离合器的工作，将超速行星排的太阳轮和行星架锁止在一起，防止超速行星排出现打滑现象，并在超速制动器 B_0 接合后又能及时自动脱离锁止，让超速行星排顺利进入超速挡工作状态。

由超速排可知传动比在小于 1 和等于 1 之间切换，我们可以试想当在 1、2 挡时，只要超速排传动比为 1，1、2 挡传动比由辛普森机构来实现减速即可。3 挡超速排和前两挡一样，传动比也为 1，若辛普森机构传动比为 1，则整个变速器的传动比为 1。4 挡时若辛普森机构传动比为 1，超速排传动比小于 1，则整个变速器的传动比小于 1。

【技师指导】对于四挡辛普森式变速器 1 挡固定行星架、2 挡固定太阳轮、3 挡同步、4 挡行星架带内齿圈超速、倒挡太阳轮传内齿圈的口诀对于四挡拉维娜式变速器也适用。

1挡时，C_0和F_0工作实现传动比为1，C_2离合器接合把动力传至前内齿圈。在起步时，前行星架和后内齿圈与车轮相连，阻力大于太阳轮（太阳轮自由），前内齿圈顺时针带动太阳轮逆时针超速转动，在后排由于后内齿圈与车轮相连，则动力传至行星架且使行星架逆时针转动，行星架刚一动就被单向离合器F_1锁止，此时行星架阻力远大于内齿圈，动力只好由后太阳轮传至后内齿圈，后内齿圈顺时针转动，这时不要认为是动力输出了。试想若前内齿圈和前太阳轮的齿数比等于后内齿圈和后太阳轮的齿数比，则这时传动比为1∶1，不能用于起步，但后圈的转动马上会带动前行星架顺时针转动。我们可设太阳轮转速为n_1、前内齿圈转速为n_2、前架转速为n_3、后架转速为n_4。设顺时针为正。

起步：

前排：

$$n_1 + \alpha_1 n_2 = (1 + \alpha_1) n_3$$

后排：

$$n_1 + \alpha_2 n_3 = (1 + \alpha_2) n_4$$

通过把前、后排方程消去n_1，得

$$n_2/n_3 = (1 + \alpha_1 + \alpha_2)/\alpha_1$$

这个式子含有α_1和α_2，表明前、后排全参与了变速。

在口诀里：1挡固定行星架是指在D位1挡、2位1挡用F_1固定行星架；在L位2挡由B_2固定行星架。区别在于固定有发动机制动（再注：发动机制动要理解成发动机帮助汽车减速，而不要理解成制动发动机），即动力可以由发动机传到车轮，也可由车轮反传回发动机。而单向离合器制动基本元件没有发动机制动，即动力可以由发动机传到车轮，却不能由车轮反传回发动机。这个道理和骑自行车一样，向前骑车时人可带动车轮，滑行时车轮不能带人运动。本书若是用于教学，要先熟悉利用行星排转速关系求传动比，再讲此口诀，最后再讲哪个挡、哪几个执行元件工作，可以达事半功倍的效果，当然本书顺序也是这样的。

2挡固定太阳轮：是指动力经前内齿圈传至前行星架，若在D位2挡时用B_1和F_2串联阻止太阳轮逆时针转动，2位2挡或L位2挡时用B_3阻止太阳轮逆时针转动。区别很简单，D位2挡无发动机制动，2位2挡和L位2挡有发动机制动。

3挡同步：是指前内齿圈和太阳轮同步共同带动行星架转动，传动比很显然是1∶1，理论上有发动机制动，但实际上由于传动比较小，车轮反拖发动机时效果不明显，一般认为没有发动机制动效果。

4挡时因为辛普森机构传动比为1∶1，故超速排超速形成4挡。

R挡时，后行星架固定，动力经后太阳轮传至后内齿圈。

其他挡位参考表6-4。

这种型式的四挡行星齿轮变速器可以使原辛普森式三挡行星齿轮变速器的大部分零部件都得到利用，有利于减少生产投资，降低成本。20世纪末的丰田新型五挡自动变速器也是在这种型式的四挡自动变速器上发展而来的，不过采用辛普森式自动变速器的轿车有减少的趋势，主要是拉维娜尔赫式更紧凑，控制更简单。

五、大众拉维娜尔赫式自动变速器

1. 四挡 01M 变速器

捷达、宝来、高尔夫横置前驱四挡自动变速器 01M，帕萨特四挡纵置前驱自动变速器 01N，奥迪 A6 五挡纵置前驱自动变速器 01V，Sigatar、Magotan 六挡横置前驱自动变速器 09G，它们都采用拉维娜尔赫式行星齿轮变速机构，拉维娜尔赫式行星齿轮变速器以后是发展趋势。它由一个前面单行星轮式行星排和后面一个双行星轮式行星排组合而成：大太阳轮和长行星轮、行星架、齿圈共同组成一个单行星轮式行星排；小太阳轮、短行星轮、长行星齿轮、行星架和齿圈共同组成一个双行星轮式行星排。在很多书（包括很多关于它们的专门资料）里面介绍的拉维娜机构的前后排顺序给颠倒了，实际上大众只有图 6-64 所示的结构形式，其执行元件工作规律表 6-5 所示。

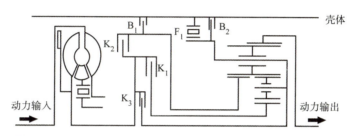

图 6-64 O1M 自动变速器的拉维娜尔赫式行星齿轮变速机构

表 6-5 大众 01M 四挡行星齿轮变速器换挡执行元件工作规律

操纵手柄位置	挡位	执行元件规律					
		K_1	K_2	K_3	B_1	B_2	F_1
D 位	1 挡	○					○
	2 挡	○			○		
	3 挡	○		○			
	4 挡			○	○		
1 位	1 挡	○				○	
R 位	倒挡		○			○	

注：○—接合、制动或锁止。

1）1 挡：1 挡时，只有 1—3 挡离合器 K_1（在德语里 Klutch 翻译成离合器）工作。如图 6-64 所示的发动机动力经输入轴和前进离合器 K_1 传至后太阳轮，使后太阳轮朝顺时针方向转动，并通过短行星轮带动长行星轮朝顺时针方向转动。由于内齿圈与车轮相连有阻力，因此行星架要做逆时针转动，但离合器 F_1 会阻止行星架逆时针转动。行星架阻力大于齿圈转动力，这时动力由后小太阳轮传递给齿圈，从而带动齿圈和输出轴以较慢转速朝顺时针方向转动。此时发动机动力是由后太阳轮经短行星轮、长行星轮传至齿圈和输出轴来传输的。若设前排的内齿圈齿数与太阳轮的齿数比为 α_1，后排内齿圈齿数与太阳轮的齿数比为 α_2，则传动比为 α_2。

当汽车滑行、输出轴反向驱动行星齿轮变速器时，齿圈通过长行星轮对行星架产生一个朝顺时针方向的力矩，此时 1 挡单向超越离合器 F_1 脱离锁止状态，使行星架朝顺时针方向自由转动，行星齿轮机构因此失去传递动力的能力，无法实现发动机制动。

为了使 1 位 1 挡能产生发动机制动作用，可将操纵手柄拨入前进低挡 1 位置。这样在 1 挡时，前进离合器 K_1 和低挡及倒挡制动器 B_2 同时工作。行星架由低挡及倒挡制动器 B_2 固定，此时动力传递路线及传动比和前述 1 挡时完全相同，而且不论汽车加速还是滑行，行星架都固定不动，在汽车下坡或滑行时，驱动轮可以通过行星齿轮变速器同向带动发动机，利用发动机怠速运转阻力来实现发动机制动作用。

2) 2 挡：2 挡时，1—3 挡离合器 K_1 和 2、4 挡制动器 B_1 一起工作，发动机动力经输入轴和 1—3 挡离合器 K_1 传至后太阳轮，使后太阳轮朝顺时针方向转动，并通过短行星轮带动长行星轮朝顺时针方向转动。由于前太阳轮被 2、4 挡制动器 B_1 固定，因此长行星轮在做顺时针自转时，还将朝顺时针方向做公转，从而带动齿圈和输出轴以较快转速朝顺时针方向转动。此时发动机动力是由后太阳轮经短行星轮、长行星轮传至前行星排，再由前行星排传至齿圈和输出轴。

根据分析，拉维娜尔赫式二挡行星齿轮变速器 2 挡的传动比为

$$i_2 = (\alpha_1 + \alpha_2)/(1 + \alpha_1)$$

此结果说明前后排全参与了变速，即拉维娜机构整体变速。想计算的读者只需前排列一个单行星轮基本元件转速关系式和后排列一个双行星轮基本元件转速关系式即可。忘了两个公式的读者可参考行星轮基本知识章节。

这种拉维娜尔赫式四挡行星齿轮变速器在 2 挡时具有向发动机传递动力的能力，在汽车滑行时能产生发动机制动作用。

3) 3 挡：3 挡时，1—3 挡离合器 K_1 和 3、4 挡离合器 K_3 同时接合，使输入轴和后太阳轮及行星架连接。由于后太阳轮和行星架成为一个整体，两者以相同的转速随输入轴转动，因此短行星轮和长行星轮不能做自转，只能是前后太阳轮和行星架一起做公转，从而导致齿圈一同转动。发动机动力由后小太阳轮和行星架传至齿圈和输出轴，此时传动比 i 等于 1，因此 3 挡是直接挡。

在 3 挡状态下，该行星齿轮变速器还具有反向传递动力的能力，在汽车滑行时会产生发动机制动作用，但效果不明显。

4) 4 挡：在 3 挡工作时，1—3 挡离合器 K_1 及 3、4 离合器 K_3 同时工作，使后行星排有 2 个基本元件互相连接，形成直接挡。4 挡时，3、4 挡离合器 K_3 和 2、4 挡制动器 B_1 同时工作，使输入轴与行星架连接，同时前太阳轮被固定，发动机动力经 3、4 挡离合器 K_3 传至行星架，行星架带动长行星轮朝顺时针方向一边自转一边公转，并带动齿圈和输出轴朝顺时针方向转动，其传动比为 $i_4 = \alpha_1/(1 + \alpha_1)$。由于其值小于 1，所以 4 挡为超速挡。

在 4 挡状态下，该行星齿轮变速器还具有反向传递动力的能力，在汽车滑行时会产生发动机制动作用，但效果已经不明显。

5) 倒挡：倒挡时，倒挡及直接挡离合器 K_2 接合，使输入轴同前太阳轮连接，同时低挡及倒挡制动器 B_2 产生制动，将行星架固定，发动机动力经输入轴传给前太阳轮，使前太

阳轮朝顺时针方向转动，并带动长行星轮朝逆时针方向转动。由于行星架固定不动，故长行星轮只能做自转，从而带动齿圈和输出轴朝逆时针方向转动。此时的传动比 i 等于负 α_1。在倒挡时，该行星齿轮变速器也能实现发动机制动作用。

由于此车只有一个单向离合器 F_1，所以很容易得出 D 位 1 挡 = 3 位 1 挡 = 2 位 1 挡、D 位 2 挡 = 3 位 2 挡 = 2 位 2 挡、D 位 3 挡 = 3 位 3 挡。

2. 奥迪 A601V 五挡自动变速器

在拉维娜尔赫式四挡行星齿轮变速器的输出轴后增加一个行星排，就可以使之成为具有 5 挡的奥迪 A6 01V（即 5HP – 19 变速器）行星齿轮变速器。

与四挡 01M 变速器相比，它仅在输出轴后的星行排上增加了 1 个直接挡离合器 K_4，以及 1、2 挡制动器 B_3。图 6 – 65 所示为奥迪 A6 01V 五挡拉维娜尔赫式行星齿轮变速器结构，这种行星齿轮变速器在不同挡位下各换挡执行元件的工作情况如表 6 – 6 所示。由表 6 – 6 可知，这种行星齿轮变速器与 01M 相比的工作特点是：R 挡要多减一步速；1、2 挡也要多减一步速。

表 6 – 6　拉维娜尔赫式五挡奥迪 A6 01V 变速器换挡执行元件工作规律

操纵手柄位置	挡位	执行元件规律							
		K_1	K_2	K_3	B_1	B_2	F_1	K_4	B_3
D 位	1 挡	○					○		○
	2 挡	○			○				○
	3 挡	○			○			○	
	4 挡	○	○					○	
	5 挡			○	○			○	
2 位	1 挡	○							○
R 位	倒挡			○		○			○

注：○—接合、制动或锁止。由于此车也只有一个单向离合器 F1，所以很容易得出 D 位 1 挡 = 4 位 1 挡 = 3 位 1 挡、D 位 2 挡 = 4 位 2 挡 = 3 位 2 挡 = 2 位 2 挡、D 位 3 挡 = 4 位 3 挡 = 3 位 3 挡、D 位 4 挡 = 4 位 4 挡。其他车系采用这种拉维娜结构的自动变速器的有新款宝马六挡等轿车。

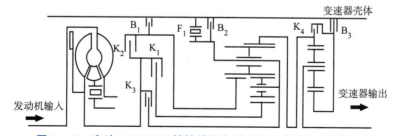

图 6 – 65　奥迪 A6 01V 五挡拉维娜尔赫式行星齿轮变速器结构

3. AISIN 6 速 09G 自动变速器

AISIN 6 速 09G 自动变速器由一个单行星轮行星排齿轮系统和一个 Ravigneaux（拉维娜尔赫式或瑞文牛斯式）行星齿轮变速机构组成，可选两种换挡程序：经济型（标准）、运动型，通过换挡杆选择"D"或"S"即可实现，在 D 位为经济型（标准），手柄移至

S 位时为运动型。手动换挡功能通过 D 位控制面板的图示右移进入手动模式，此功能通过 Tiptronic 开关 F189 内的三个霍尔电子开关识别。向前点动加挡，向后点动减挡，仪表自动由自动模式切换为手动模式。图 6-66 所示为 AISIN 6 速 09G 自动变速器的外围识别图。

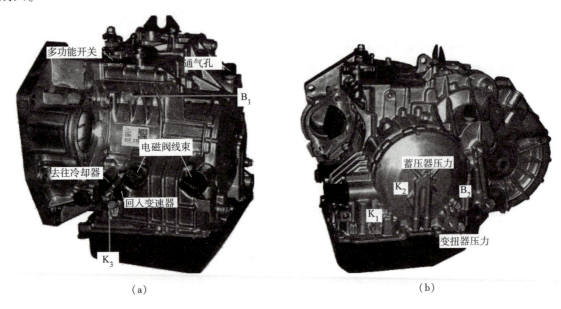

图 6-66 AISIN 6 速 09G 自动变速器的外围识别

【完成任务】请在大众速腾 AISIN 6 速 09G 变速器上根据图 6-66（a）和图 6-66（b）找到相应的外围元件名称。

图 6-67 所示为 AISIN 6 速 09G 自动变速器，表 6-7 所示为 AISIN 6 速 09G 6 挡变速器换挡执行元件工作规律。

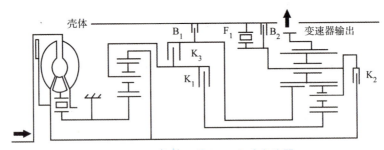

图 6-67 AISIN 6 速 09G 自动变速器

表 6-7　拉维娜尔赫式 AISIN 6 速 09G 六挡变速器换挡执行元件工作规律

操纵手柄位置	挡位	执行元件规律					
		K_1	K_2	K_3	B_1	B_2	F_1
D 位	1 挡	○				(○)	○
	2 挡	○			○		
	3 挡	○		○			
	4 挡	○	○				
	5 挡		○	○			
	6 挡		○		○		
R 位	倒挡			○		○	

注：○—接合、制动或锁止。

第七章
无级变速器技术

一辆奥迪配有01T无级自动变速器（01J的升级款），开始加速时正常，急加速时变速箱内出现异响，情况很是吓人，车主非常着急。

如果你是接车的修理技术人员，应如何检查，最可能是哪里被损坏了，如果是那里损坏了，修理方案应如何制定。

能说出电控无级01J变速器的机械传动。
能说出电控无级01J变速器的传感器和执行器组成，并说出相关功能。

能够通过诊断仪读取01J变速器数据流，判定故障。
能够分解和组装锥盘结构。
能够更换液压阀体。
能够更换阀体后部的电控单元。

第一节　无级变速器简介

无级变速器（Continuously Variable Transmission，CVT）一直是人们的理想目标。通过改变双锥体上传动带或传动链半径的方法，可以很容易实现主动锥盘与从动锥盘半径的增大和减小，实现低速挡至高速挡的过渡。但因接触部分压力太高而难以实用化，对于带传动只能用于小排量的家庭用车，链传动可以用于稍大排量的轿车上。

CVT的关键部件是由传动链轮（见图7-1）或鱼骨架钢带（见图7-2）实现的无级变速器，它可允许变速比在最小和最大变速比之间无级调节，能提供一个合适的传动比，这个传动比压制发动机总是工作在最佳经济转速范围内，进而使汽车动力性或燃油经济性最优化。无级变速器由两个带锥面的盘体的主链轮装置和副链轮装置，以及工作于两个锥形链轮组之间 V 形槽内的专用传动链（带）组成，传动链是动力传动装置。传动链和带轮的接触如图 7-3 所示。

图 7-1　主从双锥体及传动钢链

1—主动锥盘；2—带轮 A；3—传动链；4—带轮 B；5—从动锥盘

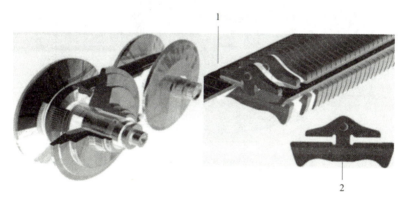

图 7-2　CVT 的鱼形骨架传动钢带

1—钢带；2—鱼形骨架

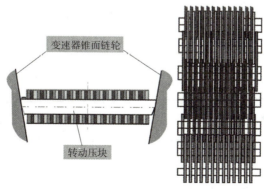

图 7-3　传动链和带轮的接触

一、钢链式传动带

国内从 2002 年开始在 AUDI A6 2.8L 装备的 01J 链传动无级变速器,可以称为迄今为止最先进的无级变速器。其他车系如本田的飞度和菲亚特的西也纳采用多层钢带的带传动,由于仍然使用变扭器作为发动机和变速器之间的动力传递装置,所以功率损失较大。

图 7-4 所示为 01J 变速器的结构,CVT 由电控系统部分,液压部分,双质量飞轮或扭转减震器(不采用液力变扭器),双行星轮换向行星排、前进挡离合器、倒挡制动器(有些书上错写为倒挡离合器)组成的换向机构,主从双锥体(带轮)及传动钢链组成。链轮装置是由发动机通过辅助减速齿轮驱动,发动机转矩通过传动链传递到链轮装置,并由此传给主减速器。每个链轮装置中的一个链轮可沿轴向移动,调整传动链的跨度尺寸和改变传动比。两组链轮装置必须同时进行调整,以保证传动链始终处于张紧状态和有足够的盘接触传动压力。

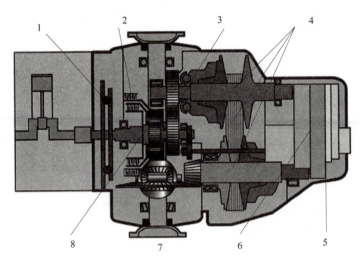

图 7-4 01J 变速器的结构

1—飞轮减震装置;2—倒挡制动器;3—辅助减速齿轮挡;4—传动链变速器;5—变速箱控制单元;
6—液压控制单元;7—前进挡离合器;8—行星齿轮系

图 7-5 所示为 01J 变速器传动示意图,行星齿轮换向机构采用一个双行星轮行星排,主要作用是实现前进挡和倒挡的转换。制动器 B 和离合器 K 均采用湿式摩擦片,工作时要有相应的制动器缸和离合器缸控制。前进挡时,前进挡离合器 K(德语 Klutch)接合,行星架直接输出动力,双行星轮行星排不改变传动比。倒挡时,制动器 B(Brake)制动内齿圈,太阳轮输入顺时针,内行星轮逆针转动,外行星轮顺时针转动,由于内齿圈不动,行星架逆时针转动,倒挡双行星轮行星排改变传动比,传动比为从动行星架虚拟齿数比上主动太阳轮齿数,为减速。奥迪辅助减速机构变速比为 51:46。

01J 变速器没有用变扭器作为发动机和变速器之间的动力传递,而采用双质量飞轮作为传力装置和减震装置。图 7-5 中的倒挡制动器接合时为倒挡,前进挡离合器接合为前进挡,两者都不接合时为空挡或驻车挡。油泵轴带动油泵泵油,电控单元(在阀体后部)和人右手共同控制阀体(液控单元),从而控制前进挡离合器、倒挡制动器工作及双锥体半径的大小。

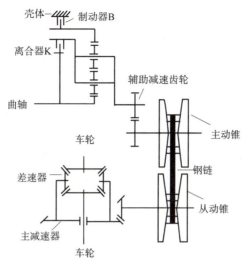

图 7-5 01J 变速器传动示意图

【知识点滴】无级变速器若仍采用变扭器作为发动机和变速器之间的传动装置，则整个变速器称为液力无级变速器，是费油的；若采用双质量飞轮作中间传动装置，则称无级变速器，发动机较省油。

二、加副变速器的 CVT（Continuously Variable Transmission）

目前 AT（Automatic Transmission）液力自动变速器已发展到八挡甚至九挡，CVT 限于传统 CVT 的工作原理，通过加大带轮直径实现大速比，不仅使变速器体积增大，更会令机械效率下降。近来加装副变速器的新一代 CVT 变速器（图 7-6）开始出现。

因此新一代 CVT 引入行星齿轮以及离合器，不仅将带轮直径减小，还将变速器速比扩大到 7.3∶1。如图 7-7 所示，在变速器输出轴之前增加一组带离合器的副变速机构，这种一体式行星齿轮结构在 AT 变速器内很常见，具有 1.0 和 1.821 两种速比，而传统的 CVT 部分同时进行了体积削减，通过将带轮直径减小，将速比范围缩小到 4∶1，最终实现了变速器总体积的小型化。工作状态下，在带轮部分提供 4.0～1.0 速比的同时，副变速机构也能从 1.821 按需求切换到 1.0，这样两组变速机构速比相乘就形成了 7.3∶1 的大速比范围的 CVT 变速器。

图 7-6 新一代 CVT 变速器

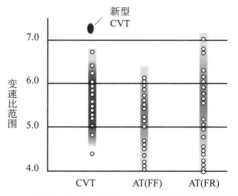

图 7-7 新型 CVT 和传统 AT 变速器速比范围对比

在低速起步时,副变速器处于1挡,速比为1.821,发动机动力通过液力变矩器传递给CVT变速器,车速均匀上升。液力变矩器转速逐渐与发动机转速同步,并最终锁止行程等速传动。

车辆行驶速度逐渐增加,CVT带轮从低速位逐渐变为高速位,此时变速器可提供7.3~1.0的总速比;当车速需要继续提升时,副变速器机构进入2挡,副变速器速比由1.821降至1.0,通过离合器进行柔性切换,理论上这一过程类似AT变速器的升挡过程,但是速比跨度过大,换挡冲击在所难免,这也是AT变速器无法完全消除冲击的原因所在。而在新一代CVT结构中,得益于CVT速比任意调整的优势,副变速器机构的换挡过程中,CVT带轮部分也会随之调整,使这一调整过程中的总速比输出不变。通过两组传统变速机构的组合应用,速比相乘,实现了7.3:1的超大范围速比,更重要的是变速器不仅降低了带轮压盘的压力、提高了械效率,而且总体积缩小。

第二节 奥迪01J变速器结构原理与检修

奥迪6缸采用飞轮减震装置,4缸汽油机和6缸TDI柴油机采用双质量飞轮。当上坡或挂车导致离合器压力过高时,离合器系统进行安全切断保护。在上坡或挂车,或频繁起步和制动导致离合器温度升高时,离合器进行过载保护。01J无级变速器可通过有级6挡实现控制和调速,各挡的最高车速如表7-1所示。

表7-1 奥迪01J各挡的最高车速

01J(DZN)	变速器变速比	总变速比	最高车速/(km·h^{-1})	备注
1挡	2.40	12.713	约55	速度是通过轮胎周长1 930 mm计算得出(轮胎205/55-16)。最高车速为235 km/h。标注*号为理论车速
2挡	约1.42	约7.50	约92	
3挡	约0.98	约5.20	约134	
4挡	约0.76	约4.00	约174	
5挡	约0.55	约2.90	*约239	
6挡	0.400	2.119	*约337	

一、采用双活塞原理

图7-8所示为双活塞工作原理图。压力缸的特点是压强小,但作用面积大,因此压力大,作用是保持链和锥盘的接触压力,保证传递的扭矩。分离缸的特点是压强大,但作用面积小,调整油量小,效率高,作用是改变压力平衡,调整速比。为阻止压力缸建立起的离心动态压力,在输出轴侧带轮的压力缸右侧设计了飞溅式油罩盖。

Multitronic 01J变速箱使用另一种ATF作为变速介质。只有作为备件供应的CVT变速箱用ATF才可用于行星齿轮系保养。轿车每行驶60 000 km或4年需更换自动变速箱ATF润滑油,第一次加约7.5 L,换油为4.5~5.0 L。

二、带半月牙板的两隙自调式内啮合泵

图7-9所示为带月牙板的两隙自调高效率内啮合齿轮泵结构,为了提高油泵的工作效

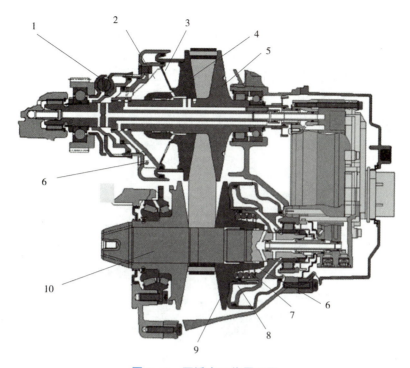

图 7-8 双活塞工作原理图

1—扭矩传感器；2—压力缸；3—膜片弹簧；4—变速器锥面链轮；5—链轮装置1；6—分离缸；
7—螺旋弹簧；8—压力缸；9—变速器锥面链轮

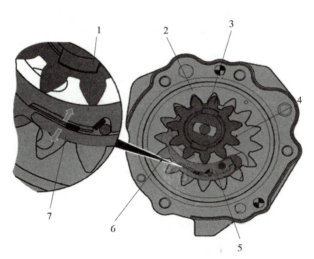

图 7-9 带月牙板两隙自调高效率内啮合齿轮泵结构

1—内扇形；2—齿圈；3—齿轮；4—吸油区；5—月牙形密封；6—压油区；7—外扇形

率，设计上必须减小油泵齿轮和月牙板内侧的间隙，同时也要减小油泵齿圈和月牙板外侧的间隙，两间隙越大，吸油区和压油区的连通越大，油泵效率越低。为了实现两间隙自调为零的目的，半月牙板采用了内扇区和外扇区组合的形式，将内扇区和外扇区中间的密封腔与压油区连通，消除了两间隙，理论上两间隙可为零。

三、01J 变速器控制元件组成

1. J217 变速器控制单元

图 7-10 所示为 J217 变速器控制单元,特点是位于变速器内,基本上是浸于油中,控制单元集成了大量的传感器,执行器(电磁阀)采用了插接式结构,安装方便,从而省略了大量线束。奥迪 01J 变速器传感器作用、失效替代和仪表故障显示如表 7-2 所示。

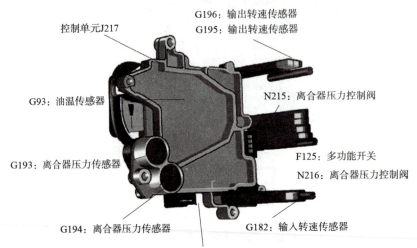

图 7-10 J217 变速器控制单元

表 7-2 奥迪 01J 变速器传感器作用、失效替代和仪表故障显示

传感器代号	传感器	失效状况	替代值	仪表故障显示
G182	变速器输入转速传感器	微量打滑和离合器匹配控制功能失效	发动机转速信号	无
		起步-加速过程可利用固定参数完成		
G195	变速器输出转速传感器 1		G196	无
G196	变速器输出转速 2	坡路停车功能失效	G195	无
G195/G196		坡路停车功能失效	轮速信号	无
G193	离合器压力传感器 1	安全阀激活—安全切断		闪烁
G194	离合器压力传感器 2	爬行控制匹配功能失效	无	
G93	变速箱油温传感器	离合器匹配控制功能失效	变速箱控制单元	反转
		当油温高于 145℃时,发动机输出功率下降	计算得出替代值	闪烁
F125	多功能开关	霍尔传感器"D"损坏,点火功能失效	引入替代程序	闪烁

2. 01J 变速器控制电路图

奥迪 01J 变速器控制电路如图 7-11 所示。

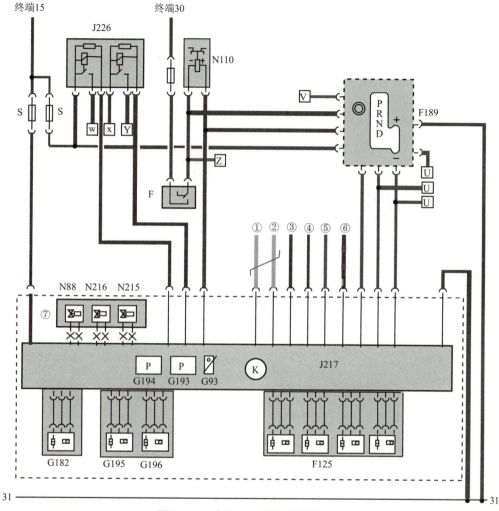

图 7-11 奥迪 01J 变速器控制电路

F—制动灯开关；
F125—多功能开关；
F189—手自一体开关；
G93—变速箱油温传感器；
G182—变速器输入转速传感器；
G193—离合器压力传感器 1；
G194—离合器压力传感器 2；
G195—变速器输出转速传感器 1；
G196—变速器输出转速传感器 2；
N88—电磁阀 1（离合器冷却/安全切断）；
N110—换挡杆锁止电磁阀；
N215—离合器压力控制阀 1；
N216—离合器压力控制阀 2；
J217—无级变速箱控制单元；

J226—起动和倒车继电器；
U—点动转向盘（选装）；
V—来自端子 58d；
W—到倒车灯；
X—来自点火开关 50；
Y—到启动端子 50；
Z—到制动灯；
1—动力 CAN low；
2—动力 CAN high；
3—换挡指示（输出）；
4—车速（输出）；
5—发动机转速信号（输入）；
6—K 诊断线（双向）

3. Tiptronic 开关

Tiptronic 开关结构如图 7-12 所示。

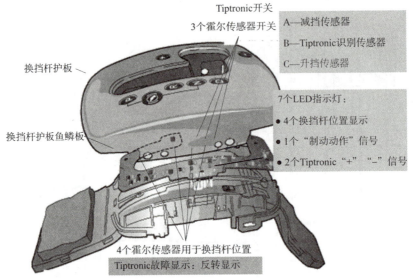

图 7-12 Tiptronic 开关结构

4. CAN-BUS 信息交换

CAN-BUS 信息交换如图 7-13 所示。

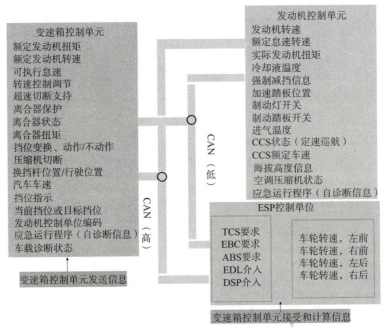

图 7-13 CAN-BUS 信息交换

第八章

纯电动汽车及混合动力汽车变速器

 情境引入

一辆 2009 年款丰田普锐斯配 P410 电力无级变速器,发动机低转速时从发动机的油底壳传出"咔咔"的异响,急加速异响消失,情况很是吓人,车主非常着急。

维修师傅说这是丰田普锐斯配 P410 电力无级变速器工作时,发动机特有的异响,如果你是接车的修理技术人员,应如何检查,最可能是哪里被损坏了,如果是那里损坏了,修理方案应如何制定。

 知识目标

能说出丰田普锐斯配 P410 电力无级变速器的机械传动。
能说出丰田普锐斯配 P410 电力无级变速器时,发动机出现特有异响的原因。

 技能目标

能够分解和组装 P410 电力无级变速器。
能够在实车上分辨出丰田普锐斯配 P410 电力无级变速器发动的情况下,发动机特有的异响。

第一节　纯电动汽车变速器 P 挡控制电控化

一、纯电动汽车变速器组成

图 8-1 所示为纯电动汽车传动系统组成及两级减速器和 P 挡驻车棘轮棘齿机构,电动机动力经变速器(本质为二级主减速器)、驱动桥中的主减速器和差速器,最终到达车轮。

二、P 挡控制电控化

在纯电动汽车的变速器(本质为二级主减速器)的 P 挡控制上目前大多数厂家采用了电控化技术,即在车速较低或为 0 的情况下,驾驶员按下 P 挡按钮,这个信号传至变速器控制单元(TCM),由变速器控制单元(TCM)控制电动机来实现 P 挡驱动轮锁止或解锁。

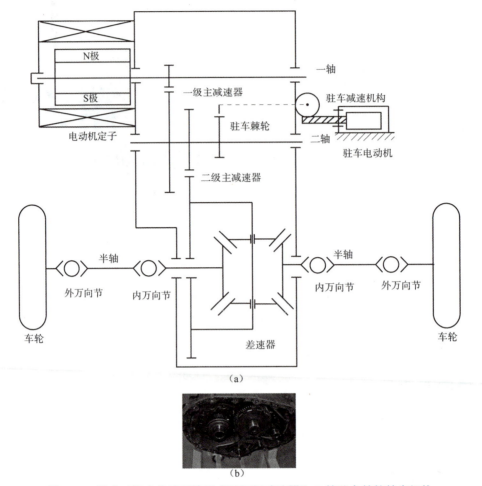

图 8-1　纯电动汽车传动系统组成及两级减速器和 P 挡驻车棘轮棘齿机构
（a）纯电动汽车传动系统组成；（b）纯电动汽车两级减速器及 P 挡驻车棘轮棘齿机构（电动机在壳体外部）

第二节　宝马 X6 混动变速器

一、宝马 X6 简介

宝马将 X6 定义为 SAC，也就是全能轿跑车，与定位于侧重公路行驶性能的 X5 相比，X6 在公路性能上的进化更为彻底，在外形设计与动力操控上将跑车的运动能力和 SUV 的多功能相融合。X 级为越野车系列，包括 SUV 等，3 系是指紧凑级轿车；5 系为中级别轿车；7 系为高档商务用车。M 系为公路轿跑车。宝马 X6 的 X 代表宝马高档运动型 SUV 的代号，6 的意思就是基于 6 系平台制造的 SUV 车型，总的来说宝马 X6 的意思就是宝马 6 系平台运动型。SUV X5 就是基于 5 系平台制造的 SUV，X3 是基于 3 系平台制造的 SUV，X1 是基于 1 系平台制造的 SUV，数字越高，级别也就越高。

宝马正式公布了 2010 款 X6 在美国市场的售价为 89 725 美元（约合人民币 61 万元，包含运费）。2010 年宝马集团旗下的 BMW 高效混合动力 7 系和 BMW 高效混合动力 X6 正式登陆中国市场，市场指导价分别是 BMW 高效混合动力 7 系人民币 229.8 万元，以及 BMW 高效混合动力 X6 系人民币 216.8 万元。

宝马 X6 混合动力汽车是双涡轮的 4.4 L V8 发动机和镍金属氢化物电池相结合的混合动力系统，百米加速过程耗时仅为 5.4 s，最高时速被电子限定在 210 km/h。混合动力系统能够在仅依靠电力的情形下达到 60 km/h 的时速，平均耗油量仅为 9.9 L/100 km，同时也将排放减少约 20%。

宝马 ActiveHybrid 技术为驾驶员提供了三个重要选项：纯电动行驶、内燃机动力行驶以及在两种动力结合的模式下行驶。在车速低于 60 km/h 的电动模式下行驶时，可以实现二氧化碳零排放。两台电动机、三个行星齿轮组及四个多片式离合器组成的 7 挡自动变速箱根据行驶情况，通过电动机、内燃机、可变比例使用两种驱动转子驱动。高压蓄镍氢电池通过冷却液散热，必要时还通过空调系统进行冷却。

二、行驶情况

1. 发动机节能起停功能

发动机节能起停功能在怠速情况下关闭内燃机，例如遇到红灯或堵车时，高电压蓄电池在车辆静止状态下也能为空调和车辆照明等提供所需能量。

如果高电压蓄电池电量不足，就会起动内燃机，从而通过电动机为高电压蓄电池充电并为用电器提供充足的电能。如果车辆驶近交通信号灯，则制动过程中车辆静止前（达到规定速度时）会关闭内燃机。

2. 起步

起步时在低转速范围内使用电动机提供的较高扭矩。从静止状态起步时仅由电动机驱动车辆，由高电压蓄电池提供所需能量，内燃机仍处于关闭状态（发动机处于运行温度）。

3. 行驶

在车速不超过 60 km/h 的情况下，X6 可以通过纯电动方式行驶最多 2.5 km，车速更低时可以行驶更远。只有在两个电动机的功率不足以驱动车辆时，才会起动内燃机。在行驶过程中会根据车速和蓄电池充电状态以不同比例驱动内燃机和电动机。在恒定高速行驶期间，内燃机以最佳效率运行，内燃机提供绝大部分驱动力。当高电压蓄电池电量不足时，内燃机的部分功率还将通过电动机用于蓄电池充电。只有当高电压蓄电池温度高于 10℃ 时，才允许以纯电动方式行驶。

4. 加速

在交通信号灯处、斜坡上或超车过程中急加速时，如果高电压蓄电池电量充足便可以额外提供能量并通过电动机作为驱动使用，此功能称为助推功能。

通过结合使用内燃机和电动机的功率可以实现与更大功率发动机车辆一样的行驶动力和加速度。在此电动机相当于一种"电动涡轮"，在加速过程中为内燃机提供助力且不会带来额外的燃油消耗。

5. 制动能量回收利用

驾驶员松开加速踏板后，电动机的作用相当于发电机，可以免费产生电流，因此它就像发电机一样将滑行车辆的动能转化为电能。高电压蓄电池较大的存储容量有助于充分发挥回收利用潜能。

三、分布式功能

1. 混合动力主控控制单元的功能

1）分析驾驶员指令并确定挡位（P、R、N、D、S、M）；
2）选择换挡模式；
3）确定正确挡位；
4）自适应变速器控制系统；
5）计算内部片式离合器上的所需力矩；
6）计算变速器输出端上的额定扭矩。

2. 混合动力变速器控制系统的功能

1）控制变速器油循环回路；
2）操控和监控片式离合器；
3）确保对电机进行冷却；
4）读取并向控制单元网络提供有关主动变速器状态的传感器信号；
5）监控变速器状态，并根据需要启用应急模式；
6）电子禁起动防盗锁。

四、自适应变速器控制功能

E72 的混合动力驱动装置（图 8-2）也带有自适应变速器控制功能，该功能在混合动力主控控制单元内进行计算。该功能根据诸如加速踏板角度等传感器信号识别出驾驶员指令并相应调节换挡策略，从而确保尽可能舒适的驾驶过程。与使用传统宝马自动变速器时一样，共有驾驶模式、运动模式、手动模式三种模式可供选择。

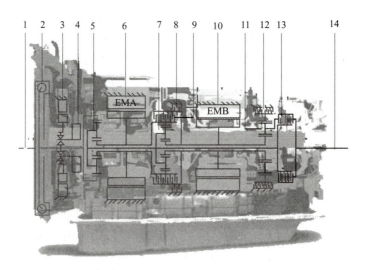

图 8-2 E72 主动变速器的剖面和结构示意图

1—变速器输入轴；2—双质量飞轮；3—用于驱动变速器油泵的电动机；4—变速器油泵；5—第一排行星齿轮；6—电机 A；7—第二排行星齿轮；8—制动器；9—离合器；10—电机 B；11—行星齿轮；12—制动器；13—离合器；14—变速器输出轴

五、变速器工作过程

1. ECVT1 模式

如图 8-3 所示,电机 B 工作,第三行星齿轮 11 的制动器 12 工作,电动机驱动太阳轮,行星架作为输出。

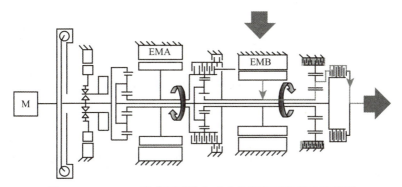

图 8-3　ECVT1 模式下以纯电动方式行驶时的动力传输图

如图 8-4 所示,电机 B 工作,第三行星齿轮 11 的制动器 12 工作,电动机驱动太阳轮,内齿圈被制动器 12 工作,行星架作为输出,这一点与纯电动输出相同,但此时发动机输出的转矩通过第一行星齿轮内齿圈输入,通过行星架和太阳轮输出,太阳轮转动可驱动电机 A 发电,同时驱动第二行星齿轮的内齿圈。第一行星齿轮行星架驱动第二行星齿轮行星架从而也加入驱动第三行星齿轮太阳轮的工作中,增加了从行星架的输出转矩。

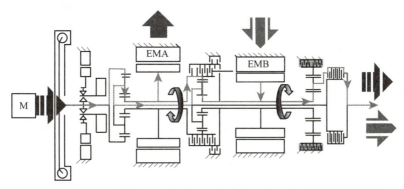

图 8-4　ECVT1 模式下以发动机和电动机混合驱动时的动力传输图

2. ECVT2 模式

ECVT2 模式(图 8-5),这时只有一个片式离合器 13 结合,其余执行元件不工作,用于较高车速,这时通过电机 A 和内燃机共同驱动输出。

3. 固定的基本挡位

对于主动变速器固定的基本挡位而言,与 ECVT1 和 ECVT2 两个模式不同(图 8-5),变速器输入轴与变速器输出轴间的传动比固定不变。因此,发动机转速变化时,车速也会发生相应程度的改变。

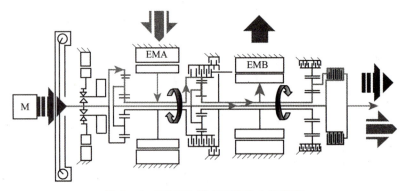

图 8-5 ECVT2 模式下的动力传输图

(1) 处于基本挡位 1 时

处于固定的基本挡位 1 时（图 8-6），离合器 9 和制动器 12 工作。电机均可以无负荷旋转：B 作为电动机驱动，从而为发动机提供支持；A 作为发电机驱动，从而为高电压蓄电池充电。

另外，处于固定的基本挡位 4 时，电机 B 静止不动，因此只有电机 A 可以灵活使用。

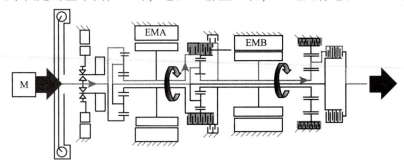

图 8-6 处于基本挡位 1 时的动力传输

(2) 处于基本挡位 2 时

处于固定的基本挡位 2 时（图 8-7），制动器 12 和离合器 13 工作。电机可以无负荷旋转：B 作为电动机驱动，从而为发动机提供支持；A 作为发电机驱动，从而为高电压蓄电池充电。

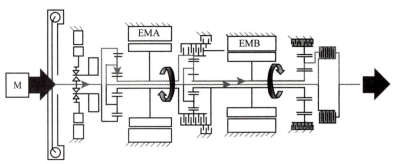

图 8-7 处于基本挡位 2 时的动力传输出

另外，处于固定的基本挡位 4 时，电机 B 静止不动，因此只有电机 A 可以灵活使用。

(3) 处于基本挡位 3 时

处于所有固定的基本挡位 3 时（图 8-8），制动器 12 和离合器 13 工作。电机可以无负荷旋转：B 作为电动机驱动，从而为发动机提供支持；A 作为发电机驱动，从而为高电压蓄电池充电。

另外，处于固定的基本挡位 4 时，电机 B 静止不动，因此只有电机 A 可以灵活使用。

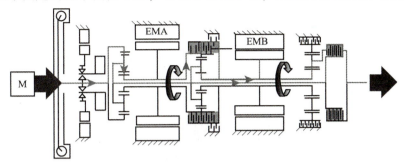

图 8-8　处于基本挡位 3 时的动力传输

4. 没有动力传输

"没有动力传输"的状态通过断开所有 4 个片式离合器来实现。内燃机运转时电机也随之运转，此时电机不产生任何负荷，既不作为发电机也不作为电动机驱动。当内燃机转速超过 4 000 r/min 时，电机就会达到超过自身设计要求的过高转速，因此在这种变速箱状态下会通过电子限速使内燃机转速低于 4 000 r/min。

❋ 第三节　双行星排混联汽车电力无级变速驱动桥

双行星排混联汽车的混合动力系统采用丰田混合动力系统 - Ⅱ（THS - Ⅱ）。混合动力车辆组合使用 2 种动力源（如发动机和 HV 蓄电池），以利用各动力源提供的优势并弥补各自的劣势，从而实现高效运行。与现有的纯电动车辆不同，混合动力车辆无须使用外部设备对其蓄电池充电。因此，使用混合动力车辆无须专门的基础设施。动力装置（如发动机或燃料电池）的技术发展在各个领域都在不断进步，混合动力系统是一种使用高效动力装置和电机的灵活系统。混合动力车辆具有高压电路，故研发混合动力车辆时已考虑到防止驾驶员和技师触电。

一、主要特征

THS - Ⅱ 控制具有下列特征。

1. 怠速停止

自动停止发动机的怠速运转（怠速停止），以减少能量损失。

2. EV 行驶（高效行驶控制）

发动机效率低时，仅使用电动机即可驾驶车辆。此外，发动机效率高时可发电。进行此项控制的目的是使车辆的总效率达到最高。

3. EV 行驶模式

如果驾驶员操作开关且满足工作条件，则车辆即可依靠电动机行驶。

4. 电动机辅助

加速时，电动机补充发动机动力。

5. 再生制动（能量再生）

减速期间和踩下制动踏板时，收集以热量形式损失的部分能量，生成电能重新使用，如用作电动机动力等。

二、P410 混合动力车辆驱动桥

P410 混合动力车辆变速驱动桥（图 8-9）包括 1 号电动/发电机（MG1）和 2 号电动/发电机（MG2），本质是一个电力无级变速驱动桥。

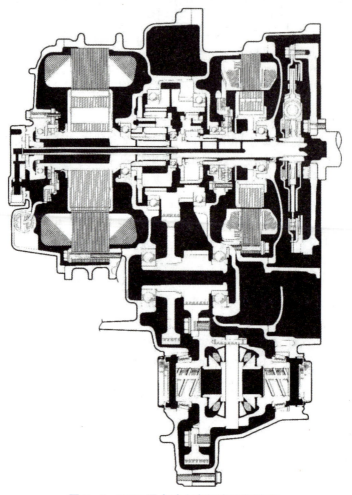

图 8-9 P410 混合动力车辆变速驱动桥

1 号电动/发电机（MG1）为永磁电机，起高压发电机和发动机起动机的作用；2 号电动/发电机（MG2）为功率 60 kW 的永磁电机，起高压发电和驱动车轮（最大 207 Nm）的作用。

三、典型的车辆行驶状态

1）混合动力系统使用发动机 MG1 和 MG2 提供的原动力，并将 MG1 用作发电机，系统根据各种行驶状态对这些力进行优化组合。

2）动力管理控制 ECU（HV-ECU）持续监视发动机冷却液温度、SOC、HV 蓄电池温度和电器负载情况，如果任一监视条件不满足要求，或车辆处于 READY-ON 状态且换挡杆置于 N 以外的任何位置，则动力管理控制 ECU（HV-ECU）起动发动机。

3）混合动力系统根据下列行驶状态对发动机、MG1 和 MG2 的运转进行优化组合，驱动车辆。

下列车辆状态为典型的车辆行驶状态示例，如图 8-10 所示。行驶状态主要包括：READY – ON 状态 A、起步 B、定速巡航 C、节气门全开加速期间 D、减速期间 E、倒车期间 F。

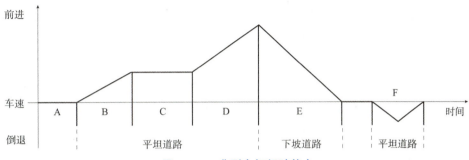

图 8-10 典型车辆行驶状态

四、如何理解列线图

如图 8-11 所示的列线图对行星齿轮的旋转方向、转速和扭矩平衡进行了直观表示。在列线图中，直线用于表示行星齿轮中 3 个齿轮的旋转方向和转速间的关系。各齿轮的转速由距 0 r/min 点的距离表示。由于行星齿轮的结构关系，故 3 个齿轮的转速间的关系总是用一条直线表示。图 8-11 所示为车辆行驶状态的列线图和转动机构运行图。

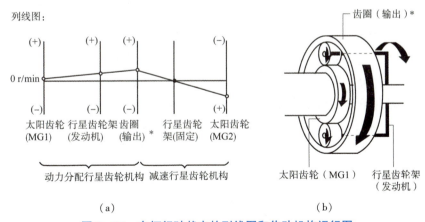

图 8-11 车辆行驶状态的列线图和传动机构运行图
(a) 列线图；(b) 传动机构运行图

对于混合动力系统，在不同情况下电动/发电机具有不同的作用，了解旋转方向和扭矩间的关系有助于理解电动/发电机的作用。

五、行驶状态

1. 纯电动行驶工况

车辆起步时（图8-12），由 MG2 为车辆提供动力实现纯电动工况行驶。如果在 MG2 纯电动驱动运行时，驾驶员踩下踏板的深度较大，说明所需的驱动扭矩增加，这时则激活 MG1 以起动发动机。

车辆在正常情况下起步时，使用 MG2 的原动力行驶。在此状态下行驶时，由于发动机停止，所以行星齿轮架（发动机）的转速为 0 r/min。此外，由于 MG1 未产生任何扭矩，因此没有扭矩作用于太阳齿轮（MG1），太阳齿轮沿逆时针（-）方向仅是自由空旋转。

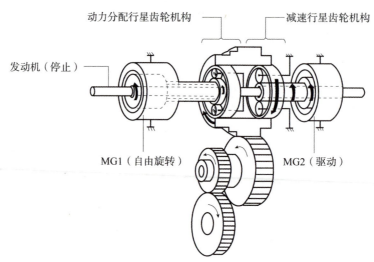

图 8-12 MG2 纯电动状态行驶

2. 低负载和定速巡航工况

车辆在低负载和定速巡航状态下行驶时（图8-13），动力分配行星齿轮机构传输发动机原动力，其中一部分原动力直接输出，剩余的原动力则通过 MG1 发电。利用逆变器的电力路径，该电能被传输至 MG2，作为 MG2 的原动力输出。如果 HV 蓄电池的 SOC 水平低，则由发动机驱动的 MG1 进行充电。发动机的扭矩以正方向作用于行星齿轮架（发动机），使太阳齿轮（MG1）以负扭矩进行反作用，MG1 利用作用于太阳齿轮（MG1）的负扭矩发电。

3. 低负载巡航变为节气门全开加速工况

车辆行驶状态从低负载巡航变为节气门全开加速时（图8-14），系统利用 HV 蓄电池的电能补充 MG2 的原动力。当需要更多发动机动力时，相关齿轮的转速发生如下所述改变，以提高发动机转速：发动机的扭矩以正方向作用于行星齿轮架（发动机），使太阳齿轮（MG1）以负扭矩进行反作用，MG1 利用作用于太阳齿轮（MG1）的负扭矩发电。

4. 汽车减速工况

减速期间，齿圈由车轮驱动旋转（图8-15）。在此情况下，由于发动机停止，行星齿

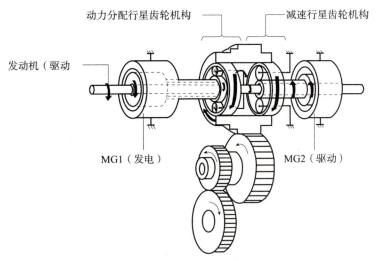

图 8-13 低负载和定速巡航状态

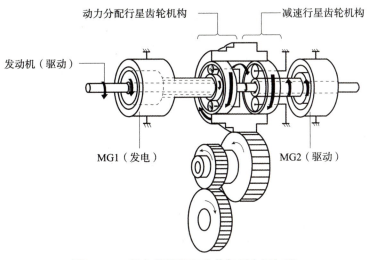

图 8-14 低负载巡航变为节气门全开加速

轮架（发动机）的转速为 0 r/min。此外，由于 MG1 未产生任何扭矩，因此没有扭矩作用于太阳齿轮（MG1），而太阳齿轮（MG1）沿负方向自由旋转，以平衡旋转的齿圈。

5. 倒挡行驶工况

车辆以倒挡行驶时（图 8-16），所需动力由 MG2 提供。此时，MG2 反向旋转，发动机保持停止，且 MG1 沿正常方向旋转而不发电。行星齿轮的状态与"起步"中描述的相反。由于发动机停止，行星齿轮架（发动机）的转速为 0 r/min，但太阳齿轮（MG1）沿正方向自由旋转，以平衡旋转的齿圈。

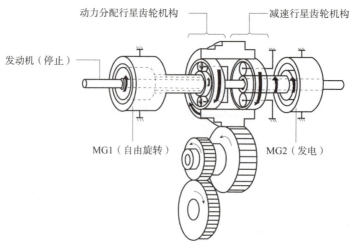

图 8-15　汽车减速工况

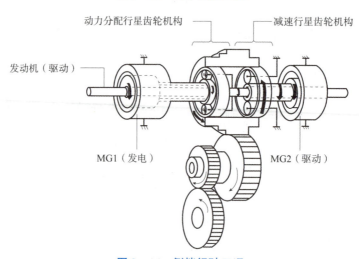

图 8-16　倒挡行驶工况

六、第三代丰田普锐斯变速箱分解

图 8-17~图 8-32 所示为变速箱内部零部件的分解图，可见其结构简单，原理理解重点在对行星排太阳轮、内齿圈、行星架的转速关系，以及行星齿轮的力的传递上。

图 8-17　第三代丰田普锐斯实物

图 8-18　发动机和变速箱之间的振动衰减器（阻尼器）

图 8-19 变速箱前部取下振动衰减器（阻尼器）

图 8-20 取下 MG1 电动机前盖

图 8-21 MG1 电动机实物

图 8-22 电动机 MG1 定子转子及旋转变压器

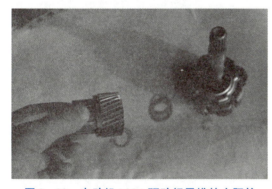

图 8-23 电动机 MG1 驱动行星排的太阳轮

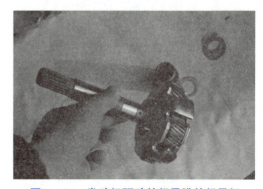

图 8-24 发动机驱动的行星排的行星架

图 8-25 行星排的内齿圈作为输出

图 8-26 变速器的后壳体油泵

图 8-27 油泵为摆线转子泵上有端面标记

图 8-28 油泵由行星架驱动

图 8-29 电动机 MG2 的旋转变压器

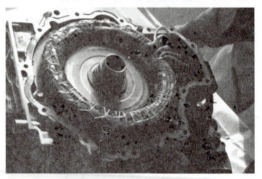

图 8-30 电动机 MG2 的定子和转子

图 8-31 电动机 MG2 的定子

图 8-32 电动机 MG2 的转子

第九章

智能汽车电控技术

一辆 2016 年款大众迈腾 B8，车辆前部保险杠处发生碰撞，ACC 雷达损坏，失去跟车保持车距和自动制动功能，情况很是吓人，车主非常着急。

如果你是接车的修理技术人员，应如何更换 ACC 雷达，修理方案应如何制定。

能说出 ADAS 的 SAE 分级。

能说出目前 ADAS 常见的 14 种功能。

说出无人驾驶技术的四个控制对象是什么；有两个控制对象已经十分成熟，这两个对象是什么。

说出地图定位在无人驾驶中的作用。

说出激光雷达对附近实体建模的作用、未来激光雷达会被什么传感器代替。

能够对新安装的雷达进行安装位置调节操作。

能够对摄像机的校正矩阵参数进行设定操作。

第一节　智能汽车与智能交通

智能汽车中一项最主要的技术就是无人驾驶技术，而无人驾驶技术主要执行对象为转向系统、制动系统、变速箱控制系统、发动机控制系统和电气系统，这些系统都成为智能汽车的子系统，但其中最主要的是转向系统和制动系统，本书将其列为底盘系统。

一、汽车发展史

让我们通过图 9-1 再回顾一下汽车发展史，当然本节关注的是 1990 年以后的智能交通技术。

ITS 是 Intelligent Transportation Systems（美国）/Intelligent Transport Systems（日本/欧洲）的缩写。

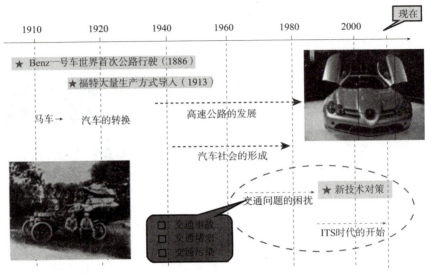

图 9-1 汽车发展史

ITS 的定义：利用信息、通信、控制技术把车辆、道路、使用者紧密结合起来，以解决交通事故、拥堵、环境污染及能源消耗等问题为目的，具有智能化特征的现代交通系统。ITS 不仅仅是一个交通管理系统。

二、ITS 构成

ITS 是复杂的应用系统，主要构成如下：

1）先进交通管理系统 Advanced Transportation Management System（ATMS）；
2）先进交通信息服务系统 Advanced Transportation Information Service System（ATIS）；
3）先进车辆控制与安全系统 Advanced Vehicle Control & Safe System（AVCSS）。

AVCSS 的初级目标是现在的驾驶辅助系统（Advanced Safe Vehicle/Driver Assistant System，ASV/DAS），终极目标是智能汽车（Intelligent Vehicle，IV）与智能公路（Intelligent Highway，IH）。

ITS 智能交通系统范围＞先进车辆控制及安全系统（AVCSS）＞高级智能汽车无人驾驶（IV）＞初级智能汽车的驾驶辅助系统（DAS）/先进安全汽车（ASV）。

三、基于 ITS 的智能汽车系统分类

1. 自主式

基于车载的驾驶辅助系统称为自主式，如现代汽车的 ACC 系统等。

2. 协调式

基于"车路通信""车车通信""4G 移动通信"的驾驶辅助系统，实现车联网，三网合一。

四、智能汽车关键技术

1. 传感技术

1）利用双摄像机的视觉技术检测障碍物的位置；
2）利用雷达（激光、毫米波）检测前行车辆位置和速度信息。

2. 通信技术（Beacon、DSRC、3G/4G）

（1）数台智能汽车之间协调行驶必须采用的技术；
（2）车路协调通信技术。

3. 横向控制

1）利用引导电缆的横向控制；
2）利用磁气标志列的横向控制，比如利用磁标对无人驾驶大巴的转向控制；
3）利用机器视觉技术的横向控制，比如利用地面标线对转向进行控制；
4）利用具有雷达反射性标识带的横向控制。

4. 纵向控制

1）利用激光雷达测车间距离的纵向控制；
2）利用毫米波雷达测车与车之间距离的纵向控制；
3）利用机器视觉技术测车与车之间距离的纵向控制；
4）利用车间通信及车间距离雷达的车队列行驶纵向控制。

第二节　智能汽车发展现状

一、日本 ITS 智能汽车

为满足上述公交智能化的客观需求，日本在公交智能化方面做了大量工作，其做法和成功经验值得我们借鉴。

日本城市公共交通系统智能化的发展过程经历了 3 个阶段：20 世纪 70 年代末开始应用的公共汽车定位系统，即公共汽车接近显示系统；20 世纪 80 年代初开始应用的运行管理系统，其中包括乘客自动统计、运行监视和运行控制；20 世纪 90 年代初开始应用的综合管理系统，其中包括后勤业务改进和经营支援系统。而 20 世纪 90 年代以后，如图 9-2 所示，国家开始正式开发智能汽车。

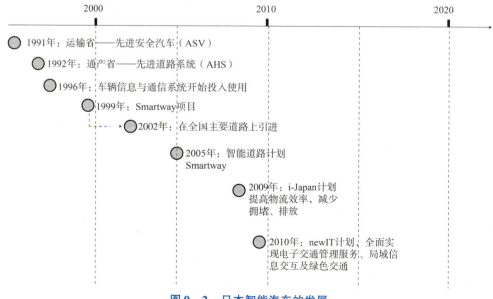

图 9-2　日本智能汽车的发展

日本 ASV 项目技术路线如图 9-3 所示，从图中可知其起步时间和取得的成果还是较多的。

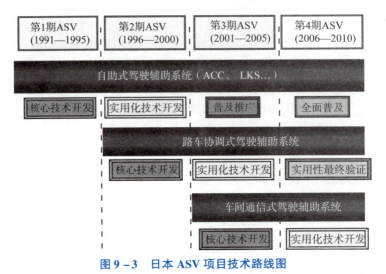

图 9-3 日本 ASV 项目技术路线图

先进安全汽车（Advanced Safety Vehicle，ASV）的基本配置如图 9-4 所示。

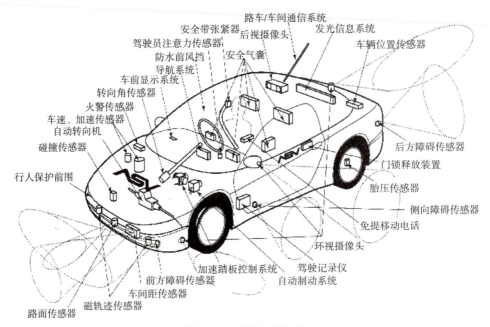

图 9-4 先进安全汽车

尼桑汽车的基于"车车通信"的交叉路口防撞系统（见图 9-5）可以相互通信告诉各自的位置、速度、方向等，让对方知道"我在这里"。

二、美国 ITS 智能汽车

美国 ITS 的研究开发历史可以追溯到 1967 年美国公共道路局和 GM 通用汽车公司进行的电子路线引导系统 ERGS（Electronic Route Guidance System），由于在政策和资金等方面没有继续得到支持，故 1971 年该计划终止。

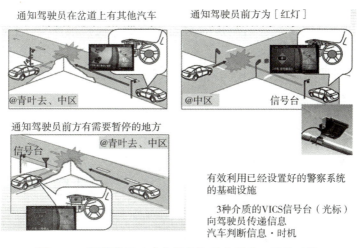

图 9-5 尼桑基于"车车通信"的交叉路口防撞系统

在受到日本与欧洲交通信息化和智能化进展的冲击下，特别是进入 20 世纪 80 年代后期后，冷战的结束和军转民的需要，促使美国开展起了 ITS 的有关研究开发工作，后期如图 9-6 所示。

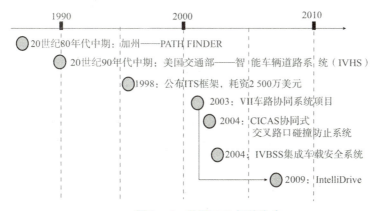

图 9-6 美国 ITS 智能汽车

IVBSS：Integrate Vehicle Based Safety Systems，集成车载安全系统项目。IVBSS 项目的主要目的是集成现有的安全和碰撞防止系统，使其能够在多种环境下提供可靠、合理的报警信息。

VII：Vehicle Infrastructure Integration 车路协同系统项目，提供基于车路协同的行车辅助服务，提高交通安全、交通流畅性；在全美建立车车、车路通信系统，实现车路一体化交通。

CICAS：Cooperative Intersection Collision Avoidance Systems 协同式交叉路口碰撞防止系统，应用先进车辆技术、先进道路设施技术加强驾驶员对路口交通状况的感知能力，并安全通过路口。

在 VII 项目基础上，美国交通运输部发起了 IntelliDrive。IntelliDrive 应用"车对车、车对路、车对 X"的无线通信技术，感知车辆周围 360°范围内的危险；应用多种信息技术，向出行者和运输管理者提供多种实时交通信息；通过提供实时交通拥堵和其他信息，辅助出行者选择合适路线，减少环境污染。

Google Fleet 自动驾驶设备包括车顶的激光测距仪、视频摄像头、4 台标准车载雷达，Google Fleet 的电脑资料库中精确地储存了每条公路的限速标准以及出入口位置，驾驶者只需微微扳动一下转向盘，就可以将 Google Fleet 转换为一辆普通的汽车。

三、欧洲 ITS 智能汽车

欧洲 ITS 智能汽车发展如图 9 – 7 所示。

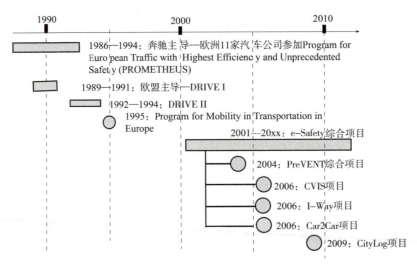

图 9 – 7 欧洲 ITS 的智能汽车

1. e – Safety 综合项目

充分利用先进的信息与通信技术，加快安全辅助系统的研发、推广和应用，为道路交通安全提供全面的解决方案，其包括 PReVENT、I-Way、Car2Car、ISA 等 70 余个子项目。

2. PReVENT 综合项目

利用先进的信息、通信和定位技术，开发自主式和协调式主动安全系统，降低事故发生率和事故严重程度。若转弯过后有交通事故、冰雪路面和施工现场，可提醒驾驶员注意；低能见度下，可提醒驾驶员注意前方车辆。

3. I – Way 项目（Intelligent co-operative system in cars for road）

通过提供实时的、来自附近车辆的信息和来自路旁设备的信息，来增强驾驶员的感知能力和对危险状况的反应能力。

4. Car2Car 项目

推动车 – 车、车 – 路通信技术及其接口的标准化；发展战略和商业模式，推进车 – 车通信技术市场化。

5. ISA 项目

智能速度控制项目，即在有速度限制的地方自动控制车速。

四、中国 ITS 智能汽车

我国每年因交通事故造成的死亡人数逾 10 万人；汽车带来的交通拥堵造成巨大的直接与间接经济损失；汽车舒适性差导致疲劳驾驶问题时有发生。

汽车消耗我国汽油产量的87%、柴油产量的51%、全社会燃油消耗总量的30%；汽车尾气排放约占温室气体排放的30%，占城市空气污染的70%。未来汽车发展将会受到交通安全、节能与环保等社会要求的严格制约，探索和掌握下一代汽车系统新技术，已引起各国的极大重视。

高等院校及研究院所做了大量的基础性研究工作，突破了大量的关键技术，研发了原理样机，例如基于车载的驾驶辅助系统FCW、ACC、LDW、LKS。一些汽车企业已经在开展先进安全车辆技术的工程化和产业化方面的工作，正积极地与高等院所开展技术合作。一些汽车零部件企业已经着手汽车安全产品的产业化和商品化工作，其关键部件包括电子真空助力器（EVB，Electronic Vacuum Booster）、雷达、摄像头、车辆状态感知传感器等。

基于交通信号灯的交叉路口安全辅助系统具有违章报警功能和通行辅助功能，基于车路通信的驾驶辅助系统要使用具有带无线通信装置的交通信号灯。违章报警功能可通过对驾驶员的提示、报警和对车辆制动的自动控制，防止因违反交通控制信号而引起的交通事故；同时提醒驾驶员注意即将变化的交通信号，防止因信号突然变化引起的急减速。通行辅助功能可通过预知交通信号的变化时间，向驾驶员提供推荐车速，以减少在交叉路口的不必要停车。

未来智能汽车特点：如图9-8所示，使用电动机作为动力，并采用电子自动控制方式。汽车可通过道路基本设施和路旁辅助设备实现无线互联，这些依赖于GPS定位技术、GIS信息和V2X通信等技术。

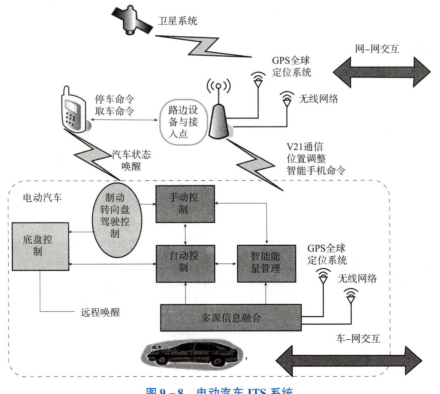

图9-8 电动汽车ITS系统

清华大学和中国第一汽车集团在以奔腾 B70 混合动力汽车为原型开发了智能汽车样车，如图 9 – 9 所示。该样车同时具有混合动力及智能安全辅助行驶的系统功能，降低油耗 35% ~ 45%，降低排放 20% ~ 30%，同时具有定速巡航、自适应巡航和主动避撞功能。

（a） （b）

图 9 – 9 清华和中国第一汽车集团研制奔腾 B70 混合动力智能汽车样车

第三节　无人驾驶技术

一、无人驾驶技术分级

目前，有两个机构在对无人驾驶技术分级。

第一个是根据美国机动工程师协会（SAE）的定义，无人驾驶技术共分为 0 ~ 5 级。SAE 的分类标准是按照驾驶员从完全掌控驾驶到汽车完全自动驾驶，从无自动化到完全自动化展开的。

第二个是 NHTSA 的分级，共有 0 ~ 4 级，其标准考虑的一个是 TFC（见图左侧纵轴），即 Time For Collision，也就是汽车距离（假设会）发生碰撞需要的时间，以及在发生碰撞前这一段时间的安全措施；另一个就是碰撞之后的安全措施，最简单的例子是安全带。

根据 NHTSA 的定义，共分为 0 ~ 4 级，其区别为：如果是驾驶员控制，那么为 0 级；如果一辆车在行驶中只有纵向或侧向某一方面控制，则为自动 1 级；如果同时具有纵向和侧向的自动控制，则为自动 2 级。在此基础上，如果汽车对所有环境的感知是由汽车视觉来完成的，则是 3 级。在前 3 级的基础上，如果整个驾驶能够形成一个闭环，完全自动驾驶，则是 4 级。

图 9 – 10 和图 9 – 11 所示分别为典型 ITS 汽车外部环境感知和内部环境。

图 9 – 10 典型 ITS 汽车外部环境感知　　图 9 – 11 典型 ITS 汽车内部环境

二、无人驾驶技术 SAE 定义

无人驾驶技术 SAE 定义见表 9-1。

表 9-1　无人驾驶技术 SAE 定义

自动化等级		SAE	SAE 定义
NHTSA	SAE		
0	0	无自动化	由驾驶员完全操作，行驶过程中可以得到警告和保护系统的辅助
1	1	驾驶支援	通过驾驶环境信息对转向盘和加减速中的一项操作进行支援控制，其他的驾驶员动作都由人类驾驶员进行操作
2	2	部分自动化	通过驾驶环境信息对转向盘和加减速中的多项操作进行支援控制，其他的驾驶员动作都由人类驾驶员进行操作
3	3	有条件自动化	由无人驾驶系统完成所有的驾驶操作，根据系统请求，人类驾驶者提供适当的应答
4	4	高度自动化	由无人驾驶系统完成所有的驾驶操作，根据系统请求，人类驾驶者不一定需要对所有的系统请求作出应答，限定道路和环境条件等
	5	完全自动化	由无人驾驶系统完成所有的驾驶操作，根据系统请求，人类驾驶者可在驾驶可能的情况下在所有道路、环境条件下行驶

三、无人驾驶技术功能

为了实现无人驾驶的理想，各大整车厂和供应商目前正在开发高级驾驶员辅助系统（ADAS），随着 ADAS 慢慢被完善，车辆也在一步一步地从 NHTSA 的 0 级过渡到第 4 级，以实现完全自动化。ADAS 目前已开发出 14 个功能。

1. 自适应巡航控制系统 Adaptive Cruise Control（ACC）

自适应巡航控制系统是一种智能化的自动控制系统，它是在早已存在的巡航控制技术的基础上发展而来的，如图 9-12 所示。在车辆行驶过程中，安装在车辆前部的车距传感器（雷达）持续扫描车辆前方道路，同时轮速传感器采集车速信号。当与前车之间的距离过小时，ACC 控制单元可以通过与制动防抱死系统、发动机控制系统协调动作，使车轮适当制动，并使发动机的输出功率下降，以使车辆与前方车辆始终保持安全距离。

2. 自动紧急制动系统 Autonomous Emergency Braking（AEB）

AEB 是一种汽车主动安全技术，主要由测距模块、数据分析模块和执行机构模块构成，其中测距模块的核心包括微波雷达、激光雷达和视频系统等，它可以提供前方道路全面、准确、实时的图像与路况信息，如图 9-13 所示。AEB 系统采用雷达测出与前车或者障碍物的距离，然后利用数据分析模块将测出的距离与报警距离、安全距离进行比较，小于报警距离时就进行报警提示，而小于安全距离时即使在驾驶员没来得及踩制动踏板的情况下，AEB 系统也会起动，使汽车自动制动，从而为安全出行保驾护航。

图9-12 自适应巡航控制系统（ACC）

图9-13 自动紧急制动系统（AEB）

3. 智能前照灯控制（Adaptive Front Lights，AFL）

随动转向前照灯即自动转向前照灯，也可以叫作自动头灯。随动转向前照灯简称AFS，全称为汽车自适应前照灯系统或者智能前照灯系统。自适应前照灯系统AFS（Adaptive Front-Lighting System）能够根据汽车转向盘角度、车辆偏转率和行驶速度，不断对前照灯进行动态调节，适应当前的转向角，保持灯光方向与汽车的当前行驶方向一致，以确保对前方道路提供最佳照明，并对驾驶员提供最佳可见度，从而显著增强了黑暗中驾驶的安全性；在路面照明差或多弯道的路况中，可扩大驾驶员的视野，而且可提前提醒对方来车，如图9-14所示。

4. 盲点检测（Blind Spot Monitoring，BSM）

由于汽车后视镜存在视觉盲区，变道之前就看不到盲区的车辆，如果盲区内有超车车辆，此时变道就会发生碰撞事故。在大雨天气、大雾天气及夜间光线昏暗时，更加难以看清后方车辆，此时变道就面临更大的危险，盲点监测系统就是为了解决后视镜的盲区而产生的。

盲点监测系统又叫并线辅助系统，英文简称BSM或者BLIS，是汽车上的一款安全类的高科技配置，主要功能是扫除后视镜盲区，通过微波雷达探测车辆两侧后视镜盲区中的超车车辆，对驾驶员加以提醒，从而避免在变道过程中由于后视镜盲区而发生事故，如图9-15所示。目前上市的很多车型都有盲区监测的功能配置。

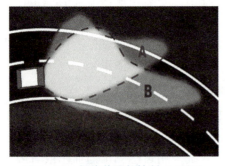
图9-14 智能前照灯控制（AFL）

图9-15 盲点检测（BSM）

5. 注意力检测系统（Driver Monitoring Systems，DMS）

注意力检测系统运用感应器来检测驾驶员的注意力，如图9-16所示。如果驾驶员看向马路前方,并且在此时有危机的情况被检测到了,系统就会用闪光、刺耳的声音来警示。如果驾驶员没有做出任何回应,那么车辆就会自动制动。

6. 前方碰撞预警系统(Forward Collision Warning,FCW)

FCW 能够通过雷达系统来时刻监测前方车辆,判断本车与前车之间的距离、方位及相对速度,当存在潜在碰撞危险时对驾驶员进行警告,如图 9 - 17 所示。FCW 系统本身不会采取任何制动措施去避免碰撞或控制车辆。

现在运用该技术的汽车品牌有英菲尼迪、沃尔沃、奔驰、丰田等。

图 9 - 16 注意力检测系统(DMS)

图 9 - 17 前方碰撞预警系统(FCW)

7. 抬头显示器(Heads - Up Display,HUD)

该技术把汽车行驶过程中仪表显示的重要信息(如车速)投射到前挡风玻璃上,不仅能够帮助对速度判断缺乏经验的新手控制自己的车速,避免在许多的限速路段中因超速而违章,更重要的是它能够使驾驶员在大视野不转移的条件下瞬间读数,始终头脑清醒地保持最佳观察状态,如图 9 - 18 所示。

8. 智能车速控制(Intelligent Speed Adaptation,ISA)

智能车速控制示意图如图 9 - 19 所示。

图 9 - 18 抬头显示器(HUD)

图 9 - 19 智能车速控制(ISA)

9. 车道偏离告警(Lane Departure Warning,LDW)

车道偏离预警系统主要由 HUD 抬头显示器、摄像头、控制器以及传感器组成,当车道偏离系统开启时,摄像头(一般安置在车身侧面或后视镜位置)会时刻采集行驶车道的标识线,通过图像处理获得汽车在当前车道中的位置参数,当检测到汽车偏离车道时,传感器会及时收集车辆数据和驾驶员的操作状态,之后由控制器发出警报信号,整个过程大约在 0.5 s 完成,为驾驶者提供更多的反应时间。而如果驾驶者打开转向灯,正常进行变线行驶,那么车道偏离预警系统不会做出任何提示,如图 9-20 所示。

10. 汽车夜视系统(Night Vision System,NVS)

汽车夜视系统,利用红外线技术能将黑暗变得如同白昼,使驾驶员在黑夜里看得更远更清楚,如图 9-21 所示。夜视系统的结构由两部分组成:一部分是红外线摄像机,另一部分是风挡玻璃上的光显示系统。

图 9-20 车道偏离告警(LDW)

图 9-21 汽车夜视系统(NVS)

11. 泊车辅助系统(Parking Assistance,PA)

泊车辅助系统通过安装在车身上的摄像头、超声波传感器,以及红外传感器,探测停车位置,绘制停车地图,并实时动态规划泊车路径,将汽车指引或者直接操控转向盘驶入停车位置,如图 9-22 所示。

12. 行人检测系统(Pedestrian Detection System,PDS)

车辆行驶途中可以利用摄像头、雷达和激光雷达来探测到四面行人,在安全距离内及时控速,如图 9-23 所示。

图 9-22 泊车辅助系统(PA)

图 9-23 行人检测系统(PDS)

13. 交通信号及标志牌识别系统（Road Sign Recognition，RSR）

这个技术让车辆能够自动识别交通信号或者标志牌，比如说最高限速或者停车等标识，如图9-24所示。

14. 全景泊车停车辅助系统（Surround View Cameras，SVC）

全景泊车停车辅助系统由安装在车身前后左右的4个超广角鱼眼摄像头同时采集车辆四周的影像，经过图像处理单元畸变还原→视角转化→图像拼接→图像增强，最终形成一幅车辆四周无缝隙的360°全景俯视图。在显示全景图的同时，也可以显示任何一方的单视图，并配合标尺线准确地定位障碍物的位置和距离。如图9-25所示。

图9-24 交通信号及标志牌识别系统

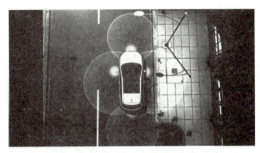
图9-25 全景泊车停车辅助系统

虽然说介绍了14种技术，但是在近年，只有停车辅助、全景泊车和自动巡航系统这三门技术统领了ADAS的市场。另外，使用了无人驾驶技术的中、低级车辆还相对较少，ADAS技术还有很大发展空间。而在电子元件市场方面，我们按照一辆车至少安装4个传感器计算，未来对传感器等部件的需求量也是巨大的。

四、ADAS技术分布情况

先进驾驶辅助系统主要通过长中短距雷达（Long Medium Short Range Radar）、超声波（Ultrasound）、摄像机（Camera）、光探测雷达（LIDAR）这4种元件来实现外部环境识别，包括障碍物的位置、速度和加速度等的识别，如图9-26所示。

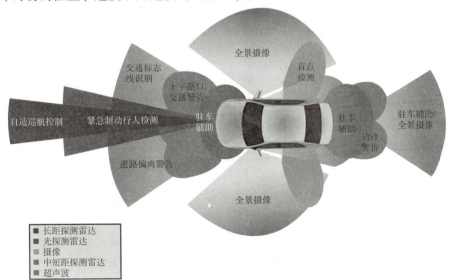
图9-26 长中短距雷达、超声波、摄像机、光探测雷达

超声波实现驻车辅助（Park Assistance）。短距探测雷达实现十字路口交通警告（Cross Traffic Alert）、盲点检测（Blind Spot Detection）、后碰警告（Rear Collision Warning）；中距探测雷达实现紧急制动（Emergency Braking）、行人检测（Pedestrian Detection）和碰撞避免（Collision Avoidance）；长距探测雷达实现自适巡航控制（Adaptive Cruise Control）。前部摄像机实现交通标志标线（Traffic Sign Recognition）识别和道路偏离警告（Lane Departure Warning）功能，左右及后部摄像机实现全景摄像（Surround View）。

五、无人驾驶技术传感器

无人驾驶技术和实用化线路如图9-27所示。

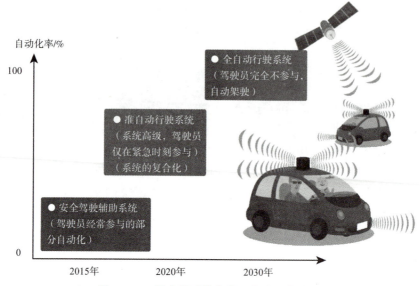

图9-27 无人驾驶技术水平和实用化线路

目前，用于周围环境感测的传感器主要有以下几种：

1. 图像传感器

可视图像传感器和红外图像传感器，加上一套图像处理系统。

2. 雷达

雷达发射的是电磁波，不需要传播媒介，雷达的反射强度与界面两侧的介电常数 ε 有关，ε 差别越大，反射信号越强；波速与压力和温度无关，主要应用于前车距离和速度的测量。

3. 超声波

超声波是声波，是一种机械波，是通过压电物质的振动来发射的，所以它不可能用在压力较高或负压的场合。超声波的反射强度与界面两侧的密度有关，密度差别越大，反射信号越强；超声波的波速与被测介质（空气）的压力和温度有关。超声波在汽车上的主要应用为倒车辅助。

4. 激光雷达

用于扫描实体空间建立，以便实现周边环境建立，由于价格过于昂贵（几万到几十万元之间），以后会被两台摄像机代替。

六、激光雷达

使用多边境（旋转多面境）的三维激光扫描仪的基本原理如图9-28所示。

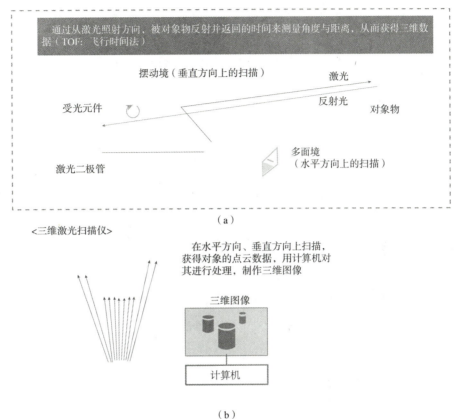

图9-28 激光雷达的实体扫描原理

这个系统的核心是车顶上的激光扫描仪能够提供精细的三维地图数据，自动地把激光测到的数据和高分辨率的地图相结合，做出不同的数据模型，以便汽车能够识别障碍，遵守交通规则。

无人驾驶系统的激光雷达，使激光扫描仪转动，在水平方向360°及垂直方向上扫描，检测周围的汽车、行人、障碍物等，实时制作三维地图，如图9-29所示。

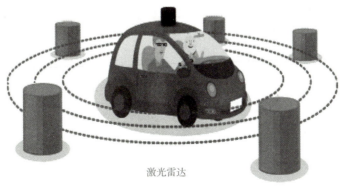

图9-29 激光雷达实体扫描制作三维地图

另外，在汽车的前后保险杠上有 4 个雷达，用于探测周边情况；后视镜的附近有一个摄像机，以检测交通灯情况；另有一个 GPS、一个惯性测试单元、一个车轮编码器，用来确定位置，跟踪其运动情况。如图 9-30 所示。

无人自动驾驶汽车依赖非常精确的地图来确定位置，因为只是用 GPS 技术会出现偏差。在无人驾驶汽车上路之前，汽车工程师会先驾车收集路况数据。因此，无人驾驶汽车能够将实时的数据和记录的数据进行比较，这有助于它将行人和路旁的物体分辨开来。

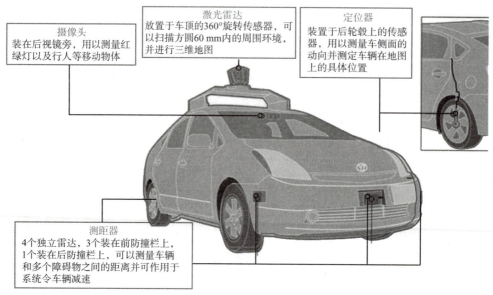

图 9-30　无人驾驶汽车的智能传感器分布

无人驾驶汽车也必须具有某种智能，比如在交通灯变绿色的时候，汽车开始拐弯，但这时有路人走过，它将会让路；另一个例子是，在十字路口的时候，它会根据规则让其他车先过，如果其他车辆没有反应，它将往前行进一点，以表明自己的意图。

七、无人驾驶技术与汽车诊断修理

无人驾驶技术本质是在汽车上安装了雷达、摄像机两个主要的传感器来识别周边环境，主无人驾驶信号还是按定位软件行驶（这个在非无人驾驶汽车中也经常使用，即导航功能）。所以新增传感器基本为雷达和摄像机，在生产厂家装配时，有装配用的校准过程。在售后汽车碰撞事故中这两类传感器很容易损坏，更换新的元件时要注意保证安装到原位置。若车身有变形，导致传感器的安装位置有变化，应在安装前维修钣金，最后在安装完新的传感器后要有装配用的校准过程。

新能源汽车
底盘电控系统原理与检修

理论+实训一体工单

北京理工大学出版社
BEIJING INSTITUTE OF TECHNOLOGY PRESS

目录 CONTENTS

第一章 电控汽车转向系统 ········· 237
- 第一节 电控随速式液压助力转向系统 ········· 237
- 第二节 电控电动机液压助力转向系统 ········· 237
- 第三节 电动助力转向系统（EPS） ········· 237
- 第四节 齿条助力转向系统 ········· 238
- 第五节 主动转向系统 ········· 239

第二章 电控制动系统 ········· 242
- 第一节 电控制动系统基础 ········· 242
- 第二节 制动系统基础知识 ········· 243
- 第三节 制动系统主要传感器 ········· 244
- 第四节 丰田皇冠轿车电控制动系统 ABS/VSC ········· 245
- 第五节 大众汽车电控制动系统 ········· 251
- 第六节 制动辅助系统（BAS） ········· 252
- 第七节 真空泵控制技术 ········· 252
- 第八节 电子驻车控制技术 ········· 253

第三章 电动汽车线控制动系统 ········· 256
- 第一节 电动汽车制动系统 ········· 256
- 第二节 带有真空助力器的制动系统 ········· 257
- 第三节 丰田 PRIUS 线控制动系统组成及作用 ········· 258
- 第四节 普锐斯线控制动系统的工作原理 ········· 261

第四章 汽车电控悬架系统 ········· 263
- 第一节 电控悬架优点和类型 ········· 263
- 第二节 汽车悬架运动基础 ········· 264
- 第三节 带阻尼调节的双筒充气型减震器 ········· 265

第四节	空气压缩机总成	265
第五节	车身水平位置传感器	266
第六节	前轮驱动悬架气动系统	266
第七节	奥迪四轮驱动电控悬架系统	268

第五章　AMT 式自动变速器　269

第一节	AMT 概述	269
第二节	双离合器式自动变速器 DCT（DSG）	270

第六章　液力自动变速器　273

第一节	自动变速器的控制面板和分类	273
第二节	变扭器结构与检修	277
第三节	油泵结构与检修	280
第四节	齿轮变速器结构与检修	281

第七章　无级变速器技术　288

第一节	无级变速器简介	288
第二节	奥迪 01J 变速器结构原理与检修	288

第八章　纯电动汽车及混合动力汽车变速器　290

第一节	纯电动汽车变速器 P 挡控制电控化	290
第二节	宝马 X6 混动变速器	290
第三节	双行星排混联汽车电力无级变速驱动桥	293

第九章　智能汽车电控技术　296

第一节	智能汽车与智能交通	296
第二节	智能汽车发展现状	297
第三节	无人驾驶技术	298

第一章

电控汽车转向系统

第一节　电控随速式液压助力转向系统

根据图 1-1 写出随速控制转向系统工作原理：

_____
_____
_____
_____

第二节　电控电动机液压助力转向系统

EHPS 的缩写：_____

根据图 1-2 写出美国通用汽车的 EHPS 可变助力转向系统工作原理：

_____
_____
_____
_____

第三节　电动助力转向系统（EPS）

一、EPS 简介

_____
_____
_____

二、电动助力转向系统的优点

_____
_____

根据图1-3写出转向柱助力转向系统工作原理：
_____
_____
_____
_____

🏵 第四节　齿条助力转向系统

一、齿条助力转向系统简介

根据图1-6写出奥迪双齿轮的电动机助力转向系统工作原理：
_____
_____
_____
_____

二、转向装置的部件

【完成任务】根据图1-7所示，请找出下列元件的位置，找出后在线上打"√"。
转向主动小齿轮：_____；转向力矩传感器J269：_____；助力转向控制单元J500：_____；电动机V187：_____；蜗轮蜗杆机构：_____；
传动小齿轮：_____。

三、电控系统

【完成任务】根据图1-8所示，请写出下列元件的名称。
G28：_____；J248：_____；J527：_____；
G85：_____；J500：_____；G269：_____；
V187：_____；K161：_____；J285：_____；
J533：_____；J104：_____；G44-G47：_____。

【完成任务】根据图1-9所示，请写出下列元件的名称。
A：_____；B：_____；G269：_____；J500：_____；
S：_____；V187：_____。
电动机V187和J500间的三条线是什么线：_____。
电动机V187和J500间的四条线是什么传感器：_____；是什么形式的传感器：_____。

第五节　主动转向系统

一、什么是主动转向系统

二、主动转向系统的功能

1. 速度控制传动比功能

2. 抗行驶跑偏功能

3. 限制超过稳定边界功能

三、主动转向系统分类

四、ECO 阀液压随速助力转向系统

根据图 1-24 写出奥迪带 ECO 阀的液压转向系统工作原理：

五、宝马"双行星齿轮机构"传动比可变系统的特点

六、奥迪"谐波齿轮式"传动比可变系统

1. 谐波齿轮减速原理

根据图 1-27 写出谐波发生器的结构和工作原理：

2. 奥迪主动转向系统工作原理

根据图 1-28 写出奥迪主动转向系统工作原理：

3. 电控系统工作原理

【完成任务】根据图 1-32，请写出在进行主动转向控制时的输入和输出信号。

J792 输出数据：_____；

J104 输出数据：_____；

G85 输出数据：_____；

J285 输入数据：_____；

G419/G536 输出数据：_____；

J519 输出数据：_____；

J220 输出数据：_____；

J533 输出数据：_____；

J393 输出数据：_____。

七、线控转向系统（选修）

典型的汽车线控系统：

线控系统的关键技术：
_____
_____
_____
_____

八、轮转向系统（选修）

轿车的四轮转向系统具有以下两个功能：
_____
_____
_____
_____

第二章 电控制动系统

第一节　电控制动系统基础

一、电子制动与安全系统的缩写和功能

二、电控制动系统缩写和功能

1. 防抱死制动系统（ABS）

2. 电子制动力分配（EBD）

3. 驱动防滑（TCS/ASR）

4. 电子差速锁（EDL）

5. 发动机制动控制（EBC）

6. 电子稳定程序 ESP

7. 制动辅助系统 BAS

三、电控制动系统的其他扩展功能

第二节　制动系统基础知识

一、凯姆摩擦圆

底盘电子控制系统应保证汽车在制动、加速和转弯时的安全控制。汽车每一种运动或运动中的变化都是由车轮所受的力引起的。这些力包括：

根据图 2-1 写出如何通过分析卡姆摩擦圆来分析制动纵向力和横向力：

二、制动滑稳率

根据图 2-2 写出本例的滑移率如何计算：

_____
_____
_____
_____

三、横、纵向附着力

【完成任务】在图 2-3 车轮转向力、制动力和滑移率的关系中，当车轮滑移率超过上限 35% 时应如何控制：_____；当车轮滑移率低于下限 8% 时应如控制：_____。

❄ 第三节　制动系统主要传感器

一、车轮转速传感器

目前车轮转速传感器常用的有两种类型：

_____
_____
_____
_____

1. 两线磁感应型转速传感器

【完成任务】调节示波器的幅值为 1 V/div、时基为 5 ms/div，车轮转速为 60 r/min，测量磁感应式车轮传感器波形，并画出来。

2. 两线霍尔传感器

【完成任务】调节示波器的幅值为 1 V/div、时基为 5 ms/div，分别以车轮转速为 60 r/min 和 120 r/min 转动车轮，测量两线霍尔式车轮传感器波形，并画出来。

二、转向盘转角传感器的作用与类型

_____
_____
_____
_____

三、偏移率传感器作用与类型

_____
_____
_____
_____

四、横、纵向加速度测量作用

【技师指导】维修更换偏移率传感器或制动防滑控制 ECU 后，制动防滑控制 ECU 侧的减速度传感器和偏移率传感器都必须进行初始化，写出初始化步骤。

_____
_____
_____

第四节　丰田皇冠轿车电控制动系统 ABS/VSC

一、制动系统的主组件

在轿车上找到如图 2-9 所示控制系统图的元件位置，并打钩，防止遗漏。

二、EBD 控制

1. 前/后车轮制动力分配功能如何实现

2. 左/右车轮制动力（转弯制动中）如何分配

三、制动助力系统 BAS

【完成任务】根据图 2-12 带和不带制动助力系统的制动控制回答下列问题。

如果驾驶员踏下制动踏板很深，但总泵压力信号很小，助力功能是否起作用：_____。

助力功能是由什么来完成的：_____；完成的程度由哪个传感器来确认：_____。

四、TRC 系统作用及实现方式

五、VSC 系统作用及实现方式

根据图 2-16，写出不足转向和过度转向的实现方式。
1）不足转向：

2）过度转向：

1. 判定车辆状态的方法

根据图 2-17 判定前轮滑动和后轮滑动。
1）判定前轮滑动：

2）判定后轮滑动：

2. VSC 工作方法

根据图 2-18 写出阻止强的前轮滑动和阻止强的后轮滑动的控制方法。

1）阻止强的前轮滑动：

2）阻止强的后轮滑动：

六、HAC 系统作用及实现方式

七、主组件位置图

写出图 2-20 所示皇冠轿车的制动系统组成中元件的作用。

1. 制动执行器

2. 总泵压力传感器

3. 制动防滑控制 ECU

4. 电磁阀继电器

5. 组合仪表

1）制动系统警告灯

2）ABS 警告灯

3）VSC 警告灯

4）防滑指示灯

6. 速度传感器

7. 转角传感器

8. 偏移率和减速传感器

9. 泵电机继电器

10. 制动灯开关

11. TRC OFF 开关

12. VSC 警告蜂鸣器

13. 发动机 ECU

14. 曲轴位置传感器

八、制动执行器

九、系统操作

1. 正常制动

根据图 2-23 写出正常制动工作过程：

2. 带 EBD 的 ABS 操作

根据图 2-23 写出带 EBD 的 ABS 操作过程：

3. 制动助力操作

根据图 2-24 写出制动操作时的增压模式工作过程：

4. TRC 操作

根据图 2-25 写出 TRC 操作时的增压模式工作过程：

5. VSC 操作

根据图 2-27 写出后轮防滑控制（向右转）工作过程：

6. HAC 操作

根据图 2-28 写出 HAC 操作的增压模式工作过程：
_____
_____
_____
_____

❊ 第五节　大众汽车电控制动系统

一、大众 ABS 泵总成

_____
_____
_____
_____

二、大众 ABS 系统组成

【完成任务】在图 2-31 中写出元件位置，ABS 回油泵电动机：_____；ABS 液压单元：_____；ABS 电子控制单元：_____；制动灯开关：_____；ABS 故障灯位置：_____。

三、大众八阀 ABS 电路工作原理

【完成任务】在图 2-33 中，J106 是给谁供电的继电器：_____；J105 是给谁供电的继电器：_____；电动机 V39 下部的 X 接哪里：_____；D 是什么开关：_____；ABS ECU 的 1 脚是什么：_____，29、28 脚是什么：_____；诊断仪通过哪个引脚与 ABS ECU 通信：_____；仪表 K47 是如何被 ABS ECU 点亮的：_____。

制动时，若制动开关 F 损坏导致制动灯开关 F 无法接通，仅凭车轮转速传感器的急刷降速是否可以判别在制动，从而起动 ABS 控制：_____。

四、大众 ABS 的单通道

【完成任务】在图 2-34 中，进液阀是常开阀还是常闭阀：_____；出液阀是常开阀还是常闭阀：_____。轮速传感器检测到本车轮滑移率超过上限（比如 35%）时，电子控制单元应如何操何操作：_____；轮速传感器检测到本车轮滑移率低于下限（比如 8%）时，电子控制单元应如何操作：_____。回流泵电动机 M 是在车轮滑移率低于下限时工作，还是在高于上限时工作：_____。回流泵电动机 M 工作时，制动踏板是否弹脚：_____；此时驾驶员是保持踏板位置，还是抬起制动踏板：_____。低压蓄能器在这里的作用是：_____。

【完成任务】根据图 2-35 ABS 液压系统原理图提示，分析带有 ABS 的制动系统放气。

只在低压蓄能器 S、电动机带动的回流泵、高压蓄能器 D 中有气时才有必要按照 ABS 系统的放气流程操作。分析以下几种情况。

如果制动轮缸（分泵）漏油，仅更换制动分缸，或四根分管损坏，只换四个分管，是

否按 ABS 系统放气流程：_____；

如果要更换制动主缸（总泵）和两根供油管，是否按 ABS 系统放气流程：_____；

如果要更换 ABS 泵总成，是否要按 ABS 系统放气流程：_____。

ABS 系统放气流程：连接解码器，打开点火开关→选择"制动防抱死系统"，进行读码，确认无故障码→选择基本设定功能，输入 001 通道→按照提示：(a) 踩下制动踏板并且保持住，松开两前轮排气螺栓→(b) 踩下制动踏板 10 次，锁紧放气螺栓→选择基本设定功能，输入 002 通道→踩下制动踏板并保持住，松开两前轮排气螺栓→踩下制动踏板 10 次，锁紧放气螺栓→输入 003 通道，重复 (a)、(b) 步骤……，输入 016 通道，重复 (a)、(b) 步骤→输入 017 通道，结束排气程序。注意只能按照 001 组到 017 组顺序递增操作，中间不能跳越任一组操作。若感觉空气还没排干净，行车 15 km 以后，重复整个程序。

ABS 系统放气流程中反复重复 (a)、(b) 步骤的目的是让哪个阀打开：_____；操作过程中电动机工作是发生在步骤 (a) 还是步骤 (b)：_____。18 次循环后，低压蓄能器 S、_____和高压蓄能器 D 中就充满了制动液。

无诊断仪，更换 ABS 泵，在常规排气后，找一空旷地方猛加速，再猛踩制动踏板，注意不要松开制动踏板，立即进行排气，反复几次即可。试想为什么"要猛加速，再猛踩制动踏板，且不要松开制动踏板，立即进行排气"：_____。

这样的放气方法要几人操作：_____；放气时是否需要举升机：_____；叙述一下真正的操作过程：_____。

第六节　制动辅助系统（BAS）

一、辅助系统（BAS）功能

_____
_____
_____

二、辅助系统（BAS）工作原理

根据图 2-36 写出制动辅助系统的工作原理：
_____
_____
_____

第七节　真空泵控制技术

一、电动真空泵的作用

_____
_____

二、电动真空泵的分类

三、电动真空泵工作原理

1. 可控式电动真空泵

2. 可调式电动真空泵

四、电动真空泵的检修

❋ 第八节 电子驻车控制技术

一、电子驻车制动系统简介

二、电子驻车制动系统分类

三、电子驻车制动系统功能

电子驻车制动系统需要实现的功能有：

_____
_____
_____

　　针对传统手动驻车制动系统的缺点及不足，基于降低驾驶难度、提高驾驶与操纵的舒适性与方便性的考虑，综合驻车制动系统安全策略，电子驻车制动系统还应拓展的功能有：

_____
_____
_____
_____

四、大众 Magotan EPB 系统

【完成任务】 根据图 2-44 提示，请写出元件功能。

E538：_____；E540：_____。
J104 向 J540 提供什么信号：_____；液压离合器开关 G476：_____。

【完成任务】 根据图 2-45 和图 2-46 和提示，完成下列任务。

永久磁铁的位置：_____。
离合器开关为几个引脚步：_____；其中 1 脚和 5 脚是什么作用：_____。
图 2-46 中三个信号输出的是离合器踏板抬起时，还是踩下时的输出信号：_____。
发动机控制单元 J220 检测离合器开关的作用：_____；电子机械驻车控制单元检测离合器位置的作用：_____；车载电源控制单元 J519 检测离合器开关的作用：_____。

【完成任务】 根据图 2-47 提示，请画出 K213、K118、K214、K237 的符号，并说出之间的区别。

K213 符号：_____；K213 功能：_____；K118 符号：_____；
K118 功能：_____；K214 符号：_____；K214 功能：_____；
K237 符号：_____；K237 功能：_____。

电子机械式驻车制动系统控制单元 J540。驻车制动功能、动态紧急制动功能、动态起动功能、AUTO HOLD 功能。

1. 驻车制动功能

【完成任务】 根据图 2-49 写出驻车制动时控制的输入信号传感器和输出的执行器。

输入信号传感器：_____；输出的执行器：_____；控制流程：_____。

2. 动态紧急制动功能

【完成任务】 根据图 2-50 提示，在操作 E538 实现动态紧急制动功能时，仪表显示什么符号：_____；发出什么声音：_____；制动灯是否点亮：_____；是四轮制动，还是后轮制动：_____；写出其工作流程：_____。

3. 动态起动功能

___

4. Auto Hold 功能

___

五、电子驻车系统检修

1. 间隙调整

___

2. 故障引导程序操作

___

第三章

电动汽车线控制动系统

第一节　电动汽车制动系统

一、再生能量制动

1. 再生制动能量的功能

2. 再生制动结论分析

3. 混合制动比例结论分析

二、减速度法能量回收

1. 减速度小于 $0.15g$ 时如何控制

2. 减速度介于 $0.15 \sim 0.4g$ 时如何控制

3. 减速度介于 0.4~0.7g 时如何控制

4. 减速度大于 0.7g 时如何控制

三、线控制动系统

1. 再生—液压混合制动系统结构
根据图 3-2 写出再生制动/液压制动系统的基本组成：

2. 再生—液压混合制动系统制动控制
根据图 3-3 写出再生制动力矩与液压制动力矩的分配原则：

第二节 带有真空助力器的制动系统

一、写出真空表的真空度表达
根据图 3-4 真空表指针逆时针转动的意义：

二、真空源的电动真空泵电路工作原理
根据图 3-5 写出电动汽车电动真空泵电路工作原理：

三、写出压力延时开关式真空控制原理

第三节　丰田 PRIUS 线控制动系统组成及作用

一、混合制动简介

【完成任务】什么是线控制动系统：_____。
ECB 是什么的缩写：_____；ECB 和传统的制动系统的区别是什么：_____。

二、混合动力 ECB 的功能

三、混合制动系统组成

1. 行程模拟器的作用

2. 备用电源装置的作用

【完成任务】在图 3-9 画出制动警告灯和 ECB 警告灯的符号：_____；ABS 故障警告灯的符号：_____；车身稳定系统警告灯符号：_____；防滑指示灯符

号：_____；制动防滑 ECU 位置：_____。

蜂鸣器的作用：_____。

制动踏板行程传感器的位置和作用：_____。

转向盘转角传感器的作用：_____。

【完成任务】在图 3-10 中制动总泵是否有真空助力器：_____。

制动执行器上除了电动机外，还增加了什么：_____。

行程模拟器的作用：_____。

行程模拟器上的线束接的是什么元件：_____。

储液罐的位置：_____。

备用电源的位置：_____。

备用电源的作用：_____。

偏移率和减速度传感器的作用：_____。

四、PRIUS 主组件功能

1. ABS 警告灯

_____
_____
_____
_____

2. VSC 警告灯

_____
_____
_____
_____

3. 防滑指示灯

_____
_____
_____
_____

4. 制动控制系统警告灯

_____
_____
_____
_____

5. 制动系统警告灯

_____
_____
_____
_____

6. 制动防滑控制警告蜂鸣器

_____
_____
_____

7. HV-ECU

_____
_____
_____

8. 制动液液面警告开关

_____
_____
_____

(一) 制动执行器液压源

根据图 3-11 写出继电器 1 (低速) 和继电器 2 (高速) 控制过程:

_____
_____
_____

(二) 液压控制部分

1. 增压电磁阀 (线性)

_____
_____
_____

2. 减压电磁阀 (线性)

_____
_____
_____

3. 总泵压力传感器

_____
_____
_____

4. 轮缸压力传感器

_____
_____
_____

五、电动机再生制动

_____
_____
_____

第四节　普锐斯线控制动系统的工作原理

一、电动汽车电子制动力分配（EBD）

_____
_____
_____

二、线控液压 ABS 制动

1. 增压过程

【完成任务】根据图 3-13 增压过程所示，写出增压控制过程。

_____
_____
_____

2. 保持过程

【完成任务】根据图 3-14 保压过程所示，写出保压控制过程。

_____
_____
_____

3. 减压过程

【完成任务】根据图 3-15 减压过程所示，写出减压控制过程。

_____
_____
_____

三、制动助力操作

【完成任务】 根据图3-16制动助力操作所示,写出助力控制过程。

第四章

汽车电控悬架系统

第一节　电控悬架优点和类型

一、电控悬架系统的优点

二、空气弹簧的类型

三、空气悬架的减震器类型

1. 根据减震器阻尼控制形式分

2. 根据阻尼节流控制方式分

3. 根据控制执行器的形式分

4. 根据要控制的节流孔所在位置分

5. 根据减震器的筒数分

6. 根据是否充气分

第二节　汽车悬架运动基础

一、什么是6自由度

二、什么是悬挂质量

三、振动学知识

根据图4-7写出最简单的振动模型公式：

第三节　带阻尼调节的双筒充气型减震器

一、带阻尼调节的双筒充气型减震器结构

根据图 4-10 写出空气弹簧和 PDC 减震器（底阀和活塞上有阻尼孔和单向阀）的工作原理：

_____
_____
_____
_____

二、工作原理

1. 回弹过程

_____
_____
_____
_____

2. 压缩过程

_____
_____
_____
_____

3. 单筒充气型和双筒充气型减震器的对比（见表 4-1）

补全表 4-1。

表 4-1　单筒充气型和双筒充气型减震器的对比

	单筒充气型减震器	双筒充气型减震器
减少气蚀的方法		
特性曲线		
短程减震性能		
摩擦情况		
结构和重量		
安装位置		

第四节　空气压缩机总成

一、空气压缩机总成的特点

_____
_____

二、空气压缩机总成工作原理

根据图 4-15 写出压缩机总成供气工作原理。

根据图 4-16 和图 4-17 写出排气工作过程。

三、空气压缩机总成工作监控

第五节 车身水平位置传感器

一、奥迪前轮驱动汽车车身水平位置传感器

根据图 4-18 和图 4-19 写出车身水平传感器 G84 的结构及其工作原理。

第六节 前轮驱动悬架气动系统

一、前轮驱动悬架气动系统

根据图 4-23 写出前轮驱动汽车气动系统车身工作过程。

1. 车身上升过程

2. 车身下降过程

二、系统电路图

根据图 4-24 写出奥迪后悬架空气弹簧电控系统工作原理。

三、模式调节

1）行驶模式

2）驻车模式

3）怠速/起步

4）休眠模式

四、空气弹簧车辆举升注意事项

第七节　奥迪四轮驱动电控悬架系统

一、奥迪四轮驱动电控悬架系统简介

【完成任务】根据图 4-26 提示，分析在气囊中若没有空气行驶，气囊会不会损坏？为什么？

_____。

二、模式切换和取消模式

根据图 4-34 系统结构写出其工作原理。

_____

_____

_____

三、系统电路图

根据图 4-35 写出奥迪四轮驱动悬架控制电路工作过程。

_____

_____

_____

四、网络信息共享

根据图 4-36 写出 J197、J220 和 J104 通过 CAN 来实现的网络信息有哪些。

_____

_____

_____

第五章

电控机械式自动变速器

第一节 AMT 概述

一、AMT 简介

二、AMT 的分类方式

三、半自动机械式变速器工作原理

四、全自动 AMT

1) 全自动 AMT 的含义。

据图 5-2 写出一汽混合动力轿车的 AMT 如何工作。

五、单离合器 AMT 变速器优、缺点

1. 优点

2. 缺点

第二节　双离合器式自动变速器 DCT（DSG）

一、双离合式（DCT）AMT 变速器简介

二、双离合式（DCT）AMT 变速器优、缺点

1. 优点

2. 缺点

三、双离合式（DCT）变速器分类

四、大众 DSG 结构

画出图 5-7 大众 02E 型 6 速 DSG 变速器结构图。

五、大众 DSG 结构工作原理

根据图 5-7 写出大众 02E 型 6 速 DSG 变速器工作原理。

六、什么是大众 DSG 双离合器的重叠控制

1. 离合器在起步、制动停车时的控制

2. 离合器在换挡中的控制

1) 双离合器的切换控制

2) 换挡同步器（拨叉）的切换控制

七、大众 DCT 双离合器如何控制

八、大众 7 速干式 DSG 简介

1. 双干式离合器结构
根据图 5-12 写出大众 7 速 DSG 变速器 K1、K2 离合器工作过程。

2. 变压器式活塞位置传感器
根据图 5-13 写出 7 速 DSG 变速器测量离合器位置的互感电路原理。

第六章

液力自动变速器

❋ 第一节　自动变速器的控制面板和分类

一、自动变速器操纵手柄档位的功能

1. 停车挡（P 位）

2. 倒挡（R 位）

3. 空挡（N 位）

4. 前进挡 D 位（D = Drive）

5. 前进低挡（2 位和 L 位）

二、自动变速器控制开关的功能

1. 超速挡开关（O/D 开关）

2. 模式开关

（1）经济模式

（2）动力模式

（3）标准模式

3. 丰田手动模式和尼桑保持开关

4. 冬季和雪地模式

5. 手自动一体模式

三、不同工况下自动变速器的使用

1. 起动

2. 起步

3. 一般道路行驶

4. 倒车

5. 坡道行驶

6. 发动机制动

7. 雪地和泥泞路面行驶与冰雪路面行驶

8. 临时停车

9. 停放

四、自动变速器使用注意事项

为充分发挥自动变速器的性能优势，防止因使用操作不当而造成早期损坏，在驾驶装用自动变速器的汽车时，应注意以下几点：

五、液力自动变速器分类

1. 按汽车驱动方式分类

2. 按自动变速器前进挡的挡位数分类

3. 按齿轮变速器的类型分类

4. 按变扭器的类型分类

___

5. 按控制方式分类

___

第二节　变扭器结构与检修

一、液力偶合器的结构与工作原理

___

二、液力变扭器的结构与工作原理

___

三、综合式液力变扭器的结构与工作原理

___

四、带锁止离合器的综合式液力变扭器

1. 单片压盘式

___

2. 多片式

五、液力变矩器故障的判断与更换

（一）单向离合器故障现象

1. 汽车低速时车速上不去，汽车低速时加速不良

2. 汽车中、高速时车速上不去

（二）失速试验

1. 失速的概念

2. 失速试验的目的

3. 失速实验前的检查

4. 失速试验

【完成任务】你要进行失速试验的车型：_____；发动机排量：_____；标准发动机失速转速：_____；实际的失速转速：_____；可能的故障原因（可以写无故障）：_____。

失速试验时是否有金属噪声：_____。

5. 失速试验结果的判断

_____
_____
_____
_____

6. 液力变矩器内部干涉的检查

1）检查导轮和涡轮间是否发生干涉

_____
_____
_____
_____

2）检查导轮和泵轮是否发生干涉

_____
_____
_____
_____

7. 维修液力变矩器时需注意的事项

1）液力变矩器的动平衡

液力变矩器充当发动机的飞轮，所以它的动平衡非常重要，维修时需注意：

_____
_____
_____
_____

2）手工冲洗变矩器的方法

_____
_____
_____
_____

3）变矩器装配前需先加自动变速器油

_____
_____
_____

4）液力变矩器径向圆跳动检查

_____
_____
_____

【完成任务】根据图 6-19 提示，完成下面任务。

检查变矩器输出端径向圆跳动量：_____；此数值大对哪个液压元件损害最大：_____。

5）液力变矩器装配时的注意事项

_____
_____
_____
_____

6）更换新变矩器时的注意事项

_____
_____
_____
_____

六、变扭器液压油的供给与冷却

【完成任务】在一辆已行驶一段时间的车上找到 ATF 油的散热器，测量一下散热器的输入端温度是：_____；输出端的油温是：_____；温差是：_____。

第三节　油泵结构与检修

一、内啮合齿轮泵的结构与工作原理

_____
_____
_____
_____

二、摆线转子泵的结构与工作原理

_____
_____
_____
_____

三、变量泵的结构与工作原理

_____
_____
_____
_____

四、内啮合泵的检修

1. 总结油泵的分解关键点

_____

2. 总结油泵零件的检修点

❋ 第四节　齿轮变速器结构与检修

一、行星齿轮机构的结构与变速原理

1. 行星齿轮机构的类型和示意画法

根据图 6-31 写出单行星轮行星排的基本元件组成。

多个行星排可按不同的方式组合分类：
根据图 6-34 写出辛普森机构特征。

根据图 6-35 写出拉维娜机构特征。

2. 行星齿轮变速的基础知识

1）星行轮的自转方向和行星架自转方向的关系。

根据图 6-38 所示，当太阳轮固定时，写出行星轮的自转方向和行星架自转方向的关系。

根据图 6-39 所示，当内齿圈固定时，写出行星轮自转方向和行星架自转方向的关系。

2）轴和轮同时运动的分析。

3）行星排三个基本元件的转速关系。
①单行星轮行星排。

②双行星轮行星排。

4）行星排三个基本元件的齿数关系。
①行星轮行星排

②双行星轮行星排。

5）力矩比例关系。

6）单排行星齿轮机构有两个自由度的形成。

3. 单排行星齿轮传动比计算巩固性练习

1）将内齿圈固定（暗含 $n_2=0$），以太阳轮为主动件，行星架为从动件，即可获得减速传动，其传动比为多少？

按公式（1）的转速设法，得

2）将太阳轮固定，以内齿圈为主动件，行星架为从动件。

3）将太阳轮固定，以行星架为主动件，齿圈为从动件。

4）将行星架固定。

5）3个基本元件都没有被固定。

6）将任意两个基本元件互相连接起来。

单行星轮行星排我们以上举了很多例子，希望对大家有所启发。对于双行星排共同变速传动比计算方法应把握以下几点：

二、换挡执行机构的结构与工作原理

1. 离合器的结构与工作原理

2. 制动器的结构与工作原理

1)带式制动器的结构与工作原理(相当于鼓式制动)。

2)片式制动器的结构与工作原理(相当于盘式制动)。

3. 单向超越离合器的结构与工作原理

1)滚柱斜槽式单向超越离合器。

2)楔块式单向超越离合器。

三、典型行星齿轮变速器的结构与工作原理

1. 辛普森式三挡行星齿轮变速器的结构与工作原理

1)1挡

2) 2挡

3) 3挡

4) 倒挡

2. 改进后的辛普森式三挡行星齿轮变速器的改进目的

3. 四挡辛普森式行星齿轮变速器结构与工作原理
1) 1挡时

2) 2挡

3) 3挡同步

4) R挡时

四、大众拉维娜尔赫式自动变速器

1. 四挡 01M 变速器的工作过程

1）1 挡

2）2 挡

3）3 挡

4）4 挡

5）倒挡

2. 奥迪 A6 01V 五挡自动变速器较 01M 增加的结构

3. AISIN 6 速 09G 自动变速器的工作过程

1）1 挡

2) 2挡

3) 3挡

4) 4挡

5) 5挡

6) 6挡

7) R挡

第七章

无级变速器技术

第一节 无级变速器简介

一、无级变速器简介

_____
_____
_____

二、写出钢链式传动前进挡、倒挡及空挡工作原理

1. 根据图 7–5 写出 01J 变速器传动过程。

_____
_____
_____
_____

2. 写出加副变速器的 CVT 的优点

_____
_____
_____
_____

第二节 奥迪 01J 变速器结构原理与检修

一、双活塞的工作原理

_____
_____
_____
_____

二、带半月牙板的两隙自调式内啮合泵的优点

_____

三、01J 变速器控制元件组成

1. 写出 J217 变速器控制单元的失效状况和失效替代（见表 7–2）

表 7–2　奥迪 01J 变速器传感器作用、失效替代和仪表故障显示

传感器代号	传感器	失效状况	替代值	仪表故障显示
G182	变速箱输入转速			无
G195	变速箱输入转速			无
G196	变速箱输入转速 2			无
G195/G196				无
G193	离合器压力			闪烁
G194	扭矩传感器压力			无
G93	变速箱油温			反转
				闪烁
F125	挡位信号			闪烁

2. 根据图 7–11 写出 01J 变速器控制电路图的元件名称和作用

3. 写出点动电子开关（Tiptronic）的工作原理

4. 写出 CAN-BUS 信息交换内容

根据图 7–13 写出 CAN–BUS 信息交换信号哪些是自己产生的，哪些是外界输入的，哪些是对外输出的。

第八章

纯电动汽车及混合动力汽车变速器

第一节　纯电动汽车变速器P挡控制电控化

一、纯电动汽车变速器组成

二、P挡控制电控化如何实现

第二节　宝马X6混动变速器

一、宝马X6简介

二、行驶情况

1. 发动机节能启停功能

2. 起步

3. 行驶

4. 加速

5. 制动能量回收利用

三、分布式功能

1. 混合动力主控控制单元的功能

2. 混合动力变速器控制系统的功能

四、自适应变速器控制功能

根据图 8–2 写出 E72 主动变速器各元件的名称和作用。

五、变速器工作过程

1. ECVT1 模式

根据图 8-3 写出 ECVT1 模式下以纯电动方式行驶时的动力传输过程。

根据图 8-4 写出 ECVT1 模式下以发动机和电动机混合驱动时的动力传输过程。

2. ECVT2 模式

根据图 8-5 写出 ECVT2 模式下的动力传输过程。

3. 固定的基本挡位

1）基本挡位 1 时。

根据图 8-6 写出处于基本挡位 1 时的动力传输过程。

2）基本挡位 2 时。

根据图 8-7 写出处于基本挡位 2 时的动力传输过程。

3）基本挡位 3 时。

根据图 8-8 写出处于基本挡位 3 时的动力传输过程。

4. 没有动力传输的状态

第三节 双行星排混联汽车电力无级变速驱动桥

一、主要特征
THS – Ⅱ 控制具有下列特征：

1. 怠速停止

2. EV 行驶（高效行驶控制）

3. EV 行驶模式

4. 电动机辅助

5. 再生制动（能量再生）

二、P410 混合动力车辆驱动桥
1 号电动/发电机（MG1）和 2 号电动/发电机（MG2）的作用。

三、典型的车辆行驶状态

四、如何理解列线图

五、行驶状态

1. 纯电动行驶工况

根据图 8-12 写出 MG2 纯电动状态行驶控制。

2. 低负载和定速巡航工况

根据图 8-13 写出低负载和定速巡航状态控制。

3. 低负载巡航变为节气门全开加速工况

根据图 8-14 写出低负载巡航变为节气门全开加速控制。

4. 汽车减速工况

根据图 8-15 写出汽车减速工况控制。

5. 倒挡行驶工况

根据图 8-16 写出倒挡行驶工况控制。

_____
_____
_____
_____

第九章 智能汽车电控技术

第一节 智能汽车与智能交通

一、无人驾驶汽车技术的子系统

二、ITS 构成

三、基于 ITS 的智能汽车系统分类的差别

1. 自主式

2. 协调式

四、智能汽车关键技术

1. 传感技术

2. 通信技术（Beacon、DSRC、3G/4G）

3. 横向控制

4. 纵向控制

第二节　智能汽车发展现状

一、日本 ITS 智能汽车

二、美国 ITS 智能汽车

三、欧洲 ITS 智能汽车

四、中国 ITS 智能汽车

第三节　无人驾驶技术

一、无人驾驶技术分级

二、无人驾驶技术 SAE 定义

自动化等级		SAE	SAE 定义
NHTSA	SAE		
0	0	无自动化	
1	1	驾驶支援	
2	2	部分自动化	
3	3	有条件自动化	
4	4	高度自动化	
	5	完全自动化	

三、无人驾驶技术功能

1. 自适应巡航控制系统（Adaptive Cruise Control（ACC））

2. 自动紧急制动（Autonomous Emergency Braking（AEB））

3. 智能大灯控制（Adaptive Front Lights（AFL））

4. 盲点检测（Blind Spot Monitoring（BSM））

5. 注意力检测系统（Driver Monitoring Systems（DMS））

6. 前方碰撞预警系统（Forward Collision Warning（FCW））

7. 抬头显示器（Heads-Up Display（HUD））

8. 智能车速控制（Intelligent Speed Adaptation（ISA））

9. 车道偏离告警（Lane Departure Warning（LDW））

10. 汽车夜视系统（Night Vision System（NVS））

11. 泊车辅助（Parking Assistance（PA））

12. 行人检测系统（Pedestrian Detection System（PDS））

13. 交通信号及标志牌识别（Road Sign Recognition（RSR））

14. 全景泊车停车辅助系统（Surround View Cameras（SVC））

四、ADAS 技术分布情况

根据图 9-26 写出长、中、短距探测雷达，超声波，摄像机，光探测雷达的车上分布情况。

五、无人驾驶技术传感器

1. 图像传感器

2. 雷达

_____
_____
_____

3. 超声波

_____
_____
_____

4. 激光雷达

_____
_____
_____

六、激光雷达

根据图 9-28 写出激光雷达的实体扫描原理。

_____
_____
_____

七、无人驾驶技术与汽车诊断修理

_____
_____
_____